早期絲綢之路文獻研究

（增訂本）

余太山　著

2018年·北京

圖書在版編目（CIP）數據

早期絲綢之路文獻研究／余太山著．— 增訂本．—
北京：商務印書館，2018
ISBN 978-7-100-16615-7

Ⅰ.①早… Ⅱ.①余… Ⅲ.①絲綢之路－文獻－研究
Ⅳ.①K928.6

中國版本圖書館CIP數據核字（2018）第214167號

權利保留，侵權必究。

早期絲綢之路文獻研究
（增訂本）
余太山 著

商 務 印 書 館 出 版
（北京王府井大街36號 郵政編碼100710）
商 務 印 書 館 發 行
三河市尚藝印裝有限公司印刷
ISBN 978-7-100-16615-7

2018年10月第1版 開本 880×1230 1/32
2018年10月第1次印刷 印張 12 1/2

定價：48.00元

增訂本說明

　　此次重印於下卷加入"阿里安《亞歷山大遠征記》關於亞歷山大東征路綫的記載"一文。此書原計劃包括此文，因當時囿於水平，無法完成，衹能付之闕如。今勉强補上，聊勝於無云爾。

余太山

2018 年 6 月 16 日

目錄

緒說 ... 001

上卷

一　《穆天子傳》所見東西交通路線 ... 005
二　關於法顯的入竺求法路線 ... 033
　　——兼說智猛和曇無竭的入竺行
三　宋雲、惠生西使的若干問題 ... 063
　　——兼說那連提黎耶舍、闍那崛多和達摩笈多的來華路線
四　裴矩《西域圖記》所見敦煌至西海的"三道" ... 101
五　兩漢魏晉南北朝正史關於東西陸上交通路線的記載 ... 121

下卷

一　希羅多德《歷史》關於草原之路的記載 ... 143
二　阿里安《亞歷山大遠征記》關於亞歷山大東征路線的記載 ... 169
三　伊西多爾《帕提亞驛程誌》譯介 ... 199

四　托勒密《地理志》所見絲綢之路的記載 ... 225

附卷

一　《水經注》卷二（河水）所見西域水道考釋 ... 255
二　宋雲行紀要注 ... 303

徵引文獻 ... 346
索引 ... 364
後記 ... 383
再版後記 ... 384
余太山主要出版物目錄 ... 385

緒說

　　文獻提供的證據表明，所謂"絲綢之路"既是民族遷徙之路、軍事征服之路、信仰傳播之路、朝聘貢賜之路，也是富商大賈"周遊經涉"之路，而不僅僅是商品流通之路。

　　我們今天關注"絲綢之路"，主要是關注東西文化的交流，"絲綢"在這裏成了文化載體的代表。"絲綢之路"研究的目的就是尋找失落的東西文化交流的軌跡。

　　研究"絲綢之路"，勢必利用東西文獻。東西文獻相互印證，一直是治東西交通史者嚮往的境界。可惜這在很多情況下祇是可遇而不可求。東方和西方的文獻好比驢唇和馬嘴，稍有不慎，不免非驢非馬之譏。其實，東西文化交流本身便可以說是驢唇與馬嘴對接的過程。非驢非馬，至少作爲這一過程的中間產品，是屢見不鮮的。因此，不妨說：東西交通史研究，驢唇馬嘴之學也。一笑。

上卷

一 《穆天子傳》所見東西交通路線

《穆天子傳》於西晉太康二年（281年）出土於汲郡戰國魏襄王墓，因係盜掘，原簡散亂，經荀勖、和嶠等人整理，以隸字寫定爲五卷，卷一至四已有殘缺，卷五則全爲爛簡斷札。五卷所述皆巡遊事，前四卷與卷五似非出諸一人之手。竹書無名，今名乃整理者所定，《晉書·束晳傳》稱"《穆天子傳》五篇"。《隋書·經籍二》始載"《穆天子傳》六卷（汲冢書）"，卷六爲周穆王美人盛姬死事，亦同時出土竹書，晉人編定時，列爲"雜書十九篇"之一。

《穆天子傳》前四卷敍述穆王西征事，這是本文討論的主要依據。一般認爲，這四卷可能成書於戰國後期燕、趙人之手，當爲傳說而附會於穆天子者，但可能包含早至西周的史料。其現實背景主要爲至遲在公元前七世紀末業已存在的東西交通路線，書中有關穆天子西征行程的記載不失爲中國最早的絲路文獻。

《穆天子傳》蘊涵著豐富的古代傳說和神話的素材，有很高的認知價值。本文所關注者僅僅是此書假託穆天子西征所描述的東西交通路線，而解明這一路線走向的關鍵在於搞清昆侖山的位置。蓋據《穆天子傳》卷一：

> 天子授河宗璧，河宗柏夭受璧，西向沈璧于河，再拜稽首。祝沉牛馬豕羊。河宗□命于皇天子，河伯號之：帝曰：穆滿，女當永致用甞事。南向再拜。河宗又號之：帝曰：穆滿，示女舂山之珤，詔女昆侖□舍四平泉七十，乃至于昆侖之丘，以觀舂山之珤。賜女晦。天子受命，南向再拜。

這表明穆天子西征的目的地是"昆侖之丘"，足見祇要昆侖山的位置搞清了，穆天子西征路線的大方向就明確了。

關於先秦古籍中所見昆侖山的地望可謂衆說紛紜[1]，其基礎是不同時期形成的傳說體系。今案：《穆天子傳》所見昆侖山應即今阿爾泰山，尤指其東端：

一、由於歐亞草原遊牧部族的活動，最早開闢的東西交通路線應該是橫貫歐亞大陸的所謂草原絲綢之路，亦即從蒙古高原，沿阿爾泰山南北麓，穿越南西伯利亞，再往西到達當時居住在黑海北岸的斯基泰人地區。希羅多德《歷史》（IV, 17-32）的記載表明，上述斯基泰貿易之路遲至公元前七世紀末已經存在。[2]

二、希羅多德《歷史》的有關描述有不少可以和中國典籍相印證。

例如：希羅多德《歷史》（IV, 13）提到位於今哈密附近的伊賽多涅斯人（Issedones）之東有"獨眼族"即阿里瑪斯波伊人（Arimaspians）。無獨有偶，《山海經·海內北經》也有類似的記載："鬼國在貳負之尸北，爲物人面而一目。一曰貳負神在其東，爲物人面蛇身。"[3]

又如：希羅多德《歷史》（IV, 23）記載在今阿爾泰山地區居有禿頭人。[4]《莊子·逍遙遊》亦提到極北有國，名爲"窮髮"。"窮髮"，當卽禿頭之意。

又如：希羅多德《歷史》（IV, 7）在敍述斯基泰人起源時說："斯基泰上方居民的北邊，由於有羽毛自天降下的緣故，沒有人能夠看到那裏和進入到那裏去。大地和天空到處都是這種羽毛，因而這便使人不能看到那個地方了。"這裏所說大地和天空充滿羽毛的地方，也見於《竹書紀年》："穆王北征，行流沙千里，積羽千里。"（《山海經·大荒北經》郭注引）

這些傳說正是通過上述東西交通道傳到中國內地的。而先秦時期的中國人對西北地區的瞭解偏重於新疆地區的北部，即阿爾泰山區和準噶爾沙漠以北的草原，似乎也說明草原之路的開闢要早於後來所謂的西域南北道。

三、考古資料也提供了證據。俄國阿勒泰省巴澤雷克（Pazyryk）公元前五至前四世紀墓葬中曾出土了精緻的絲織品和刺繡著鳳凰圖案的繭綢、漆器以及"山"字紋青銅鏡。[5] 這說明中國的絲綢最早確實是從這裏往西傳至歐洲的。

《穆天子傳》卷二提到昆侖山上有"黃帝之宮"和某種墓葬（"豐隆之葬"），山中還有沼澤、泉水，有虎、豹、熊、狼、野馬、野牛、山羊、野豬和能夠攫食羊、鹿的大雕。而衹有阿爾泰山才有許多古代部落留下的文化遺蹟，如在青河縣花海子海拔3500米的高山上分佈着年代爲前七世紀至前五世紀的大型石塚，其中最大一座石塚高達10—15米，周長230多米。周圍有石塊環繞，圍寬5米，直徑達210多米，規模宏偉。這表明當時這裏居民的文明水準已經很高。質言之，關於昆侖山神話的素材乃是阿爾泰山區的古文明。至於今天的昆侖山或祁連山等迄未發現任何足以構成神話基礎的古文明遺蹟。[6]

四、《穆天子傳》所載自然景觀和人文、物產與歐亞草原正相符合。[7]

1. 自然景觀，如卷三所述：

天子乃遂東征，南絕沙衍。辛丑，天子渴于沙衍，求飲未至。七萃之士高奔戎刺其左驂之頸，取其清血以飲天子。

"沙衍"當在阿爾泰山南緣。天子取馬血解渴，沙漠生活的情景躍然紙上。

2. 人文、物產，如卷二有載：

赤烏之人其獻酒千斛于天子，食馬九百，羊牛三千，稷麥百載。

曹奴之人戲觴天子于洋水之上，乃獻食馬九百，牛羊七百，穄米百車。

鄄韓之人無凫乃獻良馬百匹，用牛三百，良犬七十，牥牛二百，野馬三百，牛羊二千，穄麥三百車。

以數量如此巨大的馬、牛和羊貢獻，符合歐亞草原遊牧部落或部族的情況。

二

《穆天子傳》載穆天子往返途中均遇見一些部落或部族，其中若干似可與中西史籍相印證：

1.1 犬戎（亦見卷四），應即卜辭所見犬方，亦即《山海經·海内北經》所見"犬封"、《逸周書·王會解》附"伊尹朝獻篇"所見狗國。與金文、文獻（如《詩經·小雅》）所見獫狁以及後世之匈奴同源。[8]

1.2 焉居，很可能與西史所見 Sakā 四部之一 Asii 同源。蓋"焉居"[ian-kia] 得視爲 Asii 之對譯。

1.3 禺知，或與《逸周書·王會解》附"伊尹朝獻篇"所見月氏同源，因而很可能與西史所見 Sakā 四部之一 Gasiani 同源。蓋"禺知"[ngio-tie] 得視爲 Gasiani 之對譯。[9]

1.4 鄘人，即同卷所見"無夷"。鄘人或無夷應即馮夷。[10]《水經·洛水》引《竹書紀年》："洛伯用與河伯馮夷鬪，蓋洛水之神也。"胡應麟《少室山房筆叢·三墳補逸上》："洛伯、河伯，皆國名也。用與、馮夷，諸侯名也。"馮夷死而爲河神。《莊子·大宗師》："馮夷得之，以遊大川。"成疏："大川，黃河也。"

1.5 河宗氏，封以司河河伯之祭政者。[11]《史記·趙世家》："奄有河宗。"河宗，《史記正義》："蓋在龍門河之上游，嵐、勝二州之地也。"

（以上卷一）

2.1 弖□之人，即卷三所見弖余之人。

2.2 赤烏之人或赤烏氏（亦見卷四），可能與《逸周書·王會解》附"伊尹朝獻篇"所見莎車或西史所見 Sakā 四部之一 Sacarauli 同源。蓋"赤烏"[thjyak-a] 得視爲"莎車"[sai-kia] 之異譯。而兩者又得視爲 Sacarauli 之對譯。"伊尹朝獻篇"所見乃此部在東方之一支，《穆天子傳》所見乃西徙之一部。

2.3 曹奴之人，很可能是《史記·匈奴列傳》所見匈奴北方部族丁零。蓋"曹奴"[dzô-na] 得視爲"丁零"[tyeng-lieng] 之對譯。

2.4 容□氏，《太平御覽》卷六一八引作"容成氏"，說者多以爲當據改。案：此改並無確據，不如保留原文。[12]

2.5 剞閭氏，似與《逸周書·王會解》附"伊尹朝獻篇"所見孅犁同源。"孅犁"亦即《史記·匈奴列傳》所見匈奴北方部族薪犁。蓋"剞閭"[giai-lia]、"孅犁"[siam-lyei] 和"薪犁"[sienlyei] 得視爲同名異譯。而剞閭氏應爲遊牧於較西方的一支。希羅多德《歷史》（IV, 13）曾提到在草原之路上有看守黄金的格里芬（griffins）。[13] 他提到的格里芬可能是附會"剞閭"一名所致，也可能剞閭氏是一個以格里芬爲圖騰的部落。[14]

2.6 鄄韓之人，應該就是《史記·匈奴列傳》所見匈奴北方部族鬲昆。蓋"鄄韓"[kiwən-hean] 得視爲"鬲昆"[kek-kuən] 之對譯。

2.7 西王母，一般認爲，傳文所見西王母亦一部落首領。案：根據比較可信的研究，所謂西王母的原型可能是 Anatolia 的大神母 Koubaba 即 Cybele，而與前十四至前十二世紀存在於叙利亞地中海沿岸的都市國家 Ugarit 所崇拜的 Anat 等神祇亦有淵源。最初 Cybele 祇是諸神之一，公元前 1180 年左右赫梯帝國滅亡之後，被 Anatolia 新的征服者腓尼基人接受爲族神，地位開始尊顯，影響漸及整個地中海地區，爲希臘、羅馬世界所接受。[15] 果然，則西王母可視爲地中海文化東傳在漢文典籍中留下的痕蹟。

（以上卷二）

3.1 智氏之人，迄無令人信服的解釋。[16]

3.2 閼胡氏，原作"閼氏胡氏"，前"氏"字衍。[17] 可能就是《史記·匈奴列傳》所見"烏揭"人。蓋"閼胡"[at-ha] 與"烏揭"[a-kiat] 得視爲同名異譯。烏揭又可與希羅多德《歷史》（IV, 23）所載 Argippaei 人勘同。[18]

3.3 弖余之人，穆天子歸途所遇。一說應即卷二去途所遇弖□之人，亦即卷四提及的"珠余氏"。[19] 今案：弖余之人可能就是弖

□之人，而"弲余"[zjiu-jia]與"珠余"[tjio-jia]亦無妨指爲同名異譯。蓋"弲"卽壽字。[20] 但三者未必同處一地。

案："珠余"與後來出現於《漢書·西域傳》中的"精絕"[dzieng-dziuat]、"鄯善"[zjian-zjian]得視爲同名異譯。既然精絕和鄯善人很可能和 Sacaraucae 卽 Sakā Rawaka 同源[21]，珠余之人或弲余之人也可能是 Sacaraucae 卽 Sakā Rawaka 之一支。果然，其人與赤烏之人也同出一源。

（以上卷三）

4.1 濁繇氏，應卽《山海經·海內東經》所見"居繇"，後者當據《魏略·西戎傳》改正爲"屬繇"。"濁繇"[deok-jio]或"屬繇"[zjiuok-jio]得視爲 Sugda 之對譯。Sugda 人之本土在阿姆河與錫爾河之間，其人擅長經商，足跡遍布各地，《穆天子傳》中出現的濁繇氏爲其人東來之一支。

4.2 骨䉵氏，應卽《山海經·海內東經》所見"豎沙"，後者當據《魏略·西戎傳》改正爲"堅沙"。蓋"骨䉵"[kuət-kan]得視爲"堅沙"[kyen-shea]之異譯，而兩者均得視爲 Gasiani 之對譯。果然，則與卷一所見"禺知"同源。

4.3 重䚟氏，應卽《山海經·海內東經》所見"大夏"。重䚟氏可能與《逸周書·王會解》[22]及所附"伊尹朝獻篇"所見大夏或西史所見 Sakā 四部之一 Tochari 同源。蓋"重䚟"[diong-iong]不妨視爲"大夏"[dat-hea]之對譯。[23]

又，同卷提及的"西夏"，一般認爲指大夏。《呂氏春秋·古樂篇》有載："昔黃帝令伶倫作爲律。伶倫自大夏之西，乃之阮隃之陰。"阮隃卽昆侖；《說苑·修文篇》、《風俗通義·聲音篇》引此皆作"崑崙"。西夏與大夏均在昆侖之東，係赴昆侖所必由，故可以認爲西夏卽大夏。果然，西去昆侖之丘（阿爾泰山）二千又二百里的"西夏"，當在河西地區。之所以稱河西之大夏爲"西夏"，很可能是因爲大夏之故地更在其東。

既然"西夏"卽大夏，則與同卷所見重䚅氏族屬相同，但不在一地。

4.4 巨蒐氏，《尚書·禹貢》作"渠搜"，西戎部落之一。案：巨蒐，與西史所見 Sakā 四部之一 Asii 同源。蓋"巨蒐"[gia-shiu] 得視爲 Asii 之對譯。[24]

4.5 㒓溲，無考。

（以上卷四）

以下是若干補充：

一、穆天子西征去途所遇諸部，最值得注意的是曹奴之人（丁零）、剞閭氏（griffins）和𨚗韓氏（鬲昆）。穆天子西征歸途所遇諸部中，最值得注意的是闕胡氏（烏揭）。

據《史記·匈奴列傳》，公元前三世紀末匈奴崛起時，冒頓單于曾"北服渾庚、屈射、丁零、鬲昆、薪犁之國"。而據《漢書·匈奴傳下》，元帝時，匈奴郅支單于叛漢西走，"因北擊烏揭，烏揭降。發其兵西破堅昆，北降丁令，并三國"。知堅昆在烏揭西，丁令在烏揭北。時"堅昆東去單于庭七千里，南去車師五千里"，而《史記·匈奴列傳》所謂"北服"丁零等，其實是"西北服"。一般認爲，丁零本土在貝加爾湖周圍，鬲昆卽堅昆在葉尼塞河流域。薪犁地望不詳，但無疑亦在阿爾泰山北麓。至於烏揭，依據較可靠的研究，其居地在阿爾泰山南麓。[25]它很可能在《穆天子傳》描述的年代已登上歷史舞臺。

穆天子遇見刳閭氏、曹奴之人和鄪韓氏似乎表明其去途取道阿爾泰山北麓，而烏揭居地的位置強烈暗示穆天子乃取道阿爾泰山南麓東歸的。

二、在漢文典籍中，西王母多被置於極西之地。例如：在《史記·大宛列傳》中弱水、西王母在條枝國，而在《後漢書·西域傳》和《魏略·西戎傳》中，弱水和西王母則在大秦國西。這是因爲在前者描述的時代，中國人對于外部世界的瞭解在西面到條枝國爲止，而在後者描述的時代，最西面的國家已經是大秦了。由此可見，穆天子會晤的西王母在其西征的終點，決不是偶然的。《穆天子傳》和後來的《史記》等書一樣，將西王母位置於當時所瞭解的最西部。

據《穆天子傳》卷三，穆天子會晤西王母後，"遂驅升于弇山，乃紀丌跡于弇山之石，而樹之槐，眉曰西王母之山"。"弇山"，《太平御覽》六七二引作"崦嵫"。案：《山海經·西山經》："西南三百六十里，曰崦嵫之山。"郭注："日沒所入山也，見《離騷》。"而《離騷》："望崦嵫而勿迫。"王逸注："崦嵫，日所入山也。"由此可見弇山卽崦嵫之山，在《穆天子傳》作者心目中，既見西王母，升弇山卽崦嵫之山則是題中應有之義。[26]

《穆天子傳》所傳西王母居地的位置無從確指，僅知其旁爰有"碩鳥解羽"之曠原。這自然使我們聯想到希羅多德在敍述草原之路時提及的空中充滿羽毛的地方。既然希羅多德所述空中充滿羽毛的地方無疑位於自西向東往赴阿爾泰山的交通線上，則穆天子會晤西王母而經由的昆侖山也應該是阿爾泰山。

三、既然西夏即大夏、骨飦即豎沙、濁繇即居繇、禺知即月支，則《山海經·海內東經》關於"國在流沙[27]外者，大夏、豎沙、居繇、月支之國"的記載似乎在《穆天子傳》中得到了印證。但以上的研究至多說明《山海經》和《穆天子傳》有相同的資料來源，並不能說明兩者對於這些資料的理解是完全相同的。質言之，不能按照《山海經》的描述來探求上述四者的位置，反之亦然。[28]

同理，《穆天子傳》卷二提到與昆侖山有關的河流有赤水、洋水、黑水等，類似記載亦見諸《山海經·西山經》：

> 西南四百里，曰昆侖之丘，是實惟帝之下都，神陸吾司之。……河水出焉，而南流東注于無達。赤水出焉，而東南流注于氾天之水。洋水出焉，而西南流注于醜塗之水。黑水出焉，而西流于大杅。是多怪鳥獸。

除諸色水外，尚有所謂"群玉之山"，亦見諸《山海經·海內東經》：

> 西胡白玉山在大夏東，蒼梧在白玉山西南，皆在流沙西，昆侖虛東南。昆侖山在西胡西，皆在西北。

這說明諸水、玉山與昆侖山有不解之緣，應該都是傳說中的山水。大概既認定昆侖有玉山、出有色水，在沿阿爾泰山南北行進時遇見山水便往往附會之。[29] 質言之，在比定《穆天子傳》有關昆侖諸山水時，亦無須受《山海經》記載之束縛。

　　四、以上將焉居、巨蒐讀作 Asii，將禺知、骨䶄讀作 Gasiani，將赤烏、珠余和弴余讀作 Sacarauli（或 Sakā Rawaka），將重䚻或西夏讀作 Tochari，乃基於我關於塞種史的一個假說：

　　阿喀美尼朝波斯大流士一世（Darius I，前 521—前 486 年在位）貝希斯登（Behistun）銘文所見 Sakā 人（在《漢書・西域傳》中稱爲"塞種"），主要包括四個部落或部族：Asii、Gasiani、Tochari 和 Sacarauli。公元前七世紀末葉，Asii 等部已出現在伊犁河、楚河流域。Sakā 諸部可能來自東方。Asii、Gasiani、Tochari 和 Sacarauli 似即先秦典籍所見允姓之戎、禺知（禺氏）、大夏和莎車。其活動地域大致在黃河以西、阿爾泰山之東。公元前 623 年，秦穆公稱霸西戎，拓地千里，或者因此引起了 Sakā 諸部的西遷。[30] 出現在《穆天子傳》中的 Sakā 諸部既可能是西遷後留在東方故地的餘種，也可能是處在西遷過程中的分支。由於《穆天子傳》所據資料的年代不易一一確定，不能指實。

　　進入一地的 Sakā 人，不衹是一個部落或部族的成員，其他部落或部族的成員往往也先後或同時進入，人數也多寡不一。這種情況在《穆天子傳》中的反映便是"焉居（Asii）、禺知（Gasiani）之平"這一地名的出現。[31]

　　五、以上釋讀過程中，將若干部名視作同名異譯，主要有以下兩種情況：

1. 對於族屬相同的不同部落或部族，往往採用不同的漢字表示。例如："焉居"和"巨蒐"均係 Asii 人，"禺知"和"骨䬫"均係 Gasiani，"赤烏"、"珠余"和"胥余"均係 Sacarauli，"重䣝"和"西夏"均係 Tochari 人，但均不在一地，不屬於同一部落或部族。[32]

2.《穆天子傳》成書前有一個口口相傳的過程，對於同一種人或同一個部落有時使用不同的譯名，可能是在這一過程中造成的，最後寫定者未加詳察。"䣝人"與"無夷"便是一個例子。

三

《穆天子傳》卷一所述穆天子西征歷程如下：

1.1 "……飲天子蠲山之上"："飲"字前有闕文。蠲山，在今山西高平。[33]

1.2 "戊寅，天子北征，乃絕漳水"：漳水有清、濁二源，此爲濁漳水。穆天子絕漳處在今山西長治境。[34]

1.3 "庚辰，至于□。觴天子于盤石之上"：盤石，在今山西平定東北。[35]

1.4 "載立不舍，至于鈃山之下"：鈃山，井陘山，在今河北井陘。[36]

1.5 "癸未，雨雪，天子獵于鈃山之西阿，于是得絕鈃山之隊，北循虖沱之陽"：虖沱，指今滹沱河。"循虖沱之陽"，指在河北平山附近渡河後，溯河而上。[37]

1.6 "乙酉，天子北升于□。天子北征于犬戎。犬戎□胡[38]觴天子于當水之陽"："升"指登山，傳文闕其名，或爲恒山山脈之一山。[39] 當水，或卽古之恒水，今山西沙河、唐河。[40]

一說天子第三日所至"鈃山之下"，約當河北獲鹿之東南境，第六日"北循虖沱之陽"，二日而抵達犬戎之境，則犬戎疆界之南緣，約當河北曲陽、行唐兩縣境，其北亦卽太行山區，或爲犬戎盤踞之地。[41] 今案：其說欠確切。

1.7 "甲午，天子西征，乃絕隃之關隥"："隃之關隥"，在今山西雁門山。[42]

1.8 "己亥，至于焉居、禺知之平"：此傳所述焉居、禺知居地當在今河套東北。[43]

1.9 "辛丑，天子西征，至于㝬人。河宗之子孫㝬伯絮，且逆天子于智之□"：㝬人封地在今內蒙古黑城至托克托之間。[44] 智之□，內蒙古河套托克托一帶。[45]

1.10 "癸卯，天子舍于漆澤。乃西釣于河，以觀□智之□"："漆澤"，卽下文"滲澤"之譌。"釣于河"，指河套一帶的黃河。[46]

1.11 "甲辰，天子獵于滲澤。于是得白狐玄貉焉，以祭于河宗。丙午，天子飲于河水之阿。天子屬六師之人于㝬邦之南、滲澤之上"：河宗，卽河伯。滲澤，無妨認爲指今黛山湖。[47]

1.12 "戊申，天子西征，騖行至于陽紆之山。河伯無夷之所都居，是惟河宗氏。河宗柏夭逆天子燕然之山。……癸丑、天子大朝于燕□之山，河水之阿"：陽紆之山，今內蒙古陰山。[48] 河宗氏，今地在內蒙古鄂爾多斯右翼，奄有河套之北岸。[49]燕然之山，陰山山脈中某山。[50]

1.13"己未，天子大朝于黃之山"："黃之山"，今陰山山脈中某山。[51]

1.14"乙丑，天子西濟于河。□爰有溫谷樂都，河宗氏之所遊居"：穆天子所濟，當在今河套西端之烏加河。烏加河與今黃河間，支流密佈，或即"溫谷樂都"所在，亦河宗氏之所遊居。[52]

1.15"丙寅，天子……以飲于枝洔之中、積石之南河"："積石"，應爲河套西北角某山。"南河"即今黃河主道，古時因在黃河（今烏加河）之南而得名"南河"。[53]

以上傳文敍說穆天子自山西南部，折而向西，經雁門山，到達河套西北部陰山山脈的行程。

四

《穆天子傳》卷二所述西征歷程如下：

2.1.1"□柏夭曰：□封膜晝于河水之陽，以爲殷人主"："封膜晝"前奪河宗之邦經西夏氏至珠余氏間行程。珠余氏在西夏氏（河西）與河首（居延海）之間。一說"膜晝"應爲珠余氏。[54]果然，珠余氏當在張掖河流域，蓋河水指張掖河。[55]

2.1.2"丁巳，天子西南升□之所主居。……戊午，尋□之人居慮，獻酒百□于天子"：穆天子所升之山爲尋□之人所居，山在自襄山赴昆侖山途中，或卽阿爾洪山。又，"丁巳"前應有闕文，奪珠余氏經河首至襄山（杭愛山）間行程。

2.2 "天子已飲而行，遂宿于昆侖之阿、赤水之陽"：昆侖卽阿爾泰山東端。赤水，當卽博東齊河。[56]

2.3 "爰有鶉鳥之山，天子三日舍于鶉鳥之山。□吉日辛酉，天子升于昆侖之丘"：鶉鳥之山，應爲昆侖山東端某山。

2.4 "甲子，天子北征，舍于珠澤。以釣于洿水。曰珠澤之藪，方三十里"：珠澤，當卽哈臘烏斯湖；洿水，或卽伊格爾河。

2.5 "季夏丁卯，天子北升于舂山之上，以望四野。曰：舂山，是惟天下之高山也"：舂山，不妨認爲是察斯特烏拉山。

2.6 "壬申，天子西征。甲戌，至于赤烏。赤烏之人其獻酒千斛于天子，食馬九百，羊牛三千，穄麥百載"：赤烏之人居地當在察斯特烏拉山以西。

2.7 "己卯，天子北征，趙行□舍。庚辰，濟于洋水。辛巳，入于曹奴。曹奴之人戲觴天子于洋水之上，乃獻食馬九百，牛羊七百，穄米百車"：洋水當卽薩格賽河。[57]曹奴之人本土當在葉尼塞河流域。《穆天子傳》此處所載當是南遷之一支。

2.8 "壬午，天子北征，東還。甲申，至于黑水，西膜之所謂鴻鷺。于是降雨七日。天子畱骨六師之屬。天子乃封長肱于黑水之西河。是惟鴻鷺之上，以爲周室主。是曰畱骨之邦"：黑水，當卽科布多河。[58]畱骨之邦或在該河流域。

2.9 "辛卯，天子北征，東還，乃循黑水。癸巳，至于群玉之山。容□氏之所守"：容□氏所守群玉之山，當在沙扎海泊之西、科布多河北岸。

2.10 "孟秋丁酉，天子北征，□之人潛時觴天子于羽陵之上，乃獻良馬牛羊"：羽陵，在群玉之山西北。

2.11 "戊戌，天子西征。辛丑，至于剞閭氏。天子乃命剞閭氏供食六師之人于鐵山之下。壬寅，天子祭于鐵山"：剞閭氏居地當在索果克河流域。鐵山，今友誼峰。

2.12 "天子已祭而行，乃遂西征。丙午，至于鄄韓氏"：鄄韓氏居地，在友誼峰之西、布赫塔爾瑪河流域。

2.13 "庚戌，天子西征，至于玄池。天子三日休于玄池之上"：玄池，當卽今巴爾哈斯泊。

2.14 "癸丑，天子乃遂西征。丙辰，至于苦山，西膜之所謂茂苑"：苦山，阿爾泰山西端某山。

2.15 "丁巳，天子西征。己未，宿于黄鼠之山"：黄鼠之山，阿爾泰山西端某山。

2.16 "西□乃遂西征。癸亥，至于西王母之邦"：西王母之邦，按之行程，似當在齋桑泊附近。

以上傳文敍說穆天子自今阿爾泰山東端，北行至科布多河流域，復西向到達齋桑泊的行程。

五

《穆天子傳》卷三所述西征歷程如下：

3.1"吉日甲子，天子賓于西王母。……天子遂驅升于弇山，乃紀丌跡于弇山之石，而樹之槐，眉曰西王母之山"：" 弇山"卽崦嵫之山，在極西之地，故置於穆天子西征行程之末。事實上，弇山可能是穆天子西征所升最西部的山。

3.2"丁未，天子飲于溫山"：溫山，阿爾泰山西端某山。

3.3"己酉，天子飲于溽水之上。……爰有□藪水澤，爰有陵衍平陸，碩鳥解羽，六師之人畢至于曠原。日天子三月舍于曠原"：溽水，哈柳圖河。曠原，在齋桑泊周圍。

3.4"己亥、天子東歸……庚子，至于□之山而休"："□之山"，阿爾泰山西端某山，在齋桑泊之東。

3.5"庚辰，天子東征。癸未，至于戊□之山。智氏之所處。……天子北遊于谿子之澤。智氏之夫獻酒百□于天子"："戊□之山"，庫克辛山。"谿子之澤"，布倫托海。"智氏之夫"，一般認爲當作"智氏之人"。

3.6"乙酉，天子南征，東還。己丑，至于獻水，乃遂東征，飲而行。乃遂東南"：獻水，烏倫古河。

3.7"己亥，至于瓜䗍之山，三周若城。闕氏胡氏之所保"："瓜䗍之山"，胡圖斯山。"闕氏胡氏"，當作"闕胡氏"，時在胡圖斯山之南。

3.8"天子乃遂東征，南絕沙衍。辛丑，天子渴于沙衍，求飲未至"："南絕沙衍"，南向越過準噶爾盆地的沙漠。

3.9"天子乃遂南征。甲辰，至于積山之遴，爰有蒡柏。曰乎余之人命懷獻酒于天子"："積山"，乎余之人獻酒處，當在北塔山或大哈蒲提克山。

以上傳文敍說穆天子在齋桑泊附近和西王母會晤後循阿爾泰山南麓東歸。

六

《穆天子傳》卷四所述西征歷程如下：

4.1 "庚辰，至于滔水。濁繇氏之所食"：濁繇氏所居滔水，或卽伊吾河。

4.2 "辛巳，天子東征。癸未，至于蘇谷。骨飦氏之所衣被"：骨飦氏所居蘇谷，或卽星星峽。

4.3.1 "乃遂南征，東還。至于長沙，重氏之西疆。丁亥，天子升于長沙。乃遂東征"：長沙，山名，或卽花牛山。

4.3.2 "庚寅，至于重氏黑水之阿。爰有野麥，爰有荅堇，西膜之所謂木禾，重氏之所食"："重氏黑水"，有別於卷二所見黑水，或卽疏勒河。

4.3.3 "爰有采石之山，重氏之所守。……五日丁酉，天子升于采石之山，于是取采石焉。天子使重之民鑄以成器于黑水之上"：采石之山，或卽黑山。

4.3.4 "乙丑，天子東征，[重之人] 糸累送天子至于長沙之山"：長沙之山，或卽合黎山。

4.4 "丙寅，天子東征，南還。己巳，至于文山，西膜之所謂

□，觴天子于文山"：文山，或卽龍首山。

4.5.1 "天子乃遂東南翔行，馳驅千里，至于巨蒐氏"："東南翔行"云云，略言自文山至巨蒐氏居地的行程。巨蒐氏居地應在陰山一帶。[59]

4.5.2 "甲戌，巨蒐之獮奴觴天子于焚䚔之山"："焚䚔之山"，或卽席勒山。

4.6.1 "乙亥，天子南征陽紆之東尾。乃遂絕鶩䜭之谷"：鶩䜭之谷，或係大青山某山谷。

4.6.2 "[辛]巳，至于䥝䃜，河水之北阿。爰有溠溲之□、河伯之孫，事皇天子之山"：䥝䃜，今狼山之東北，皇天子之山應卽燕然之山。蓋"河伯之孫"云云應卽卷一"河宗柏夭逆天子燕然之山"。[60]

4.7 "癸丑，天子東征。柏夭送天子至于𨚗人。𨚗伯絮觴天子于澡澤之上，多䰞之汭，河水之所南還。曰天子五日休于澡澤之上，以待六師之人"：澡澤卽卷一所見滲澤。多䰞之汭，在今包頭至托克托一帶。[61]

4.8 "天子南還，升于長松之隥"：長松之隥，在今山西右玉一帶。[62]

4.9 "孟冬壬戌，天子至于雷首。犬戎胡觴天子于雷首之阿，乃獻良馬四六"：雷首山，在山西蒲州，其對河爲陝西華陰，渭水入河處，與《左傳·閔二年傳》所載"虢公敗犬戎于渭汭"正相符合。[63]

4.10 "癸亥，天子南征，升于䯏之隥"：䯏之隥，卽山西句注山。[64]

4.11 "丙寅，天子至于鈃山之隊，東升于三道之隥，乃宿于二邊"：三道之隥、二邊，均在河北井陘東側。[65]

4.12 "癸酉，天子命駕八駿之乘、赤驥之駟，造父爲御。□南征翔行，逕絕翟道。升于太行，南濟于河。馳驅千里，遂入于宗周"：翟道，河北井陘之南。太行，太行山。河，指黃河在河南境內一段。宗周，周都洛邑，今河南洛陽附近。

以上傳文敍說穆天子自伊吾河流域經河套，回歸洛陽的行程。

4.13.1 "庚辰，天子大朝于宗周之廟。乃里西土之數。曰：自宗周瀍水以西北至于河宗之邦、陽紆之山三千有四百里"：瀍水，今河南瀍水。[66]

4.13.2 "自陽紆西至于西夏氏，二千又五百里"：西夏氏居地當在河西某地。

4.13.3 "自西夏至于珠余氏及河首，千又五百里"：河首，意指河源。《穆天子傳》的編者以爲河源在居延海。所謂河，其實是今張掖河。[67] 珠余氏居地可能在此河流域。

4.13.4 "自河首、襄山以西南至于春山、珠澤、昆侖之丘，七百里"：此句文字有誤。按之卷二所述，"至于春山、珠澤、昆侖之丘"當乙正爲"至于昆侖之丘、珠澤、春山"。襄山，應爲今杭愛山中某山。"西南至"云云，乃述說穆天子抵達"河首"（居延海）後，北上襄山（杭愛山），復西南向赴昆侖之丘（阿爾泰山東麓）。

4.13.5 "自春山以西，至于赤烏氏春山，三百里"："赤烏氏春山"，"春山"二字衍。

4.13.6 "東北還至于群玉之山,截春山以北。自群玉之山以西,至于西王母之邦,三千里":一說"截春山以北"之下闕"七百里"三字。[68]

4.13.7 "□自西王母之邦北至于曠原之野,飛鳥之所解其羽,千有九百里":此"□"疑衍。

4.13.8 "□宗周于西北大曠原,萬四千里":"□",可能是"自"字。

4.13.9 "乃還,東南復至于陽紆,七千里":"東南"云云,可能指自文山經焚罶之山至陽紆的行程。

4.13.10 "還歸于周,三千里":指自陽紆之山至宗周洛邑。

4.13.11 "各行兼數,二萬有五千里":"二萬有五千里",約而言之,上述里數之和實爲二萬四千里。[69]

最後,說一說有關《穆天子傳》的用曆和里數記載,以結束全文。

關於《穆天子傳》的用曆有很多研究,這對於解明古代曆法不無裨益。遺憾的是,這些行程的干支日期,對於判明經由地點的位置並無多少幫助。既然無從證明穆天子或其他人曾進行如傳文所載的一次西征,這些干支就不可能是實錄。退一步說,即使有部分是實錄,由於不瞭解旅行者作息起居,不瞭解旅途的境況,根本無法根據天數多少來判斷距離遠近。

關於《穆天子傳》的里數也一直是研究者的注意點。遺憾的是,不僅古時無精確的測量方法,行程之曲直更不得而知,上述里數即便是實錄,於判定經由地點的位置亦無太大的參考價值,且不說《穆天子傳》出土和傳世的情況注定今天我們見到的這些里數已不可能是原貌。尤其是河首以西，西漢以降尚且不可能獲得正確數據，何況在《穆天子傳》描述的時代。

一直有人將《穆天子傳》視爲小說家言，我認爲，小說家言最突出的表現便是干支和里數的記錄，在討論穆天子西征路線時，存而不論可也。

■ 注釋

[1] 見李長傅《禹貢釋地》，中州書畫社，1983 年，pp. 88-92。

[2] 見本書下卷第一篇。

[3] 關於獨目人，參看余太山《古族新考》，中華書局，2000 年，pp. 77-110。

[4] 關於禿頭人，見本書下卷第一篇。

[5] 魯金科（S. Y. Rudenko）"論中國與阿爾泰部落的古代關係"，潘孟陶譯，《考古學報》1957 年第 2 期，pp. 37-48。

[6] 詳見馬雍、王炳華"公元前七至二世紀的中國新疆地區"，《中亞學刊》第 3 輯，中華書局，1990 年，pp. 1-16。

[7] 詳見王守春"《穆天子傳》地域範圍試析"，《中國歷史地理論叢》2000 年第 1 輯，pp. 215-228。王文旨在證明穆天子西征所涉及的地區應爲我國西北地區的甘肅河西走廊、青海、內蒙古以及新疆地區。

[8] 關於犬戎，詳見注 3 所引余太山書，pp. 77-110。

[9] 關於月氏之源流，詳見注 3 所引余太山書，pp. 29-52。

[10] 見王貽樑《穆天子傳匯校集釋》，華東師範大學出版社，1994年，pp. 24-25。

[11] 顧實《穆天子傳西征講疏》，中國書店，1990年，pp. 24-26。

[12] 見注10所引王貽樑書，pp. 141-142。

[13] 希羅多德所載格里芬遠在《穆天子傳》所載剞閭氏之東。但這可能是剞閭氏遷徙的結果，也說明二書描述的時代不同。

[14] 關於內陸歐亞的格里芬，參看林俊雄《グリフイン——聖獸からみた文化交流——》，東京：雄山閣，2006年。

[15] 森雅子"西王母の原像——中國古代神話における地母神の研究——"，《史學》56～3（1986年），pp. 61-93。

[16] 見注10所引王貽樑書，pp. 26-27，183-184。

[17] 見注10所引王貽樑書，p. 189。

[18] 黃時鑒"希羅多德筆下的歐亞草原居民與草原之路的開闢"，南京大學元史研究室編《內陸亞洲歷史文化研究——韓儒林先生紀念文集》，南京大學出版社，1996年，pp. 444-456。

[19] 小川琢治"周穆王の西征"，《支那歷史地理研究續集》，東京：弘文堂，1929年，pp. 165-408, esp. 332-335。

[20] 注10所引王貽樑書，p. 87。

[21] 詳見余太山"樓蘭、鄯善、精絕的名義——兼說玄奘自于闐東歸路線"，《兩漢魏晉南北朝正史西域傳研究》，中華書局，2003年，pp. 477-485。

[22] 《逸周書·王會解》："大夏茲白牛。"孔注："大夏，西北戎。"

[23] 關於大夏的源流，詳見注3所引余太山書，pp. 1-28。

[24] 關於巨蒐，詳見注3所引余太山書，pp. 111-124。

[25] 說見護雅夫"いわゆる'北丁零'、'西丁零'について"，《瀧川博士還

曆記念論文集・東洋史篇》，東京：長野中澤印刷，1957年，pp. 57-71。

[26]《漢書・西域傳上》："安息長老傳聞條支有弱水、西王母，亦未嘗見也。自條支乘水西行，可百餘日，近日所入云。"《魏略・西戎傳》："前世謬以爲條支在大秦西，今其實在東。前世又謬以爲彊於安息，今更役屬之，號爲安息西界。前世又謬以爲弱水在條支西，今弱水在大秦西。前世又謬以爲從條支西行二百餘日，近日所入，今從大秦西近日所入。""日所入"處，與西王母一樣，隨中國人西方地理視野的擴大而不斷西移。

[27] 郭注："今西海居延澤。"

[28] "流沙西有大夏國、堅沙國、屬繇國、月氏國"云云出現在《魏略・西戎傳》中時，又當另作解釋：屬繇指澤拉夫善河流域Soghda人的本土。大夏指滅亡了希臘－巴克特里亞的Tochari人，月氏指取代大夏統治巴克特里亞的大月氏人，堅沙指推翻了大月氏統治的貴霜人。並列大夏、月氏、堅沙三者，雖無視時代差，然亦曲折地反映出大夏亡於月氏，月氏又亡於貴霜（堅沙）這一歷史過程。此亦中國古史記域外事情時舊瓶裝新酒之一例。

[29] 後來赤水、玉山等隨西王母遠遷至大秦之西。《魏略・西戎傳》所謂："大秦西有海水，海水西有河水，河水西南北行有大山，西有赤水，赤水西有白玉山，白玉山有西王母，西王母西有脩流沙。"

[30] 詳見余太山《塞種史研究》，中國社會科學出版社，1992年。

[31] 類似情況在後來《漢書・西域傳》描述時代已相對穩定下來的國名、地名中也有所反映。詳註30所引余太山書，pp. 210-215。

[32] 這一現象在後來《漢書・西域傳》中特別明顯，見註30所引余太山書，pp. 210-215。

[33] 注10所引王貽樑書，p. 4。王氏書匯集《穆天子傳》研究之各種觀點，逐一分析後決定取捨，往往還增添新證。本文引用王氏肯定的觀點時，逕作王氏觀點引用，省去所本。

[34] 注10所引王貽樑書，pp. 5-6。

[35] 注10所引王貽樑書，p. 7。

[36] 注10所引王貽樑書，pp. 9-10。

[37] 注10所引王貽樑書，pp. 12-13。

[38] "犬戎□胡"，顧實以爲"□"可刪，見注11所引書，p. 10。

[39] 注10所引王貽樑書，p. 14。

[40] 注11所引顧實書，pp. 10-11。

[41] 陳槃《春秋大事表列國爵姓及存滅表譔異》，《"中央研究院"歷史語言研究所專刊》52，臺北，1988年（第三版），pp. 1031-1036。

[42] 注10所引王貽樑書，p. 21。

[43] 注10所引王貽樑書，pp. 22-23。

[44] 注10所引王貽樑書，pp. 24-25。

[45] 注10所引王貽樑書，pp. 26-27。

[46] 靳生禾"《穆天子傳》若干地理問題考辨——兼評岑仲勉《〈穆天子傳〉西征地理概測》"，《北京師範大學學報》1985年第4期，pp. 69-77，86。

[47] 注10所引王貽樑書，pp. 29-30。

[48] 注10所引王貽樑書，pp. 34-36。

[49] 注11所引顧實書，pp. 24-26。

[50] 注10所引王貽樑書，pp. 38-39。

[51] 注10所引王貽樑書，p. 55。

[52] 注 10 所引王貽樑書，pp. 65-67。注 19 所引小川氏文（esp. 321）以爲："此次渡河地點，當在黃河北端支流（北河）自北南折處。"

[53] 注 10 所引王貽樑書，pp. 70-71。

[54] 注 11 所引顧實書，pp. 53-54。

[55] 岑仲勉"《穆天子傳》西征地理概測"，《中外史地考證》，中華書局，2004 年，pp. 1-41。

[56] 舊注："昆侖山有五色水。赤水出東南隅而東北流，皆見《山海經》。"案：今本《山海經·西山經》稱赤水"東南流"，知舊注所據文字未必與今本同。《太平御覽》卷八五亦作："昆侖山有赤水東北流，見《山海經》也。"

[57] 舊注："洋水出昆侖山西北隅而東流。"

[58] 黑水，舊注："水亦出昆侖山西北隅而東南流。"案：今本《山海經·西山經》稱洋水"西南流"，稱赤水"東南流"，稱黑水"西流"，均與舊注不同。

[59] 鄭傑文《穆天子傳通解》，山東文藝出版社，1992 年，p. 73，以爲巨蒐氏居地當在陰山北艾不蓋河、錫拉木倫河一帶。王貽梁、陳建敏書，pp. 215-216，以爲巨蒐氏居地距陽紆之東尾僅一日程，故必在陰山東麓之北至多百里左右處。

[60] 衛挺生《穆天子傳今考》，臺北中華學術院，1970 年，pp. 308-310。

[61] 注 10 所引王貽樑書，pp. 224-225。

[62] 注 11 所引顧實書，pp. 228-229。

[63] 江永《春秋地理考實》卷一。"雷首"之地望，衆說紛紜，見注 10 所引王貽梁書，p. 227。

[64] 注 11 所引顧實書，pp. 232-233。

[65] 注 10 所引王貽樑書，p. 231。

[66] 注 11 所引顧實書，pp. 240-241。

[67] 注 55 所引岑仲勉文。

[68] 注 10 所引王貽樑書，p. 240。

[69] 關於里數，參看注 10 所引王貽樑書，pp. 241-246。

二　關於法顯的入竺求法路線
——兼說智猛和曇無竭的入竺行

法顯入竺路線見載於《法顯傳》。本文除在前人研究的基礎之上[1]、就若干爭議較多的問題陳述己見外，還試圖結合有關記載，特別是有關智猛和曇無竭入竺路線的記載進行比較研究，使法顯的入竺行程更趨清晰，以窺見公元五世紀中印交通路線之一斑。

一

發跡長安至度蔥嶺。

1. "初發跡長安，度隴，至乾歸國夏坐"：長安，今陝西西安西北，時爲後秦姚興都城。隴，指隴山，在今陝西隴縣西北、甘肅清水縣東北，爲自隴水流域通往西北的陸路所必由。乾歸國，指西秦乞伏乾歸當時所都金城，今甘肅蘭州西。一說法顯所經爲苑川[2]，未安。

案：《資治通鑑・晉紀二九》載：孝武帝太元十三年（388

年),"九月,河南王乾歸遷都金城"。《資治通鑒·晉紀三〇》又載:太元二十年(395年)六月,"西秦王乾歸遷于西城"。胡注:"苑川西城也。"嗣後,據《資治通鑒·晉紀三一》,後涼呂光於隆安元年(397年)遣呂纂等帥步騎三萬"拔金城"。而禿髮烏孤稱西平王後,"治兵廣武,攻涼金城,克之"。又據《資治通鑒·晉紀三三》,隆安三年十月"西秦以金城太守辛靜爲右丞相",知前此西秦已復得金城。[3]至安帝隆安四年正月,據同紀,"西秦王乾歸遷都苑川"。胡注:"乞伏氏本居苑川,乾歸遷于金城,今復都苑川。"法顯"至乾歸國"既在隆安三年,則所至當爲金城。

2."夏坐訖,前行至耨檀國":耨檀國,指南涼都城西平,今青海西寧西。耨檀,即禿髮傉檀,南涼王(402—414年在位)。

案:南涼禿髮烏孤死於隆安三年(399年),其弟利鹿孤繼位,遷都西平。利鹿孤死於元興元年(402年),弟傉檀繼位。《晉書·禿髮傉檀載記》稱:"傉檀少機警,有才略。……及利鹿孤即位,垂拱而已,軍國大事,皆以委之。以元興元年僭號涼王,遣于樂都,改元曰弘昌。"法顯抵南涼時,利鹿孤尚在位,仍治西平。或因傉檀柄國之政,法顯逕稱南涼爲"耨檀國"。一說法顯所經"耨檀國"爲樂都[4],似未安。

3."度養樓山,至張掖鎮。……復進到燉煌。……燉煌太守李暠供給度沙河":養樓山,應即《水經注·河水二》所見"養女山"[5],山在今青海西寧市以北、大通河南一帶,正在西平至張掖道上。

張掖鎮,今甘肅張掖西北。燉煌,今甘肅敦煌西。沙河,指燉煌至鄯善國之間的沙漠地帶,即《漢書·西域傳上》所謂"白龍堆"。

4."行十七日,計可千五百里,得至鄯善國":鄯善國,此處指鄯善國王治扜泥城,今羅布泊西南若羌縣治附近之且爾乞都克古城。一説法顯所經鄯善國在羅布泊西北今樓蘭古城遺址。[6]

案:其説未安。

一則,歷史上鄯善國王治始終在羅布泊西南,既然法顯所經各"國"均爲其王治,鄯善國不應例外。《漢書·馮奉世傳》明載:"奉世以衛候使持節送大宛諸國客。至伊脩城。"伊脩城,即《漢書·西域傳上》所見伊循城,位於今 Miran 附近。這説明自陽關有道可通羅布泊西南。[7]

二則,《法顯傳》稱,自敦煌至鄯善"可千五百里"。而據《漢書·西域傳上》,自扜泥城至陽關爲 1600 里。漢晉時代不同,法顯所計不過約數,百里左右的誤差是可以理解的。《漢書·西域傳》的 1600 里是自陽關沿阿爾金山北麓赴扜泥城的行程,可知法顯赴扜泥城不是先抵樓蘭城再南下的。[8]

三則,法顯西行時,羅布泊西北的樓蘭城已經廢棄或接近廢棄。[9]而法顯所至鄯善國"有四千餘僧",可知其地不可能是樓蘭城,祇能是泊西南的扜泥城。説者以爲這"有四千餘僧"指樓蘭至尼雅整個鄯善國統治區的僧侶數。然而法顯並未去過尼雅,未必能統計鄯善國全國的僧侶數。"其國王奉法,可有四千餘僧,悉小乘學",無疑是鄯善國王治一處的情況。説者強調四千餘僧不在王治一地,不過説明他並不相信樓蘭城有如此大的"奉法"規模。

又，法顯之所以沒有自扜泥城取西域南道入竺，而從該處折向焉耆，可能出於行資的考慮。

5. "復西北行十五日，到焉夷國"："焉夷"應即"焉耆"，該國王治可能在今四十里城子附近的博格達沁古城。

案：據《漢書·西域傳下》，山國"西北至焉耆百六十里……東南與鄯善[接]"。法顯自鄯善赴焉耆當自經由原山國王治所在（今 Kizil-sangir 或 Singer，也可能在營盤遺址）往赴。

6. "爲焉夷國人不修禮義，遇客甚薄，智嚴、慧簡、慧嵬遂返向高昌，欲求行資"：高昌，在今新疆吐魯番東約 50 公里之勝金口之南。焉耆東北行有道可通高昌。[10]

7. "法顯等蒙苻公孫供給，遂得直進。西南行，路中無居民，沙行艱難，所經之苦，人理莫比。在道一月五日，得到于闐"：于闐，在今和闐附近。所謂"沙行"乃指自焉夷西南向穿越塔克拉瑪干沙漠直達于闐。[11]

8. "慧景、道整、慧達先發，向竭叉國。法顯等欲觀行像，停三月日"：案：慧景等先發所至竭叉國，應即《漢書·西域傳》所見蒲犁國，今塔什庫爾干西南。[12]

9. "既過四月行像，僧韶一人，隨胡道人，向罽賓"：案：僧韶所至罽賓，一般認爲指 Kāśmīra。

10. "法顯等進向子合國，在道二十五日，便到其國"：子合國，首見《漢書·西域傳上》，其位置似應求諸葉城（Karghalik）之西 Asgan-sal 河谷，更確切地說應在葉爾羌河與 Asgan-sal 河匯合地點以上 Kosrāb 附近的河谷。[13] 法顯自于闐西赴子合歷時二十五日。

按之《漢書·西域傳上》，子合國王治呼犍谷"東與皮山[接]"，而于闐國"西通皮山三百八十里"。因此，法顯一行很可能是取道皮山前往子合的。

11. "住此十五日已，於是南行四日，入葱嶺山，到於麾國安居"：葱嶺山，指帕米爾高原。於麾國，一說即《魏書·西域傳》所見"權於摩國"。[14]

案："於麾"[hiua-xiua]果即"權於摩"，則應即《漢書·西域傳》所見烏秅國。蓋據《魏書·西域傳》，"權於摩國，故烏秅國也。其王居烏秅城，在悉居半西南，去代一萬二千九百七十里"。《魏書·西域傳》所見權於摩國果即《漢書·西域傳》所見烏秅國，則其名衍"權"字[15]，"於摩"乃"烏秅"之譌。蓋"烏"、"於"音同，而"秅"譌爲"耗"[16]，復譌爲"摩"。

但是，指法顯所歷"於麾"爲烏秅不無障礙。蓋法顯一行抵於麾後，復"行二十五日，到竭叉國"，遂於竭叉國入竺。如前所述，竭叉國位於Tāshkurghān。而據《漢書·西域傳上》，子合王治呼犍谷"東與皮山、西南與烏秅、北與莎車、西與蒲犁接"。蒲犁一般認爲位於今Tāshkurghān，法顯欲赴蒲犁，可自于闐經皮山、子合西行，並無西南行抵烏秅之必要。

《漢書·西域傳上》又載："皮山國，王治皮山城……西南至烏秅國千三百四十里，南與天篤接，北至姑墨千四百五十里，西南當罽賓、烏弋山離道。"於麾果即烏秅，法顯入竺應自於麾西南行，取"罽賓、烏弋山離道"前往，不必西北行赴竭叉。蓋所謂"罽賓、烏弋山離道"乃由于闐經皮山、烏秅入竺。

根據較可信的說法，烏秅城故址可能在今 Hunza。[17] 如果相信於麾卽 Hunza，則不能認爲竭叉在 Tāshkurghān。反之，若認爲竭叉位於 Tāshkurghān，則於麾不可能是權於摩或烏秅。法顯旣取道子合前赴竭叉，則於麾不應是烏秅。

當然，另一種可能性也不能排除：法顯到達子合後，沒有直接西赴竭叉（蒲犂或渴槃陁），卻西南行抵於麾（烏秅或權於摩），是因某種原因在子合不適合"安居"，不得不赴於麾"安居"。"安居已止"，沒有自於麾直接入竺，復自於麾西北行赴竭叉，則是爲了與慧景等匯合的緣故。

又，據《漢書·西域傳上》，子合王所治"東與皮山"接。因此，法顯自于闐至子合應途經皮山。《法顯傳》不載皮山，可能是在該處無法事可記的緣故。

12. "安居已止，行二十五日，到竭叉國，與慧景等合"：竭叉國，已見前文。

13. "從此西行向北天竺。在道一月，得度葱嶺。葱嶺冬夏有雪。又有毒龍，若失其意，則吐毒風，雨雪，飛沙礫石，遇此難者，萬無一全"：北天竺，指印度半島北部。"葱嶺"，此處指喀喇昆侖山。"又有毒龍"云云，知法顯曾經歷後來宋雲所記"不可依山"。蓋《洛陽伽藍記》卷五"宋雲行紀"載：宋雲一行於"八月初入漢盤陀國界。西行六日，登葱嶺山。復西行三日，至鉢盂城。三日至不可依山。其處甚寒，冬夏積雪。山中有池，毒龍居之"。

二

北天竺、西天竺之行。

14. "度嶺已，到北天竺，始入其境，有一小國名陀歷"：陀歷（Darada），一般認爲在今 Dārel，位於克什米爾西北部印度河北岸。

15. "於此順嶺西南行十五日。其道艱岨，崖岸嶮絕，其山唯石，壁立千仞，臨之目眩，欲進則投足無所。下有水，名新頭河。昔人有鑿石通路施傍梯者，凡度七百，度梯已，躡懸緪過河。河兩岸相去減八十步。九譯所絕，漢之張騫、甘英皆不至"："新頭河"指印度河。"過河"以及下文"度河"，指渡印度河北岸該河之支流。

案：按照法顯所記，似乎這一段"九譯所絕"的險途始自陀歷，其實不然。蓋據《漢書·西域傳上》："烏秅國，王治烏秅城……北與子合、蒲犁，西與難兜接。……其西則有縣度，去陽關五千八百八十八里，去都護治所五千二十里。縣度者，石山也，谿谷不通，以繩索相引而度云。"既然烏秅國在今 Hunza，難兜在今 Gilgit[18]，"縣度"之險應在法顯入竺途中。又據《洛陽伽藍記》卷五引"宋雲行紀"，"從鉢盧勒國向烏場國，鐵鎖爲橋，懸虛而度，下不見底，旁無挽捉，倏忽之間，投軀萬仞，是以行者望風謝路耳"。鉢盧勒，應即《魏書·西域傳》所見波路（Bolor），在今 Gilgit 附近。則此險途始自 Gilgit，直至烏場。"烏場"即法顯所記"烏萇"。

又據《大唐西域記》卷三，自烏仗那國都城"瞢揭釐城（Mangalaor）東北，踰山越谷。逆上信度河。途路危險，山谷杳冥。或履縆索，或牽鐵鏁。棧道虛臨，飛梁危構。椽杙蹋蹬，行千餘里，至達麗羅川"。達麗羅川既即陀歷，則上述險途復自Dārel延至Mangalaor（烏仗那國舊都所在）。玄奘蓋自烏仗那（烏萇）北上，與法顯方向相反。

16."度河便到烏萇國。烏萇國是正北天竺（Uttarāpatha）也。盡作中天竺語，中天竺（Madhyadeśa）所謂中國"：烏萇國（Uḍḍiyāna），位於今巴基斯坦北部Swāt河流域。北天竺、中天竺，卽北印度、中印度。古代印度人將印度一分爲五，稱"五印度"或"五天竺"。

案：法顯稱"烏萇國是正北天竺也"，是說"天竺"的領域始自烏萇。《洛陽伽藍記》卷五"宋雲行紀"稱烏場國"北接葱嶺，南連天竺"，也是說烏場是天竺的門戶。

又，據法顯，"佛遺足跡"在烏萇國；而據《大唐西域記》卷三，烏仗那國治瞢揭釐城（今Mingōla），瞢揭釐城東北二百五六十里處有阿波邏羅龍泉，阿波邏羅龍泉西南三十里，"水北岸大磐石上有如來足所履迹"。一般認爲，如來足跡遺址在Swāt河上游西岸Tirāt村。

17."慧景、道整、慧達三人先發，向佛影那竭國。法顯等住此國夏坐"：那竭國，卽Nagarahāra，位於今阿富汗東部Jalalabad附近。國名前冠以"佛影"兩字，是因爲該國"供養佛影"的緣故。

案：慧景等自烏萇向那竭國，與此後法顯的行程可能差相仿佛。

18."坐訖，南下，到宿呵多國"："宿呵多"，即 Swāt 之漢譯，今 Mangalaor 西南跨 Swāt 河兩岸之地稱爲 Swāt。

案：據法顯，宿呵多國係釋迦牟尼"割肉貿鴿處"；而據《大唐西域記》卷三，"瞢揭釐城南二百餘里大山側，至摩訶伐那（mahāvana）伽藍。……摩訶伐那伽藍西北，下山三四十里，至摩愉（mayū）伽藍。……摩愉伽藍西六七十里，至窣堵波，無憂王（Aśoka）之所建也。是如來昔修菩薩行，號尸毗迦王（Śibika）爲求佛果，於此割身，從鷹代鴿"。按大致比例，摩訶伐那伽藍、摩愉伽藍和如來"割肉貿鴿處"均在法顯所歷宿呵多國，故宿呵多國可能尚在今 Swāt 地區之南，即今 Buner 地區。[19]

19."從此東下五日行，到犍陀衞國"：犍陀衞國（Gandhavat），即乾陀羅，位於今喀布爾河中下游。

案：據法顯，犍陀衞國有佛"以眼施人"處。據《洛陽伽藍記》卷五"宋雲行紀"，"如來挑眼施人處"在乾陀羅國佛沙伏城（Varṣapura）西一日行處。佛沙伏城，應即《大唐西域記》卷二所見健馱邏國跋虜沙城，今白沙瓦（Peshāwar）東北之 Shahbaz Garhi。

然據《大唐西域記》卷二，健馱邏國布色羯邏伐底城（Puṣkalāvatī）北四五里有故伽藍，"伽藍側有窣堵波高數百尺。無憂王之所建也，彫木文石，頗異人工。是釋迦佛昔爲國王，修菩薩行，從衆生欲，惠施不倦，喪身若遺，於此國土千生爲王，即斯勝地千生捨眼"。布色羯邏伐底城，在今白沙瓦東北之 Chārsadda。這就是說，跋虜沙西一日行處便是布色羯邏伐底城北故伽藍。

因此，法顯所謂"犍陀衛國，是阿育王（Aśoka）子法益（Dharma vivardhana）所治處，佛爲菩薩時，亦於此國以眼施人"云云，表明法顯當時所歷其實是宋雲所歷佛伏沙城，亦卽玄奘所經跋虜沙城。

20."自此東行七日，有國名竺刹尸羅"：竺刹尸羅國（Takṣaśilā），今巴基斯坦拉瓦爾品第（Rawalpindi）西北 Shahanderi 東南的 Sirkap 遺址。據法顯，"佛爲菩薩時，於此處以頭施人"。

案：竺刹尸羅卽《大唐西域記》卷三所載呾叉始羅，國都北十二三里有"捨頭窣堵波"，遺址在今 Taxila 北。法顯赴竺刹尸羅，顯然是爲了訪問"捨頭窣堵波"。

21."從犍陀衛國南行四日，到弗樓沙國。……佛鉢卽在此國。……由是法顯獨進，向佛頂骨所"：弗樓沙國，應卽《魏書·西域傳》所見富樓沙（Puraṣapura）、《洛陽伽藍記》卷五"宋雲行紀"所見"乾陀羅城"、《大唐西域記》卷二所見健馱邏國布路沙布邏城（Puraṣapura），位於今白沙瓦（Peshāwar）。

案：既稱"從犍陀衛國南行四日"到弗樓沙國，則似乎表明法顯是在到達竺刹尸羅後又西歸佛伏沙，復自犍陀衛國南赴弗樓沙國的。

22."西行十六由延，便至那竭國界醯羅城，中有佛頂骨精舍"：那竭國界醯羅城，故址在今 Jalalabad 城南之 Hiḍḍa 村。"醯羅"（hiḍḍa 或 heḍḍa），卽梵文 haḍḍa（骨）。

案：法顯所載醯羅城，應卽《大唐西域記》卷二那揭羅曷國的醯羅城。據載，城中有"七寶小窣堵波，以貯如來髑髏骨"[20]。

23."從此北行一由延,到那竭國城。……住此冬三月,法顯等三人南度小雪山":那竭國城,已見前述。小雪山,即 Jalalabad 城南 Safēd Kōh 山脈(今 Spin Ghar)。

案:據《大慈恩寺三藏法師傳》卷二,玄奘自濫波國,經那揭羅曷國都城、佛頂骨城(醯羅城)、犍陀羅國布路沙布邏、布色羯邏伐底城、跋虜沙[21]、烏鐸迦漢荼城(Udabhaṇḍapura),至烏仗那國都城瞢揭釐城,更溯印度河而上,抵烏仗那舊都達麗川。法顯則自陀歷渡河至烏萇國,復經宿呵多國(Buner)、犍陀衛國(跋虜沙)、竺刹尸羅、弗樓沙國(布路沙布邏城),至醯羅城(佛頂骨城)。

另外,法顯往返犍陀衛與竺刹尸羅之間時應經由烏鐸迦漢荼城。玄奘乃自烏仗那回歸烏鐸迦漢荼城,再往赴呾叉始羅。

24."南到羅夷國。……住此夏坐":羅夷國,指 Safēd Kōh 山南 Lohás 人居地。一說在今 Parachinor。[22]

25."坐訖,南下,行十日,到跋那國":跋那國,應即《大唐西域記》卷一一所載伐剌拏國,位於今巴基斯坦北部之 Bannu。[23]

案:玄奘乃於歸途,自呾叉始羅經由藍波國境,至伐剌拏國。

26."從此東行三日,復渡新頭河,兩岸皆平地。過河有國,名毗荼。……從此東南行減八十由延,經歷諸寺甚多,僧衆萬數":毗荼,即旁遮普(Pañcanada, Pañjāb),主要部分在今巴基斯坦東北部。

三

中天竺、東天竺之行。

27. "過是諸處已，到一國，國名摩頭羅。有遥捕那河……從是以南，名爲中國"：摩頭羅，即 Mathurā，《大唐西域記》卷四作"秣兔羅"。都城故址在今印度北方邦西部馬土臘西南之 Maholi。遥捕那河，即《大唐西域記》卷五所見閻牟那河，今 Mathurā 城東 Jumna 河。

28. "從此東南行十八由延，有國名僧伽施"：僧伽施（Sankāśya），《大唐西域記》卷四作"劫比他"（Kapitha）。都城故址在今印度北方邦西部 Farrukhābād 之 Sankīsa 村。

案：據《大慈恩寺三藏法師傳》卷二，玄奘自秣兔羅，經薩他泥濕伐羅國（Sthāneśvara）、禄勒那國 [《大唐西域記》卷四作"窣禄勤那"（Srughna）]，渡閻牟那河，至秣底補羅國（Matipura），復經婆羅吸摩補羅國（Brahmapura）、醯掣呾羅國 [《大唐西域記》卷四作"垩醯掣呾羅國"（Ahicchttra）]、毘羅那拏國 [《大唐西域記》卷四作"毗羅刪拏國"（Vīrāśāna）]，至劫比他。自摩頭羅（秣兔羅）至僧伽施（劫比他），法顯是直接抵達，玄奘則在歷經多處後抵達。

29. "法顯住龍精舍夏坐。坐訖，東南行七由延，到罽饒夷城。城接恒水，有二僧伽藍，盡小乘學"：罽饒夷城，即《大唐西域記》卷五所見羯若鞠闍國（Kanyākubja），今印度北方邦西部 Kanauj。恒水，《大唐西域記》所見殑伽河，今印度恒河（Ganges）。

30. "度恒水，南行三由延，到一村，名呵梨"：呵梨，蓋即《大唐西域記》卷五所見羯若鞠闍國大城東南、殑伽河東岸之納縛提婆矩羅城（Navadebakula）。Navadebakula 意爲"新天寺"，或因奉毘瑟笯天（Viṣṇu）得名，而毘瑟笯名 Hari，或即"呵梨"一名之由來。

31. "從此東南行十由延，到沙祇大國"：沙祇大國，或即 Sāketa，曾爲古印度北部拘薩羅國（Kosala）都城。沙祇大國，可能就是《大唐西域記》卷五所見阿踰陀國（Ayodhyā）。

32. "從此北行八由延，到拘薩羅國舍衛城"：拘薩羅，印度古國，其都城 Śrāvastī（巴利文：Sāvatthī）。"舍衛"即 Sāvatthī 之對譯。《大唐西域記》卷六作"室羅伐悉底"（Śrāvastī）。

33. "城西五十里，到一邑，名都維，是迦葉佛（Kāśyapa）本生處"：都維，今 Sāhet-Māhet 西之 Tadwa 村。

案：據《大慈恩寺三藏法師傳》卷三，玄奘自劫比他至羯若鞠闍國後，經納縛提婆矩羅城、阿踰陀國、阿耶穆佉國（Ayamukha）、鉢羅耶伽國（Prayāga）、憍賞彌國（Kauśāmbī）、鞞索迦國（Viṣāka），至室羅伐悉底國。法顯乃自僧伽施（劫比他）至罽饒夷城（羯若鞠闍國曲女城）後，經呵梨（納縛提婆矩羅城）、沙祇大國（阿踰陀國），至拘薩羅（室羅伐悉底國）。

34. "從舍衛城東南行十二由延，到一邑，名那毗伽，是拘樓秦佛所生處"：那毗伽（Nābhika），具體地望不詳。拘樓秦佛（Krakucchanda），即《大唐西域記》卷六所見迦羅迦村馱佛（Krakucchanda），其本生古城在劫比羅伐窣堵（Kapilavastu）國王城南五十餘里。

35. "從此北行,減一由延,到一邑,是拘那含牟尼佛所生處":拘那含牟尼佛(Kanakamuni),即《大唐西域記》卷六所見迦諾迦牟尼佛(Kanakamunibuddha),據載該佛本生古城在劫比羅伐窣堵國王城東北三十餘里處。

36. "從此東行,減一由延,到迦維羅衛城。……城東五十里有王園,園名論民":迦維羅衛,即《大唐西域記》卷六所見劫比羅伐窣堵國,王城遺址在今尼泊爾 Basti 縣北部的 Piprāwā。"論民",即《大唐西域記》卷六所見臘伐尼園(Lumbinivana)。

案:據《大慈恩寺三藏法師傳》卷三,自室羅伐悉底國東南行八百餘里,至劫比羅伐窣堵國。這一段行程法顯與玄奘接近。

37. "從佛生處東行五由延,有國名藍莫":藍莫(Rāma),即《大唐西域記》卷六所見藍摩,在尼泊爾南部之 Dharmaurī。

案:據《大慈恩寺三藏法師傳》卷三,自劫比羅伐窣堵國東行五百餘里,至藍摩國。這一段行程法顯與玄奘接近。

38. "復東行十二由延,到拘夷那竭城。城北雙樹間希連河邊,世尊於此北首而般泥洹":拘夷那竭城,《大唐西域記》卷六所見拘尸那揭羅國,故址在尼泊爾的 Little Rāptī 河與 Gandak 河匯流處之南。希連河,即《大唐西域記》卷六所見尸賴拏伐底河(Hiranyavati)。

案:據《大慈恩寺三藏法師傳》卷三,自藍摩國行百餘里,至拘尸那揭羅國。這一段行程法顯與玄奘接近。

39. "從此東南行十二由延,到諸梨車欲逐佛般泥洹處":梨車

（Licchavi）,《大唐西域記》卷七作"栗呫婆子"。據載，諸梨車欲逐佛般泥洹處在吠舍釐國王城西北五六十里。

40. "自此東行五由延，到毗舍離國"：毗舍離（Vaiśālī），《大唐西域記》卷七作"吠舍釐"。王城在近 Gandak 河左岸 Hājīpur 以北的 Basāh。

案：據《大慈恩寺三藏法師傳》卷三，玄奘自拘尸那揭羅國，經婆羅痆斯國（Bārāṇasī）、戰主國（Garjanapati），至吠舍釐國。法顯則自拘夷那竭城（拘尸那揭羅國）直接至毗舍離國（吠舍釐國）。

41. "從此東行四由延，到五河合口"：五河合口，指自毗舍離城至摩竭提國巴連弗邑之恒河渡口。附近爲 Gandak、Rāptī、Gogra、恒河、宋河（Son）諸水，匯成恒河下游而東行。故曰"五河合口"。

42. "度河南下一由延，到摩竭提國巴連弗邑"：摩竭提國（Magadha），《大唐西域記》卷八作"摩揭陁"，位於印度河中游。巴連弗邑（Paṭaliputra），《大唐西域記》卷八作"波吒釐子城"，位於今印度比哈爾邦之 Patnā。

案：據《大慈恩寺三藏法師傳》卷三，玄奘自吠舍釐國，經[濕]吠多補羅城（Śvetapura），至摩揭陀國波吒釐子城。法顯則自毗舍離城（吠舍釐國）至摩竭提國巴連弗邑（波吒釐子城）。法顯與玄奘行程接近。

43. "從此東南行九由延，至一小孤石山"：小孤石山，一般認爲即《大唐西域記》卷九所見因陀羅勢羅窶訶山（Indraśailaguhā）。

據載，因陀羅勢羅窶訶山即王舍城東 Giriyek 山，然法顯所記距離與玄奘並不一致。

44. "從此西南行一由延，到那羅聚落，是舍利弗本生村"：那羅聚落，《大唐西域記》卷九作"迦羅臂拏迦邑"（Kālapiṇāka），在因陀羅勢羅窶訶山西三十餘里。

45. "從此西行一由延，到王舍新城"：王舍新城，《大唐西域記》卷九作"曷羅闍姞利呬城"（Rājagṛha）；Rājagṛha 意指"王舍"。

案：據《大慈恩寺三藏法師傳》卷三，玄奘自曷羅闍姞利呬城，至因陀羅勢羅窶訶山。法顯則自小孤石山（因陀羅勢羅窶訶山），至王舍新城（曷羅闍姞利呬城）。

46. "出城南四里，南向入谷，至五山裏。五山周圍，狀若城郭，本是萍沙王舊城"：五山，指鞞婆羅跋山（Vaibhāravaṇa），即毘布羅山（今 Vaibhāragiri）、薩多般那求訶山（Saptaparṇaguhā，今 Sonagiri 山）、因陀羅勢羅求訶山（Indraśailaguhā，今 Giriyek 山）、薩簸恕嵔底迦山（Sarpisikundikaparvata，今 Vipulagiri 山）和靈鷲山。萍沙王（Bimbisāra），《大唐西域記》卷九作"頻毗娑羅王"。萍沙王舊城，即《大唐西域記》卷九所見矩奢揭羅補羅城（Kuśāgrapura）。

47. "入谷，搏山東南上十五里，到耆闍崛山"：耆闍崛山，即《大唐西域記》卷九姞栗陀羅矩吒山（Gṛidhrakūṭa），亦即靈鷲山。山在萍沙王舊城東北。

案：據《大慈恩寺三藏法師傳》卷三，玄奘自波吒釐子城，經那爛陀寺（Nālandā），至矩奢羯羅補羅城即王舍舊城（萍沙王舊城），復自該城東北行十四五里至姞栗陀羅矩吒山（即耆闍崛山），山城北門行一里餘，至迦蘭陀（Kalandaka）竹園；竹園西南行五六里，有大石室；又西二十里，有無憂王所建窣堵波；又東北三四里，至曷羅多姞利呬城。法顯則自王舍新城（曷羅闍姞利呬城）赴洴沙王舊城（矩奢羯羅補羅城）。兩者方向相反。

48. "從此西行四由延，到伽耶城"：伽耶城（Gayā），亦見《大唐西域記》卷八，在今印度比哈爾邦之 Gaya 城。

49. "從此［東］南三里行，到一山，名雞足"：雞足山，即《大唐西域記》卷九所見屈屈吒播陀山（Kukkuṭapādagiri），亦稱窶盧播陀山（Gurupādagiri），意譯"尊足"，即今佛陀伽耶（Buddha Gayā）東南之窶播山（Gurpa Hill）。

50. "法顯還向巴連弗邑。順恒水西下十由延，得一精舍，名曠野"：據《大唐西域記》卷七，戰主國（Yuddhapati，今 Ghāzipur）東南摩訶娑羅邑（Mahaśala，今 Shahabad 西之 Masār）東三十里殑伽河北有石柱，記如來伏曠野諸鬼事，本傳所謂"曠野"蓋指此處。

案：據《續高僧傳·玄奘傳》卷四，玄奘乃自波吒釐子城（華氏城）至那爛陀寺，曾經伽耶城、伽耶山，至屈屈吒播陀山（雞足山）。法顯乃自洴沙王舊城，經伽耶城、雞足山、曠野精舍，至巴連弗邑。

51. "復順恒水西行十二由延，到伽尸國波羅㮈城"：伽尸國（Kāśī），係恒河流域著名古國，即《大唐西域記》卷七所見婆羅痆斯國（Vārāṇasī），婆羅痆斯乃其都城名，亦即本傳所見波羅㮈，在今印度北方邦之 Banārās。

案：據《大慈恩寺三藏法師傳》卷三，玄奘乃自拘尸那揭羅國，渡阿恃多伐底河（Ajitavatī），至娑羅（śāla）林，復從大林中經五百餘里，至婆羅痆斯國。法顯則自巴連弗邑（波吒釐子城），至波羅㮈城（婆羅痆斯國），與玄奘取道不同。

52. "自鹿野苑精舍西北行十三由延，有國，名拘睒彌"：拘睒彌，即《大唐西域記》卷五之憍賞彌（Kauśambī），故址在今印度北方邦南部 Allahabad 西南。

53. "從此南行二百由延，有國名達嚫"：達嚫（Dakṣiṇa），即《大唐西域記》卷十所見憍薩羅國（Kosala），亦即《大慈恩寺三藏法師傳》卷四之南憍薩羅國，在今印度中部 Mahanadi 河流域及 Godavari 上游一帶。

案：據《大慈恩寺三藏法師傳》卷四，玄奘乃自那爛陀至耽摩栗底國後，經烏荼國（Uḍra）折利呾羅城（Caritra）、恭御陁國（Konyodha）、羯餕伽國（Kaliṅga），至南憍薩羅國（Kosala）。法顯乃自拘睒彌（憍賞彌）直接南下達嚫（南憍薩羅國）。

54. "從波羅㮈國東行，還到巴連弗邑"：波羅㮈國、巴連弗邑，已見前文。

55. "順恒水東下十八由延，其南岸有瞻波大國"：瞻波（Campa）大國，即《大唐西域記》卷十所見瞻波國，故址在今印度比哈爾邦東部 Bhāgalpur 西。

56. "從此東行近五十由延，到多摩梨帝國，即是海口"：多摩梨帝國（Tāmralipti），即《大唐西域記》卷十所見耽摩栗底國，故址在今印度孟加拉爾邦加爾各答西南 Tamluk，古印度東北部之著名海口。

案：據《大慈恩寺三藏法師傳》卷四，玄奘乃自那爛陀，經伊爛拏鉢伐多國（Īraṇyaparvata），至瞻波國，復經羯朱嗢祇羅國（Kajughira）、奔那伐彈那國（Puṇḍravardhana）、羯羅拏蘇伐剌那國（Karṇasuvarṇa）、三摩呾吒國（Samataṭa），至耽摩栗底國。法顯可能是自瞻波國直接到達多摩梨帝國（耽摩栗底國）的。

四

智猛啓程於後秦弘始六年（404年）。其入竺路線，《出三藏記集》卷一五和《高僧傳》卷三有簡單記述。[24] 今以前者爲主，後者爲輔，列述於次。

1."發跡長安，渡河順谷三十六渡[25]，至涼州城"：

案："河"，指黃河。"三十六渡"，難以確指。涼州城，指後秦（姚興）控制下的姑臧（今甘肅武威）。

2."既而西出陽關，入流沙，二千餘里，地無水草，路絕行人。冬則嚴厲，夏則癉熱。人死，聚骨以標行路。驟馳負糧，理極辛阻。遂歷鄯鄯、龜茲、于闐諸國，備觀風俗"：

案：陽關，故址在今甘肅敦煌西南。鄯鄯，即《漢書·西域傳上》所載鄯善國。流沙，指陽關與鄯善國之間的沙漠，即同傳所載白龍堆。龜茲，首見《漢書·西域傳》，在西域北道，其故址一般認爲在今庫車縣治東郊的皮郎古城。于闐，如前所述，係南道之國。

看來智猛在到達鄯善國後，和法顯一樣，北上焉耆。不過他並沒有像法顯一樣自焉耆直接抵達于闐，而是由焉耆經龜茲、扜彌（即《洛陽伽藍記》卷五"宋雲行紀"所載"捍麽"）等地抵達于闐。蓋據《漢書·西域傳》，龜茲"西南與扜彌"接。

3."從于闐西南行二千里，始登葱嶺，而同侶九人退還。猛遂與餘伴進行千七百餘里，至波淪國。三度雪山，冰崖皓然，百千餘仞。飛縆爲橋，乘虛而過，窺不見底，仰不見天，寒氣慘酷，影戰魂慄。漢之張騫、甘英所不至也"：

案：波淪國，應即《魏書·西域傳》所見波路（Bolor），亦即《洛陽伽藍記》卷五"宋雲行紀"所見鉢盧勒國。據載：賒彌國"從鉢盧勒國向烏塲國，鐵鎖爲橋，懸虛而度，下不見底，旁無挽捉，倏忽之間，投軀萬仞，是以行者望風謝路耳"。波淪國，一般認爲在今 Gilgit 附近。

《法顯傳》稱法顯經過陀歷國入竺，在抵達陀歷國前，必定經由波淪。

4."復南行千里，至罽賓國。再渡辛頭河，雪山壁立，轉甚於前。下多瘴氣，惡鬼斷路，行者多死。猛誠心冥徹，履險能濟。既至罽賓城，恒有五百羅漢住此國中，而常往反阿耨達池。……猛先於奇沙國見佛文石唾壺。又於此國見佛鉢，光色紫紺，四邊燦然"：

案：奇沙國，應即法顯所經竭叉國。蓋據《法顯傳》，法顯抵竭叉國，親見"其國中有佛唾壺，以石作，色似佛鉢"。法顯乃自于闐國，經子合國、於麾國，抵達竭叉國。

罽賓國，即《法顯傳》所見弗樓沙國。蓋智猛"於此國見佛鉢"[26]。而據《法顯傳》，"從犍陀衛國南行四日，到弗樓沙國。……佛鉢即在此國"。如前所述，弗樓沙國應即宋雲所經"乾陀羅城"，亦即《大唐西域記》卷二所見健馱邏國布路沙布邏城。法顯乃自竭叉國，經陀歷國、烏萇國、宿呵多國，到犍陀衛國。

又，傳文"復南行千里，至罽賓國。再渡辛頭河"云云，《高僧傳》卷三作"共度雪山，渡辛頭河，至罽賓國"，似乎更準確。

又，《漢書·西域傳上》所見罽賓國無疑指包括乾陀羅在內的喀布爾河中下游地區，而這一稱呼的內涵直至法顯、智猛時代尚未改變。由此亦可見，先法顯離開于闐的僧韶所赴罽賓，很可能也是指犍陀衛國，而不是克什米爾。

5. "復西南行千三百里，至迦惟羅衛國，見佛髮、佛牙及肉髻骨，佛影、佛跡，炳然具在"：

案："迦惟羅衛"，《法顯傳》作"迦維羅衛"。法顯乃自弗樓沙國，經那竭國界醯羅城（佛頂骨精舍）、那竭國城、羅夷國、跋那國、毗荼、摩頭羅、僧伽施國、罽饒夷城、呵梨村、沙祇大國、拘薩羅國舍衛城、都維邑、那毗伽邑等地，抵達迦維羅衛城。

另外："智猛傳"稱智猛於迦惟羅衛國見佛影、佛髮、佛牙及肉髻骨等，然諸聖跡均在 Nagarahāra，即法顯所傳那竭國。前引《法顯傳》文字可以為證。至於佛牙，亦在那竭國。《洛陽伽藍記》卷五"宋雲行紀"引"道榮傳"明載："那竭城中有佛牙、佛髮。"

知智猛必定經由那竭國。

又,"智猛傳"稱智猛於迦惟羅衛見"佛跡"。按之《法顯傳》,"佛遺足跡"於烏萇國,知智猛亦曾經過烏萇國。

以上與其指爲智猛誤記,不如認爲"智猛傳"編者將智猛於烏萇、那竭兩國所見均錯繫於迦惟羅衛國。

6. "後至華氏城,是阿育王舊都":

案:華氏城,卽 Pāṭaliputra。《法顯傳》作"巴連弗邑"。法顯乃自迦維羅衛城,經藍莫、拘夷那竭城、毗舍離國等地,到摩竭提國巴連弗邑(華氏城)。

7. "於是便反,以甲子歲發天竺,同行四僧於路無常,唯猛與曇纂俱還於涼州。……以元嘉十四年(437 年)入蜀":

案:智猛歸國似取陸道。

要之,智猛一行大致行程如下:至姑臧後,出陽關,歷鄯善、龜茲、于闐、奇沙、波淪、烏萇、罽賓、那竭、迦惟羅衛,抵華氏城。

五

曇無竭啓程於劉宋永初元年(420 年),其入竺路線,亦見諸《出三藏記集》卷一五和《高僧傳》卷三。[27] 本文依據前者。

1. "初至河南國,仍出海西郡,進入流沙,到高昌郡。經歷龜茲、沙勒諸國":

案："河南國"應即法顯所經"乾歸國"（西秦）。據《晉書·乞伏乾歸、乞伏熾磐載記》，以及《資治通鑒·晉紀三八》等，西秦更始四年（412年）六月乞伏乾歸死，其子熾磐（412—428年在位）遷都枹罕（今甘肅臨夏），八月即位，改元永康，自稱"大將軍、河南王"。一說此處"河南國"指吐谷渾，似未安。[28]

又，《高僧傳》卷一三有載，釋法獻於元徽三年（475年）"發蹤金陵，西遊巴蜀，路出河南，道經芮芮。既到于闐，欲度蔥嶺，值棧道斷絕，遂於于闐而反"。案：法獻所出"河南"，應指吐谷渾。而所謂"道經芮芮"似指路過被芮芮控制的高昌地區。蓋法獻自巴蜀，經吐谷渾王治，西北行抵達敦煌，復自敦煌經高昌、龜茲、疏勒諸國抵達于闐。當然，另一種可能性也是存在的：法獻乃經敦煌往赴被芮芮控制的鄯善國[29]，復自鄯善國王治經南道，或如法顯取北道（經由焉耆），前往于闐。

"海西郡"，爲"西海郡"之誤，當乙正；然而這"西海郡"，應爲王莽置於青海西者。這裏提及這郡名，如果不是當時郡縣興廢無常，史籍失載，便是由於採用古地名的緣故。[30]

流沙，似指敦煌、高昌之間的沙漠地帶。《周書·異域傳下》："自燉煌向其國，多沙磧，道里不可准記，唯以人畜骸骨及駝馬糞爲驗，又有魑魅怪異。故商旅來往，多取伊吾路云。"可知曇無竭所取即《西州圖經殘卷》所載"大海道"。

高昌郡、龜茲的地望已如前述。沙勒，即《漢書·西域傳》所見疏勒。其故址一般認爲在今喀什附近。

2."前登葱嶺、雪山。棧路險惡，驢駝不通。層冰峨峨，絕無草木。山多瘴氣，下有大江，浚急如箭。於東西兩山之脇，繫索爲橋，相去五里，十人一過。到彼岸已，舉烟爲幟，後人見烟，知前已度，方得更進。若久不見烟，則知暴風吹索，人墮江中。行葱嶺三日方過。復上雪山，懸崖壁立，無安足處，石壁皆有故杙孔，處處相對。人各執四杙。先拔下杙，手攀上杙。展轉相代，三日方過"：

案：曇無竭入竺途徑很可能是在抵沙勒後，直接前往竭叉（奇沙），亦即《漢書·西域傳》所見蒲犂國，再由竭叉經波淪、陀歷去烏萇。蓋據《漢書·西域傳上》，蒲犂國"北至疏勒五百五十里"。因此，曇無竭所登葱嶺應即喀喇昆侖，而雪山、大江等便是法顯、智猛自波淪至烏萇間所歷。

3."進至罽賓國，禮拜佛鉢"：

案：罽賓國，既爲佛鉢所在，應即《法顯傳》所見弗樓沙國，亦即智猛所至罽賓國。

4."停歲餘……西行到新頭那提河，漢言師子口。緣河西入月氏國，禮拜佛肉髻骨，及覩自沸水船。後至檀特山南石留寺，住僧三百人，雜三乘學。無竭便停此寺，受具足戒"：

案：辛頭那提河，"那提"，梵文 Nadii，意爲"河"。"辛頭那提"，即辛頭河。此處也可能指印度河支流 Swāt 河或喀布爾河。[31]

月氏國，應卽法顯所歷那竭國（Nagarahāra）。"佛肉髻骨"卽佛頂骨。《法顯傳》云："法顯在此國（師子國），聞天竺道人於高座上誦經，云：佛鉢本在毗舍離，今在揵陀衛。竟若干百年，（法顯聞誦之時有定歲數，但今忘耳。）當復至西月氏國。若干百年，當至于闐國。住若干百年，當至屈茨國。若干百年，當復來到漢地。住若干百年，當復至師子國。若干百年，當還中天竺。""至西月氏國"，意指"西至月氏國"。《高僧傳·慧遠傳》卷六載："遠聞天竺有佛影，是佛昔化毒龍所留之影，在北天竺月氏國那竭呵城南、古仙人石室中。"這可證那竭曾被稱爲"月氏國"。[32]

檀特山（Daṇḍaloka），《洛陽伽藍記》卷五"宋雲行紀"，作"善特山"。據載，山在烏塲國"王城西南五百里"。但此處所謂"檀特山"不在烏塲國，應即《大唐西域記》卷二所見彈多落迦山，山在"跋虜沙城東北二十餘里"，今 Shahbaz Garhi 東北之 Mekha-Sanda 山。

曇無竭當自月氏國（Jalalabad），東赴中天竺時途經檀特山的，這與法顯赴"中國"的經由不盡相同。

5. "於寺夏坐三月日。復北行至中天竺。……進涉舍衞國中，野逢山象一羣……後渡恒河……"：

案：《法顯傳》稱摩頭羅以南"名爲中國"。"中國"即"中天竺"。法顯自犍陀衞國（跋虜沙）至摩頭羅（中天竺），經歷了竺剎尸羅、弗樓沙、那竭、醯羅、羅夷、跋那、毗茶諸國。

又，舍衞國，即《法顯傳》所見拘薩羅國舍衞城。自摩頭羅至舍衞，法顯經歷了僧伽施、罽饒夷、呵梨、沙祇大國等處。

又，法顯自舍衞城，經都維、那毗迦、迦惟羅衞、藍莫、拘夷那竭、毗舍離等處，經"五河合口"，抵達摩竭提國巴連弗邑。曇無竭"渡恒河"，或許也是前往巴連弗邑。

6. "後於南天竺，隨舶汎海達廣州"：

案：曇無竭歸途亦取海道，但不得其詳而知。

要之，曇無竭一行大致行程如下：至枹罕後，出西海郡，歷高昌、龜茲、沙勒、竭叉、波淪、陀歷、烏萇、罽賓、月氏國，在檀特山夏坐，乃入中天竺，經舍衛等地，渡恒河，至摩竭提國巴連弗邑。

六

綜上所述：五世紀中國僧侶入竺通常取西域南北道，抵達竭叉（Gasiani，今 Tāshkurghān），然後越葱嶺（今喀喇崑崙山 Mintaka Pass 或 Kirik Pass），歷波淪（Bolor，今 Gilgit）、陀歷（Daraḍa，今 Dārel），至烏萇（Uḍḍiyāna，今 Mingōla），再從烏萇赴犍陀衛即罽賓（Gandhavat，今喀布爾河中下游）和那竭（Nagarahāra，今 Jalalabad），然後東向赴華氏城以遠。

■ **注釋**

[1] 關於法顯入竺路線之考證，近年來最有影響的首推長澤和俊和章巽兩家：長澤和俊 "法顯の入竺求法行"，《シルク・ロード史研究》，東京：國書刊行會，1979 年，pp. 415-439，以及 "宮內廳書陵部圖書寮本《法顯傳》校注"，《シルク・ロード史研究》，東京：國書刊行會，1979 年，pp. 632-

676；章巽《法顯傳校注》，上海古籍出版社，1985年。本文有關考證以這兩家之研究爲基礎。章巽書集法顯研究之大成，有關觀點，本文多所採納，爲省篇幅，不一一出注。

[2] 注1所引長澤和俊文。

[3]《資治通鑒·晉紀三二》：晉隆安二年（398年）"西秦王乾歸遣乞伏益州攻涼支陽、鸇武、允吾三城，克之"。胡注："支陽、允吾，皆漢古縣，屬金城郡；鸇武城當在二縣之間。張寔分支陽屬廣武郡；允吾蓋仍爲金城郡治所。"案：三城均在今蘭州西，復得金城或在此時。

[4] 注1所引長澤和俊文。

[5]《水經注·河水二》："長寧水又東南，養女川水注之。水發養女北山，有二源，皆長湍遠發，南總一川。逕養女山，謂之養女川。"

[6] 榎一雄"鄯善の都城の位置とその移動（1-2）"，《オリエント》8～1（1965年），pp.1-14；8～2（1966年），pp.43-80；榎一雄"法顯の通過した鄯善國について"，《東方學》34（1967年），pp.12-31；注1所引長澤和俊文，以及長澤氏"鄯善王國の歷史地理（上）"，《早稻田大學院文學研究科紀要》37（1992年），pp.129-143。

[7] 北魏太平真君三年（442年），據《魏書·沮渠牧犍傳》沮渠無諱曾自鄯善北上焉耆，似乎也能夠佐證法顯的路線。當時鄯善國都城亦在羅布泊西南無疑。

[8] 賀昌群《古代西域交通與法顯印度巡禮》，湖北人民出版社，1956年，pp.211-275，以爲法顯是經由樓蘭城南下扜泥城的。今案：其說未安。

[9] 參看孟凡人《樓蘭新史》，光明日報出版社、新西蘭霍蘭德出版有限公司，1990年，pp.268-272。

[10]《魏書·沮渠牧犍傳》載：太平真君三年（442年）沮渠無諱曾"從焉耆東北趣高昌"。

[11] 參看注1所引章巽書，p. 13；馮錫時"法顯西行路線考辨"，馬大正等主編《西域考察與研究》，新疆人民出版社，1994年，pp. 291-298。

[12] 白鳥庫吉"西域史上の新研究·大月氏考"，《白鳥庫吉全集·西域史研究（上）》（第6卷），東京：岩波，1970年，pp. 97-227，esp. 129-160。

[13] 松田壽男"イラン南道論"，《東西文化交流史》，東京：雄山閣，1975年，pp. 217-251。

[14] 注12所引白鳥庫吉文，esp. 140-148。

[15] "權於摩"，《通典·邊防八·西戎四》所引作"於摩"。

[16]《太平御覽》卷七九七便譌"烏秅"爲"烏耗"。

[17] 注13所引松田壽男文；馬雍"巴基斯坦北部所見'大魏'使者的巖刻題記"，《西域史地文物叢考》，文物出版社，1990年，pp. 129-137。

[18] 榎一雄"難兜國に就いての考"，《加藤博士還曆記念東洋史集說》，東京：富山房，1941年，pp. 179-199。

[19] 桑山正進《カーピシー＝ガンダーラ史研究》，京都大學人文科學研究所，1990年，pp. 113-114。

[20] 水谷真成譯注《大唐西域記》，《中國古典文學大系》22，東京：平凡社，1975年，p. 103；注19所引桑山正進書，p. 114。

[21]《大慈恩寺三藏法師傳》失載，據《大唐西域記》卷二補。見楊廷福《玄奘年譜》，中華書局，1988年，p. 135。

[22] 注19所引桑山正進書，p. 68。

[23] 注1所引章巽書，p. 53，以伐剌拏與跋那爲兩地，未安。參看季羨林等

《大唐西域記校注》，中華書局，1985年，p. 949。

[24]《大正新脩大藏經》T55, No. 2145, p. 113；T50, No. 2059, p. 343。

[25]《高僧傳》卷三作"渡河跨谷三十六所"。

[26] 注 19 所引桑山正進書，pp. 49-52。

[27]《大正新脩大藏經》T55, No. 2145, pp. 113-114；T50, No. 2059, p. 338。

[28] 松田壽男《古代天山の歷史地理學的研究》（增補版），東京：早稻田大學出版部，1970年，pp. 143-163。

[29] 早在社崙可汗時代（402—410年），焉耆、鄯善、姑墨等南北道諸國已役屬芮芮。雖然由於北魏萬度歸的西征，這種役屬曾一度中斷，但至少在460年以後，由於柔然加強了對高昌的控制，焉耆、龜茲、鄯善、于闐等再次落入柔然的勢力範圍。說詳余太山《嚈噠史研究》，齊魯書社，1986年，pp. 193-216。松田氏（出處同注 28）以爲，即使其時鄯善已屬柔然，法獻亦不該稱之爲"芮芮"。今案：其說並非沒有道理。但法顯畢竟不是史家，所言未必嚴謹。大概他途經鄯善時，發現該地已爲鄯善佔領，便逕稱之爲"芮芮"。又，法顯自吐谷渾王治西行赴于闐的必由之途（無論取南道還是北道）均不屬芮芮本土，如按照松田氏的邏輯，則"道經芮芮"無法理解。

[30] 夏鼐"青海西寧出土的波斯薩珊朝銀幣"，《考古學報》1958年第 1 期，pp. 105-110。

[31] 注 19 所引桑山正進書，p. 72。

[32] 注 19 所引桑山正進書，pp. 71-72。又，《高僧傳·鳩摩羅什傳》卷二載：鳩摩羅什"至年十二，其母携還龜茲，諸國皆聘以重爵，什並不顧。時什母將什至月氏北山，有一羅漢見而異之"云云。（《大正新脩大藏經》

T50, No. 2059, p. 330。）桑山氏以爲此處"月氏"亦指那竭，疑未安。細讀上下文，此處"月氏北山"乃指"龜茲北山"。"月氏"得視爲龜茲之別稱。蓋"月氏"與"龜茲"本爲同名異譯。

三 宋雲、惠生西使的若干問題
——兼說那連提黎耶舍、闍那崛多和達摩笈多的來華路線

《洛陽伽藍記》卷五有關宋雲、惠生等人西使事蹟的記錄（一般稱爲"宋雲行紀"）[1]是一份東西交通史的貴重資料，歷來受到學界重視，研究者代有其人，成就斐然。在此，擬圍繞"宋雲行紀"的性質對有關問題再作一次梳理。

一

宋雲等西使的時間，有關史料的記載似乎並不一致。
《洛陽伽藍記》卷五"宋雲行紀"稱："神龜元年十一月冬，太后遣崇立寺比丘惠生向西域取經，凡得一百七十部，皆是大乘妙典。"類似記載亦見於道宣《釋迦方志》卷下："後魏神龜元年（518年），燉煌人宋雲及沙門惠生等從赤嶺山傍鐵橋至乾陀衛國雀離浮圖所。及反，尋於本路。"[2]《魏書·釋老志》則載："熙平元年（516年），詔遣沙門惠生使西域，採諸經律。"《魏書·西域傳》

所載略同。[3] 爲什麽有這兩種不同的記載[4]，究竟孰是孰非？

今案：《洛陽伽藍記》卷五所據乃宋雲等本人的記錄，自無可疑。論者多肯定"宋雲行紀"而否定其餘[5]，不難理解。但是，若考慮到魏收（505—572年）年代與宋雲等相去不遠，則《魏書》的記載似乎也不能輕易否定。

其實，這兩類記載是可以調和的。[6] 這就是說，不妨認爲"熙平元年"或"熙平中"乃北魏朝廷頒詔之年，蓋據《魏書·釋老志》："肅宗熙平中，於城内太社西，起永寧寺。靈太后親率百寮，表基立刹。"《洛陽伽藍記》卷一亦載，永寧寺乃"熙平元年靈太后胡氏所立也"。可以想見，同年朝廷遣使西域訪求佛經當與此有關。《歷代三寶記》卷三："改元熙平，造永寧寺，遣沙門惠生使西域。"[7] 業已暗示了這兩者間的關係。[8]

使臣之所以延遲至神龜元年（518年）才啓程，則可能是爲了等待較爲有利的時機。蓋據《魏書·蠕蠕傳》，熙平元年，蠕蠕可汗醜奴"西征高車，大破之，禽其王彌俄突，殺之，盡并叛者，國遂强盛"；高車餘衆則亡命嚈噠。高車是北魏對抗蠕蠕的重要與國。蠕蠕破滅高車，控制交通樞紐，自然不利於北魏使臣西行。

而據《魏書·肅宗紀》，至神龜元年二月戊申，嚈噠、吐谷渾"並遣使朝獻"；同年二月己酉，"蠕蠕國遣使朝貢"，三月辛巳"吐谷渾國遣使朝貢"，五月"高車、高昌諸國並遣使朝貢"，閏七月"戊戌，吐谷渾國遣使朝貢"。高車來朝，説明該政權業已復辟，蓋據《魏書·高車傳》，彌俄突被殺後，"數年，嚈噠聽彌俄突弟伊匐還國"。而高車復辟，以及蠕蠕、嚈噠、吐谷渾三者和高昌先後來朝與北魏遣使西域之間的關係，《魏書·高車傳》所載永平元年（508年）高車王彌俄突新立、遣使朝魏時，世宗所頒詔書可以說明：

>　　卿遠據沙外，頻申誠款，覽揖忠志，特所欽嘉。蠕蠕、嚈噠、吐谷渾所以交通者，皆路由高昌，掎角相接。今高昌內附，遣使迎引，[蠕蠕既與吐谷渾往來路絕，姦勢亦沮，於卿彼藩，便有所益，行途經由，宜相供俟，][9] 不得妄令羣小敢有陵犯，擁塞王人，罪在不赦。

蠕蠕、嚈噠、吐谷渾諸國既先後來朝，宋雲、惠生等便得以發足。

值得注意的是，以上所引記載表明，宋雲和惠生雖然同行，卻是分別受詔，分屬兩個不同的使團。而北魏遣使西域，常在一年中派出好幾個使團。例如：《魏書·世祖紀上》載，太延元年（435年），夏五月庚申，"遣使者二十輩使西域"；太延二年，"八月丁亥，遣使六輩使西域"，諸如此類。

既然不屬同一個使團，使命理應有別。《魏書·西域傳》雖稱肅宗遣宋雲、沙門法力等使西域旨在"訪求佛經"，但據《洛陽伽藍記》卷五記載：北魏使者抵嚈噠國，其王"見大魏使人，再拜跪受詔書"。入烏萇國，"國王見宋雲云大魏使來，膜拜受詔書"。尤其在訪問乾陀羅國時，正值其王"與罽賓爭境"：

>　　宋雲詣軍，通詔書，王凶慢無禮，坐受詔書。宋雲見其遠

夷不可制，任其倨傲，莫能責之。王遣傳事謂宋雲曰：卿涉諸國，經過險路，得無勞苦也？宋雲答曰：我皇帝深味大乘，遠求經典，道路雖險，未敢言疲。大王親總三軍，遠臨邊境，寒暑驟移，不無頓弊？王答曰：不能降服小國，愧卿此問。宋雲初謂王是夷人，不可以禮責，任其坐受詔書，及親往復，乃有人情，遂責之曰：山有高下，水有大小，人處世間，亦有尊卑，噘噠、烏塲王並拜受詔書，大王何獨不拜？王答曰：我見魏主卽拜，得書坐讀，有何可怪？世人得父母書，猶自坐讀，大魏如我父母，我亦坐讀書，於理無失。雲無以屈之。

凡此，均說明宋雲一行的使命不僅是"訪求佛經"一端。

又，《魏書·西域傳》載宋雲官居"王伏子統"。一說乃"主衣子統"之譌。蓋據《隋書·百官中》，北齊門下省主衣局有屬官子統，而北齊官制多蹈襲北魏。[10] 果然，宋雲並非沙門，詔命有異惠生，自不足怪。

要之，宋雲、惠生所負使命不同，儘管兩人及其所屬使團啓程時間相同，行程也可能一致。

二

《洛陽伽藍記》卷五"宋雲行紀"所載各西域地名之地望，前人多有考證，今亦略述己見。

1."神龜元年十一月冬……初發京師，西行四十日，至赤嶺"：赤嶺，今日月山，在青海西寧之西。"宋雲行紀"稱："皇魏關防，正在於此。"這說明該處是當時北魏與吐谷渾之境界所在。[11]

2."發赤嶺，西行二十三日，渡流沙，至吐谷渾國。路中甚寒，多饒風雪，飛沙走礫，舉目皆滿，唯吐谷渾城左右煖於餘處"：吐谷渾城指吐谷渾王治伏俟城。伏俟城之位置，一說在今鐵卜卡古城遺址。[12]

3."從吐谷渾西行三千五百里，至鄯善城"：鄯善城在今羅布泊西南。最可能位於今若羌縣治附近之且爾乞都克古城。

4."從鄯善西行一千六百四十里，至左末城"：左末城應即《魏書·西域傳》所見且末王治且末城，一般認爲位於今且末縣西南。

今案：據《魏書·西域傳》，"且末國，都且末城，在鄯善西，去代八千三百二十里"。這"八千三百二十里"表示自且末城經鄯善國王治赴代的行程，亦即且末城去鄯善國王治720里（《漢書·西域傳上》），與鄯善國王治去代7600里（《魏書·西域傳》）之和。這就是說《魏書·西域傳》並未記載北魏時代鄯善國王治至且末國王治的實際行程，不過是利用《漢書·西域傳》的有關記載進行推算而已。換言之，《洛陽伽藍記》卷五"宋雲行紀"所載"一千六百四十里"應是北魏時代自鄯善國王治至且末國王治的實際行程。[13]這一行程之所以遠遠超過《漢書·西域傳上》所載鄯善國王治至且末國王治的里數，很可能是因爲塔克拉瑪干沙漠南移，宋雲等不得不沿著沙漠南緣繞道而行的結果。

5."從左末城西行一千二百七十五里，至末城"：末城，不見他書著錄，地望不詳。今案：末城之所以未見前史著錄，顯然是因爲該城過去並不當道的緣故。這似乎可以進一步證明宋雲等取道已非《漢書・西域傳》所載"西域南道"。

6. "從末城西行二十二里，至捍䍉城"：捍䍉城，說者多以爲應卽《漢書・西域傳上》所見扜彌國王治扜彌城，同時又指爲《大唐西域記》卷一二所見媲摩城。指爲媲摩城的主要根據是"宋雲行紀"稱：捍䍉城"城南十五里有一大寺，三百餘僧衆。有金像一軀，舉高丈六"。而《大唐西域記》卷一二載媲摩城亦"有彫檀立佛像，高二丈餘"，兩像諸多靈異亦復相同。[14]

今案：《漢書・西域傳上》所見扜彌城當在今 Dandān-Uiliq 遺址，媲摩城應位於 Uzun Tati，"捍䍉"與"扜彌"雖得視爲同名異譯，但媲摩城與"扜彌城"不在同一地點。媲摩城原來可能是《漢書・西域傳上》所見渠勒國王治鞬都城。[15] 很可能宋雲等西使時，扜彌（捍䍉）國王治已南遷至原渠勒國王治鞬都城。扜彌是南道大國，戶口衆多，控制其南小國渠勒完全可能。果然，前述末城應求諸 Uzun Tati 附近。

又，宋雲等自左末城至捍䍉城所歷爲 1297 里（左末城至末城 1275 里，末城至捍䍉城 22 里）。而據《大唐西域記》卷一二，自媲摩城至折摩馱那（一般認爲卽且末）爲 1200 里（媲摩至尼壤 200 里，尼壤至覩貨羅故國 400 里，覩貨羅故國至折摩馱那 600 里），兩者差可比擬。尼壤，一般認爲位於《漢書・西域傳》所見精絕國，但更可能是同傳所見精絕國南的戎盧國。[16] 這就是說，宋雲等所取路線和後來玄奘所取約略相同。[17]

7. "從捍麼城西行八百七十八里，至于闐國"：于闐國，亦見於《魏書・西域傳》，一般認爲位於今和闐附近。

今案：《魏書・西域傳》沒有報告扜彌國王治至于闐國王治的里數，據《漢書・西域傳上》，扜彌國"西通于闐三百九十里"。可見宋雲等的行程也遠遠超過漢代自扜彌國往赴于闐國的行程。

又，據《魏書・西域傳》，"于闐國，在且末西北，去代九千八百里"。這"九千八百里"表示自于闐國王治經且末國王治赴代的行程，亦即于闐國王治去且末國王治里數（1480 里），與且末國王治去代 8320 里之和。而據《漢書・西域傳上》，于闐國王治去且末國王治應爲 2850 里。[18] 由此可見，《魏書・西域傳》于闐去且末里數並非按《漢書・西域傳》推算所得，而是別有來源。其原因很可能是在《魏書・西域傳》所據資料的描述時代，塔克拉瑪干沙漠已經南移，《魏書・西域傳》不見位於且末和于闐之間的精絕、扜彌兩國的傳記似乎也可以佐證。而按照宋雲等的行程，自且末至末城 1275 里，末城至捍麼城 22 里，自捍麼城至于闐 878 里，三者之和爲 2175 里。這說明宋雲等自且末（左末）至于闐一段行程取道不僅與漢晉時代不同，亦較《魏書・西域傳》描述的路線爲遠。

又，據《大唐西域記》卷一二，瞿薩旦那（于闐）至媲摩城約 330 餘里（王城至戰地 300 餘里，復自戰地至媲摩城 30 餘里），遠短於宋雲等所歷 878 里。這可能是因爲前者乃穿越沙漠的直線距離，後者係沿沙漠邊緣迂迴的距離。

8. "神龜二年（519 年）七月二十九日入朱駒波國"：朱駒波

國，應即《魏書·西域傳》所見悉居半國，多以爲應位於葉城（Karghalik）附近。[19] 今案，該國似應求諸 Karghalik 之西 Asgan-sal 河谷，更確切地說應在葉爾羌河與 Asgan-sal 河匯合地點以上 Kosrāb 附近的河谷。[20]

9. "八月初入漢盤陀國界"：今案：漢盤陀國，應即《魏書·西域傳》所見渴盤陀國，一般認爲位於今 Tāshkurghān。

10. "西行六日，登蔥嶺山"：蔥嶺山，指帕米爾高原。

11. "復西行三日，至鉢盂城"：鉢盂城，一本作"鉢盂城"，地望不詳。[21]

12. "三日至不可依山。其處甚寒，冬夏積雪"：不可依山，具體地點不詳。[22]

13. "自此以西，山路歌側，長坂千里，懸崖萬仞，極天之阻，實在於斯。……自發蔥嶺，步步漸高，如此四日，乃得至嶺。依約中下，實半天矣。漢盤陀國正在山頂。自蔥嶺已西，水皆西流，世人云是天地之中。……城東有孟津河，東北流向沙勒。蔥嶺高峻，不生草木。是時八月，天氣已冷，北風驅雁，飛雪千里"：孟津河，不妨認爲即今葉爾羌河上游。[23] 沙勒，應即《魏書·西域傳》所見疏勒，一般認爲故址在今喀什附近。

14. "九月中旬入鉢和國"：鉢和國應即《魏書·西域傳》所見伽倍國。一說伽倍在 Wakhan 之東部，鉢和乃指 Wakhan 之全部。

15. "十月之初，至嚈噠國。土田庶衍，山澤彌望，居無城郭，遊軍而治。……[王] 見大魏使人，再拜跪受詔書"：嚈噠，應即《魏書·西域傳》所見嚈噠，係遊牧部族，自塞北遷入中亞後，以吐火羅斯坦爲統治中心。直至六世紀初尚未建都，即《魏書·西域傳》所謂"夏遷涼土，冬逐暖處"。宋雲會晤嚈噠王之地，一般認爲在 Kunduz 附近。[24] 今案：據《魏書·西域傳》，嚈噠王"分其諸妻，各在別所，相去或二百、三百里。其王巡歷而行，每月一處，冬寒之時，三月不徙"。"十月之初"，尚非"冬寒之時"，故會晤宋雲之處，不過是嚈噠王"巡歷"之一地，指爲 Kunduz，未尚不可。

16."十一月初入波知國"：波知國，亦見《魏書·西域傳》，一說應求諸 Wakhan 西南、Zēbak 和 Chitrāl 之間。[25]

17."十一月中旬入賖彌國。此國漸出葱嶺，土田嶢崅，民多貧困。峻路危道，人馬僅通，一直一道。從鉢盧勒國向烏場國，鐵鎖爲橋，懸虛而度，下不見底，旁無挽捉，倐忽之間，投軀萬仞，是以行者望風謝路耳"：賖彌，可能就是《漢書·西域傳上》所見雙靡，位置應在 Chitrāl 和 Mastuj 之間。[26] 鉢盧勒，應即《魏書·西域傳》所見波路（Bolor），在今 Gilgit 附近。"一直一道"句各標點本均屬下，作"一直一道，從鉢盧勒國向烏場國"云云。今案：這四字應屬上。而"從鉢盧勒國"至"是以行者望風謝路耳"一段與上下文均脫節，應據《魏書·西域傳》補"東有鉢盧勒國"一句。蓋宋雲一行乃自賖彌國，並非自鉢盧勒入烏場國。

18."十二月初入烏場國"：今案：烏場（Uḍḍiyāna），一般認爲位於 Mingōra。此處"葱嶺"指興都庫什山。

19."王城西南五百里，有善（持）[特]山……當時太簇御辰，溫煤已扇……宋雲遠在絕域，因矚此芳景，歸懷之思，獨軫中腸，遂動舊疹，纏綿經月，得婆羅門呪，然後平善"：今案："太簇御辰"云云，說明宋雲等自烏塲國王治至善特山（Daṇḍaloka）時屆正光元年初春。善特山，一般認爲位於 Mekha-Sanda，今 Shahbaz Garhi 東北。

20."至正光元年（520 年）四月中旬，入乾陀羅國。……爲嚈噠所滅，遂立勅懃爲王。……自持勇力，與罽賓爭境，連兵戰鬪，已歷三年"：今案：乾陀羅（Gandhāra）國，在今喀布爾河中下游。又，此處罽賓指 Kāshmīra。結合下文可知，北魏使臣見乾陀羅王處西去 Taxila 五日行程。[27]

21."於是西行五日，至如來捨頭施人處。亦有塔寺，二十餘僧。復西行三日，至辛頭大河"：今案：如來捨頭施人處，據《法顯傳》，當在竺剎尸羅國（Taxila），辛頭（Sindhu）大河，指印度河。北魏使臣謁見乾陀羅王後，始西行尋訪佛跡，似可說明有關記事出諸《宋雲家紀》。蓋宋雲負有政治使命，必須謁見乾陀羅王，故逕至罽賓國境，復自該處東歸，故先抵 Taxila。

22."復西行三日，至佛沙伏城。……復西行一日，至如來挑眼施人處。……復西行一日，乘船渡一深水，三百餘步，復西南行六十里，至乾陀羅城。東南七里，有雀離浮圖"：今案：佛沙伏（Varṣapura），應即《大唐西域記》卷二所見健馱邏國跋虜沙城，今白沙瓦東北之 Shahbaz Garhi。

據載，健馱邏國布色羯邏伐底（Puṣkalāvatī）城北四五里有故伽藍，"伽藍側有窣堵波高數百尺。無憂王之所建也，彫木文石，頗異人工。是釋迦佛昔爲國王，修菩薩行，從眾生欲，惠施不倦，喪身若遺，於此國土千生爲王，卽斯勝地千生捨眼"。布色羯邏伐底城，在今白沙瓦東北之 Chārsadda。[28]

"乾陀羅城"，應卽《魏書·西域傳》所見富樓沙（Puraṣapura）、《大唐西域記》卷二所見布路沙布邏，位於今白沙瓦（Peshāwar）。

《洛陽伽藍記》卷五所載自佛伏沙至富樓沙的行程似乎表明，宋雲一行沒有經過《大唐西域記》卷二所載布色羯邏伐底城。

23. "於是西北行七日，渡一大水，至如來爲尸毗王救鴿之處，亦起塔寺"：如來爲尸毗王救鴿處，在《法顯傳》所見宿呵多國。今曼格勒城西南跨 Swāt 河兩岸之地，稱爲 Swāt，當卽宿呵多故地。[29]

準此，《洛陽伽藍記》卷五"宋雲行紀"所載北魏使臣的大致行程如下：洛陽—赤嶺（日月山）—吐谷渾王治（鐵卜卡古城遺址）—鄯善國王治（且爾乞都克古城）—左末城（今且末縣西南）—末城（地望不詳）—捍麼城（Uzun Tati）—于闐國（今和闐附近）—朱駒波（Karghalik 之西）—漢盤陀國（Tāshkurghān）—鉢盂城（地望不詳）—鉢和國（Wakhan）—嚈噠國（Kunduz 附近）—波知國—賒彌國（Chitrāl 和 Mastuj 之間）—烏塲國（Uḍḍiyāna）—善特山（Mekha-Sanda）—乾陀羅國（Gandhāra）與罽賓國（Kāshmīra）間某處—如來捨頭施人處（Taxila）—佛沙伏城（Varṣapura）—如來挑眼施人處（Puṣkalāvatī）—乾陀羅城（Puraṣapura）—如來爲尸毗王救鴿處（Swāt）。[30]

三

《洛陽伽藍記》卷五"宋雲行紀"之末有云:"衒之按《惠生行紀》事多不盡錄。今依《道榮傳》、《宋雲家紀》,故並載之,以備缺文。"或據以爲衒之所錄以《惠生行紀》爲基礎,而以《道榮傳》、《宋雲家紀》補充之。[31] 今案:此說未安。

一則,衒之在《洛陽伽藍記》卷五插入"宋雲行紀"主要是因爲敍事至聞義里,而"聞義里有燉煌人宋雲宅",提及《惠生行紀》是因爲"雲與惠生俱使西域"。因此,有關記述應以《宋雲家紀》爲主,而非《惠生行紀》爲基礎。

二則,《洛陽伽藍記》卷五凡述及宋雲、惠生共同的行爲時,宋雲均名列惠生之前:

1. 雲與惠生俱使西域也。
2. 宋雲於是與惠生出城外,尋如來教跡。
3. 宋雲、惠生見彼比丘戒行精苦,觀其風範,特加恭敬。遂捨奴婢二人,以供灑掃。
4. 宋雲與惠生割捨行資,於山頂造浮圖一所,刻石隸書,銘魏功德。

這也可見"宋雲行紀"是以宋雲的活動爲主軸的。

三則,全部行途經由取決於宋雲而不是惠生使團亦可佐證:使臣在經過鉢和之後,依次抵達嚈噠、波知、賒彌三國。這是宋雲使團必由之途。因爲嚈噠是西域舉足輕重的大國，當時"受諸國貢獻，南至牒羅，北盡勅勒，東被于闐，西及波斯，四十餘國皆來朝賀"。嚈噠在神龜元年亦卽宋雲等啓程當年的二月遣使北魏，宋雲西使必定負有報聘的使命。出使北魏的嚈噠使臣很可能隨同宋雲歸國，因而宋雲得以謁見"遊軍而治"的嚈噠王。至於波知、賒彌二國是宋雲自嚈噠往赴烏塲所途經者，未必是使命所決定的。蓋宋雲使團有釋法力等隨行，亦有訪求佛經的任務。

與此相對，同時發足洛陽的惠生使團也和宋雲使團一起經由嚈噠、波知、賒彌三國往赴烏塲國的可能性不能排除。但是，應該指出，據《洛陽伽藍記》卷五"宋雲行紀"，嚈噠國"不信佛法，多事外神"；波知國"風俗凶慢，見王無禮"，亦非嚮善之國。而據《魏書·西域傳》可知賒彌國也"不信佛法，專事諸神"。這三國，對於僅以訪求佛經爲目的的惠生使團而言，三者都不是非去不可的地方。且據《魏書·西域傳》，鉢和國"有二道，一道西行向嚈噠，一道西南趣烏萇"。也就是說，惠生使團完全可以自鉢和西南行赴烏塲，後者本來是取經僧的正道。[32]

一本"波知"作"波斯"。一說作"波斯"者或是。蓋宋雲可能自嚈噠國西赴波斯，復自波斯取道興都庫什山路線往赴烏塲，實難想象宋雲到達嚈噠（Kunduz）後，又會翻越初冬的帕米爾高原東歸。[33] 今案：此說未安，宋雲一行於神龜二年（519年）十月初至嚈噠國，十一月初入波知國，十一月中旬入賒彌國，十二月初入烏塲國，其間不可能經歷波斯國自不待言。宋雲一行取道初冬的帕米爾高原東歸似乎匪夷所思，客觀上卻不是絕無可能。之所以如此，也許有今天難以推測的不得已的情勢在。

四

或論《洛陽伽藍記》卷五"宋雲行紀"注體淵源，以爲出於魏晉佛徒合本子注。[34] 今案：《洛陽伽藍記》卷五"宋雲行紀"雖合《宋雲家紀》和《道榮傳》兩者而成，與魏晉佛徒合本子注畢竟不同，至多可以稱之爲"廣義的合本子注"。

所謂《道榮傳》，未見著錄，僅《釋迦方志》卷下有云：

> 後魏太武末年（451年）沙門道藥從疏勒道入，經懸度到僧伽施國，及返，還尋故道。著傳一卷。

"道藥"應即"道榮"。[35] 果然，則道榮與宋雲、惠生並非同時代人，而衒之引《道榮傳》不過是爲了充實《宋雲家紀》的内容，將"《道榮傳》云"視作衒之自注，亦無不可。衒之所錄《道榮傳》游離於宋雲行紀之外，不干擾今天對宋雲、惠生西使行程的判斷。

一般認爲《洛陽伽藍記》卷五"宋雲行紀"中不僅有採自《宋雲家紀》的部分，也有採自《惠生行紀》的部分。今案：此說未安。

"宋雲行紀"中事涉惠生者有以下幾則：

1. 太后遣崇立寺比丘惠生向西域取經，凡得一百七十部，皆是大乘妙典。

2. 惠生既在遠國，恐不吉反，遂禮神塔，乞求一驗。於是以指觸之，鈴即鳴應。得此驗，用慰私心，後果得吉反。

3. 惠生初發京師之日，皇太后勅付五色百尺幡千口，錦香袋五百枚，王公卿士幡二千口。惠生從于闐至乾陀羅，所有佛事處，悉皆流布，至此頓盡。惟留太后百尺幡一口，擬奉尸毗王塔。

4. 惠生遂減割行資，妙簡良匠，以銅摹寫雀離浮圖儀一軀，及釋迦四塔變。

5. 惠生在烏場國二年，西胡風俗，大同小異，不能具錄。至正光二年二月始還天闕。

僅就內容而言，指爲出自《惠生行紀》者未嘗不可。但宋雲既與惠生同行，完全可能在《宋雲家紀》中提及惠生以上諸事。更重要的是，衒之徵引《道榮傳》，皆一一標出，果然徵引《惠生行紀》，不應例外。

其實，前引"今依"云云，已說明《洛陽伽藍記》卷五"宋雲行紀"的記述依據的衹是《宋雲家紀》和《道榮傳》。"並載之"即指此兩者無疑。衒之不依《惠生行紀》，是因爲它過於簡略，絕大部分內容（包括惠生的活動）已經包含在《宋雲家紀》之中的緣故。

又，或以爲《洛陽伽藍記》卷五"宋雲行紀"有關乾陀羅記述的前半部與《魏書·西域傳》"乾陀國"條相似，應爲衒之採自《惠生行紀》者。[36] 今案：有關記載涉及乾陀羅國"本末"，與"事多不盡録"的《惠生行紀》並不相類，何況没有證據表明《魏書·西域傳》"乾陀國"條出諸《惠生行紀》（詳下文），此説似不可從。

要之，没有證據表明衒之摘録了《惠生行紀》的内容，"宋雲行紀"的内容採自《宋雲家紀》和《道榮傳》。

五

宋雲、惠生的歸國時間。

前引《洛陽伽藍記》卷五"宋雲行紀"明載：宋雲等"至正光二年二月始還天闕"。《魏書·釋老志》卻載："熙平元年，詔遣沙門惠生使西域，採諸經律。正光三年冬，還京師。所得經論一百七十部，行於世。"據此，惠生歸國時間爲正光三年（522年）冬。説者在考證宋雲、惠生歸國時間時多肯定"三年"而否定"二年"。[37] 蓋《資治通鑒·梁紀五》繫宋雲、惠生歸國事於武帝普通三年（即北魏明帝正光三年）。《資治通鑒·梁紀五》述宋雲西使既依衒之所記，編者所見《洛陽伽藍記》原文當作"三年"，而非今本之"二年"。

今案：此雖不失爲一説，但不無可議之處。

一則，《資治通鑒·梁紀五》依《洛陽伽藍記》敍宋雲西使事,未必不參考他書。換言之,不能逕據《資治通鑑·梁紀五》校正《洛陽伽藍記》文字。

二則,"宋雲行紀"稱"惠生在烏場國二年",似乎暗示宋雲自乾陀羅返回後沒有在烏場國停留,亦即不能排除宋雲先惠生"還天闕"之可能。事實上,宋雲抵乾陀羅謁見其王,宣讀詔書後,使命業已完成,很可能便取道烏場歸國。而惠生作爲僧侶,身負訪求佛經之責,在當時乾陀羅國已爲嚈噠所滅的情況下,在烏場停留二年自在情理之中。

三則,沒有證據表明"惠生在烏場國二年"以下二十字,至"始還天闕"一段文字乃衒之採自《惠生行紀》。也就是說這一段應該也是宋雲所記,而"至正光二年二月始還天闕"一句的主詞是宋雲。

質言之,《魏書·釋老志》和《洛陽伽藍記》卷五"宋雲行紀"所載分別爲惠生、宋雲歸國的時間。後者僅載宋雲歸國年月,也說明了《洛陽伽藍記》卷五"宋雲行紀"的性質。

又,《周書·寇儁傳》載:"正光三年,[儁]拜輕車將軍,遷揚烈將軍、司空府功曹參軍,轉主簿。時靈太后臨朝,減食祿官十分之一,造永寧佛寺,令儁典之,資費巨萬,主吏不能欺隱。寺成,又極壯麗。靈太后嘉之,除左軍將軍。"結合《魏書·靈皇后胡氏傳》關於"太后父薨,百僚表請公除,太后不許。尋幸永寧寺,親建刹於九級基"的記載,知永寧寺及其九級塔立刹於神龜元年,竣工乃在正光三年。或據以爲:既如《魏書·釋老志》所言,"凡宮塔制度,猶依天竺舊狀而重構之。從一級至三、五、

七、九，世人相承，謂之浮圖，或云佛圖"，則永寧寺塔外裝飾應倣惠生所寫雀離浮圖。蓋據《洛陽伽藍記》卷五"宋雲行紀"，惠生在烏塲國時曾"減割行資，妙簡良匠，以銅摹寫雀離浮圖儀一軀，及釋迦四塔變"。也就是說宋雲、惠生的歸國時間最可能在正光二年二月。[38] 今案：此說未安。即使能夠證明永寧寺塔之外裝飾與乾陀羅城雀離浮圖相仿佛，也無從證明惠生歸國於正光二年二月，蓋不能排除惠生所摹寫之雀離浮圖儀由宋雲先行帶回洛陽之可能性。

六

《魏書·西域傳》有以下記載：

初，熙平中，肅宗遣王伏子統宋雲、沙門法力等使西域，訪求佛經。時有沙門慧生者亦與俱行，正光中還。慧生所經諸國，不能知其本末及山川里數，蓋舉其略云。

朱居國，在于闐西。其人山居。有麥，多林果。咸事佛。語與于闐相類。役屬嚈噠。

渴槃陁國，在葱嶺東，朱駒波西。河經其國，東北流。有高山，夏積霜雪。亦事佛道。附於嚈噠。

鉢和國，在渴槃陁西。其土尤寒，人畜同居，穴地而處。又有大雪山，望若銀峯。其人唯食餅麨，飲麥酒，服氊裘。有二道,一道西行向嚈噠,一道西南趣烏萇。亦爲嚈噠所統。

波知國,在鉢和西南。土狹人貧,依託山谷,其王不能總攝。有三池,傳云大池有龍王,次者有龍婦,小者有龍子,行人經之,設祭乃得過,不祭多遇風雪之困。

賒彌國,在波知之南。山居。不信佛法,專事諸神。亦附嚈噠。東有鉢盧勒國,路嶮,緣鐵鎖而度,下不見底。熙平中,宋雲等竟不能達。

烏萇國,在賒彌南。北有葱嶺,南至天竺。婆羅門胡爲其上族。婆羅門多解天文吉凶之數,其王動則訪決焉。土多林果,引水灌田,豐稻麥。事佛,多諸寺塔,事極華麗。人有爭訴,服之以藥,曲者發狂,直者無恙。爲法不殺,犯死罪唯徙於靈山。西南有檀特山,山上立寺,以驢數頭運食,山下無人控御,自知往來也。

乾陀國,在烏萇西,本名業波,爲嚈噠所破,因改焉。其王本是敕勒,臨國已二世矣。好征戰,與罽賓鬪,三年不罷,人怨苦之。有鬪象七百頭,十人乘一象,皆執兵仗,象鼻縛刀以戰。所都城東南七里有佛塔,高七十丈,周三百步,即所謂"雀離佛圖"也。

其中,"慧生"應即"惠生"。或以爲"朱居國"以下文字採自《慧生行傳》[39],並試圖據此進一步證明惠生的行程與宋雲不同。[40]今案:其說未安。《魏書·西域傳》編者也可能參考了《惠生行紀》(或《慧生行傳》),但"朱居國"以下文字應以《宋雲家紀》爲基礎改編而成。

一則，"慧生所經諸國"云云，並不能說明上引"朱居國"以下文字均採自《慧生行紀》，"舉其略"乃指《惠生行紀》對於"所經諸國"的記述，而不是指《魏書·西域傳》編者本人對於《惠生行紀》的引用。

二則，上引"朱居國"以下文字固然沒有涉及"里數"，但不能認爲不知"山川"。乾陀國"本名業波，爲嚈噠所破，因改焉"一段，則無疑屬於"本末"之類。可知這些文字不是出諸惠生手筆。

三則，《太平寰宇記·四夷一五·西戎七》引《宋雲行紀》稱：賒彌"東有鉢盧勒國，路險，緣鐵鎖而度，下不見底"。文字同於《魏書·西域傳》"賒彌國條"，可以佐證上引"朱居國"以下文字出諸《宋雲家紀》。至於後者有"熙平中，宋雲等竟不能達"一句，應是《魏書·西域傳》編者據宋雲的記述添加的。而《宋雲家紀》包括有關鉢盧勒國的記載不能證明宋雲經由此國，自不待言。

四則，《舊唐書·經籍上》載："《魏國已西十一國事》一卷，宋雲撰。"（《新唐書·藝文二》作："宋雲《魏國以西十一國事》一卷。"）這與所謂《宋雲家紀》很可能是同一本書。所謂"魏國已西十一國"，應指宋雲所歷西域諸國。結合《洛陽伽藍記》卷五"宋雲行紀"和《魏書·西域傳》有關記載不難推知這十一國：1. 鄯善、2. 左末（《魏書·西域傳》作"且末"）、3. 于闐、4. 朱駒波國（《魏書·西域傳》作"悉居半"，亦作"朱居"）、5. 渴槃陁國、

6. 鉢和國（《魏書·西域傳》作"伽倍"）、7. 噘噠（《魏書·西域傳》作"嚈噠"）、8. 波知國、9. 賖彌國（《魏書·西域傳》又作"折薛莫孫"）、10. 烏塲（《魏書·西域傳》作"烏萇"）、11. 乾陀羅（《魏書·西域傳》作"小月氏"，亦作"乾陀"），凡十一國。宋雲所歷捍麽城，其前身雖爲扜彌國，但不見載於《魏書·西域傳》，顯然不在"魏國已西十一國"之列。也就是說，《魏書·西域傳》的記載正是《魏國已西十一國事》亦即《宋雲家紀》的一部分。

至於《洛陽伽藍記》卷五"宋雲行紀"和上引《魏書·西域傳》"朱居國"以下文字之間的差異，則不妨指爲魏收和楊衒之不同的取捨和改編所致。

又，《魏書·西域傳》"嚈噠條"不出現在鉢和國傳與波知國傳之間，不能說明"朱居國"以下文字採自《惠生行紀》，也不能作爲惠生沒有經由嚈噠國的證據。

這是因爲在《魏書·西域傳》中，"朱居國"以下文字不能看作七篇獨立的傳記，否則無法解釋爲何多與此前《魏書·西域傳》的文字重復。如朱居即悉居半，鉢和即伽倍，賖彌即折薛莫孫，乾陀即小月氏。"朱居國"以下文字其實祇是作爲嚈噠傳的附錄被採入的。蓋朱居國"役屬嚈噠"，渴槃陁國"附於嚈噠"，鉢和國"亦爲嚈噠所統"。於波知國雖然無明確記載，但該國旣"在鉢和西南"，其南賖彌國"亦附嚈噠"；與嚈噠關係亦不難想見。同理，"在烏萇西"的乾陀國已"爲嚈噠所破"，"在賖彌南"的烏萇國似也不能置身事外。且按之《酉陽雜俎續集八》，"西域厭達國有寺户，以數頭驢運糧上山，無人驅逐，自能往返，寅發午至，不差晷刻",更可推知烏萇亦厭達卽嚈噠之屬國。這就是說,如果魏收袛是爲了補充《魏書·西域傳》,而從宋雲或惠生記事中摘錄這幾國的材料,則完全可以把摘錄的部分合幷到對應各國的傳記中去。

另外,據載:渴槃陁國"在朱駒波"西,鉢和國"在渴槃陁西",波知國"在鉢和西南",賒彌國"在波知之南",烏萇國"在賒彌南",乾陀國"在烏萇西";環環相扣,絕無嚈噠國插足之餘地。[41]這是《魏書·西域傳》編者爲統一傳文的形式而改編的結果,幷非所據資料本來面目如此。[42]

至於《魏書·西域傳》"嚈噠條"不按照傳文的一般體例[43]排列,是因爲就地理位置而言,嚈噠國與前文"大月氏國"相同的緣故。這二者雖前後處於一地,但畢竟是不同的政治實體,不能混爲一談,必須分列專條。這袛能說明《魏書·西域傳》編者無意使宋雲、惠生西使的部分作爲一個獨立單元出現在《魏書·西域傳》中,如此而已。

嚈噠是當時西域第一强國,《魏書·西域傳》編者有意將《宋雲家紀》中有關記述提取出來,結合其他資料,編成我們今天所見的"嚈噠國傳",是不難理解的。

要之,朱居以下七國傳記與嚈噠關係的說明强烈暗示《魏書·西域傳》編者所據原始資料應是《宋雲家紀》(或宋雲撰《魏國已西十一國事》),其中包含北魏使者經歷嚈噠國的記事,有關嚈噠的記事最可能的次序乃在鉢和之後、波知之前,與《洛陽伽藍記》卷五"宋雲行紀"相同。

七

《大正新脩大藏經》收有所謂"北魏僧惠生使西域記"一篇：

魏神龜元年十一月冬，大后遣崇立寺比邱惠生與敦煌人宋雲向西域取經，凡得百七十部，皆是大乘妙典。初發京師，西行四十日至赤嶺，卽國之西疆也。山無草木，有鳥鼠同穴。又西行二十日，至吐谷渾國。又西行三千五百里，至鄯善城。又西行千六百里，至且末城，有呂光代胡時所作佛菩薩像。又西行千三百七十五里，至末城。又西行二十二里，至捍麼城，有于闐供佛之塔，其旁小塔數千，縣幡萬計。又西行八百七十八里至于闐國，有國王所造覆盆浮圖一軀，有辟支佛靴，于今不爛。于闐境東西三千里。

神龜二年七月二十九日，入朱駒波國。人民山居，不立屠殺，食自死肉，風俗語言與于闐同，文（學）[字]與婆羅門同。其國疆界可五日行遍。八月入渴盤陀國界，西行六百里登葱嶺山。復西行三日至鉢盂城，三日至毒龍池，爲昔盤陀王以婆羅門呪呪之。龍徙葱嶺西，去此地二千餘里。自發葱嶺步步漸高，如此四日，乃至嶺，依約中下，實天半矣。渴盤陀國正在山頂。自葱嶺已西，水皆西流入西海。世人云，是天地之中。九月中旬入鉢和國，高山深谷，險道如常，因山爲城，氈服窟居，人畜相依，風雪勁切。有大雪山，望若玉峯。

十月初旬入嚈噠國，居無城郭，隨逐水草，不識文字。年無盈閏，周十二月爲一歲。受諸國貢獻，南至牒羅，北盡勅勒，東被于闐，西及波斯。四十餘國，皆來朝貢，最爲強大。王帳周四十步，器用七寶，不信佛法，殺生血食。見魏使，拜受詔書。去京師二萬餘里。十一月入波（斯）[知]國，境土甚狹，七月行過。人居山谷，雪光耀日。十一月中旬入賒彌國。漸出葱嶺，磽角危峻，人馬僅通。鐵鎖懸度，下不見底。十二月初旬入烏場國，北接葱嶺，南連天竺，土氣和暖，原田膴膴，民物殷阜。國王菜食長齋，晨夜禮佛。日中以後，始治國事。鐘聲遍界，異花供養。聞魏使來，膜拜受詔。國中有如來晒衣履石之處，其餘佛跡，所至炳然。每一佛跡，輒有寺塔履之。比丘戒行清苦。

　　至正光元年四月中旬入乾陀羅國。土地與烏場國相似，本名業波羅，爲嚈噠所滅，遂立勅勒爲王。國中人民悉是婆羅門，爲嚈噠□典。而國王好殺，不信佛法。與罽賓爭境，連年戰鬥，師老民怨。坐受詔書，凶慢無禮。送使一寺，供給甚薄。西行至新頭大河。復西行十三日至佛沙伏城。城郭端直，林泉茂盛，土饒珍寶，風俗淳善。名僧德泉，道行高奇。石像莊嚴，通身金箔。有迦葉波佛跡。復西行一日，乘舟渡一深水，三百餘步，復西南行六十里至乾陀羅城。有佛涅槃後二百年國王迦尼迦所造雀離浮圖，凡十二重，去地七百尺，基廣三百餘步。悉用文石爲陛，塔內佛事，千變萬化，金盤晃朗，寶鐸和鳴。西域浮圖，最爲第一。復西北行渡一大水。至那迦邏國，有佛頂骨及佛手書梵字石塔銘。凡在烏場國二年。至正光二年還闕。[44]

業已有學者指出,種種證據表明,這篇文字不過是《洛陽伽藍記》卷五"宋雲行紀"的摘錄。《洛陽伽藍記》引《道榮傳》稱那迦羅阿國塔銘文字爲"胡字",此篇改稱"梵字",則表明摘錄者爲隋以後人。[45] 今案:其中不見前引《洛陽伽藍記》卷五"宋雲行紀"所載"惠生初發京師之日"一節,而如前指,此節亦出諸《宋雲家紀》。但此篇號稱"惠生使西域記",卻不見類似記述,亦名實不符之證。

八

綜上所述,熙平年間,宋雲和惠生分別受詔西使。這兩個使團同於神龜元年發足洛陽,至少同行至鉢和。

嗣後,宋雲使團西赴嚈噠,復自嚈噠,經波知、賒彌至烏塲。

惠生使團之行程可能和宋雲使團完全相同,但也不能排除在鉢和與宋雲使團分道揚鑣,經鉢盧勒往赴烏塲的可能性。

嗣後,兩人可能同往,也可能各自前往乾陀羅。

宋雲自乾陀羅經烏塲歸國,時爲正光二年二月。惠生則於正光三年冬回到洛陽,共在烏塲停留二年。

《洛陽伽藍記》卷五"宋雲行紀"以《宋雲家紀》爲基礎,結合《道榮傳》編成。有關日程、道里均採自《宋雲家紀》。

《魏書·西域傳》有關記載主要採自《宋雲家紀》,《大正藏》

所收"北魏僧惠生使西域記"則是《洛陽伽藍記》卷五"宋雲行紀"的節錄。

九

本節主要依據《續高僧傳》卷二的記載，略考六世紀天竺僧侶那連提黎耶舍、闍那崛多和達摩笈多三者的來華路線，以供參照。

那連提黎耶舍（Narendrayaśas），北天竺烏場國（Uḍḍiyāna）人，約生於490年。[46]耶舍17歲出家，21歲受具足戒，五年後即514年發足遊方，遍歷諸國，"天梯石臺之迹（Saṃkāśya 的三道寶階）、龍廟寶塔之方（Rāma 的佛舍利窣堵波）"，並親頂禮。曾於"竹園寺（Magadha 的竹園精舍）一住十年"。遊踪"北背雪山（Hindūkush），南窮師子（Siṃhala）"。在歷覽聖跡後，回歸烏場。復以山寺為"野火所焚"，立志弘法。乃與"六人為伴，行化雪山之北。至于峻頂，見有人鬼二路。人道荒險，鬼道利通。行客心迷，多尋鬼道。漸入其境，便遭殺害。昔有聖王，於其路首，作毘沙門天王石像，手指人路。同伴一僧，錯入鬼道。耶舍覺已，口誦觀音神呪，百步追及，已被鬼害。自以呪力，得免斯厄。因復前行，又逢山賊。專念前呪，便蒙靈衛。賊來相突，對目不見。循路東指，到芮芮國。值突厥亂，西路不通。反鄉意絕，乃隨流轉。北至泥海（可能是貝加爾湖）之旁，南岠突厥七千餘里。彼既不安，遠投齊境。天保七年（556年）屆於京鄴（今河北臨漳西南鄴鎮附近）。文宣皇帝極見殊禮，偏異恒倫"[47]。

闍那崛多（Jinagupta），揵陀囉國（Gandhāra）人，居富留沙富羅城（Puraṣapura），生於523年。[48]本國有寺名曰大林（mahāvana），遂往歸投，因蒙度脫，27歲受具足戒。三年後，師徒結志，遊方弘法。"初有十人，同契出境。路由迦臂施國，淹留歲序。國王敦請其師，奉爲法主。益利頗周，將事巡歷。便蹈大雪山西足，固是天險之峻極也。至厭怛國，既初至止，野曠民希。所須食飲無人營造。崛多遂捨具戒，竭力供待。數經時艱，冥靈所祐，幸免災橫。又經渴囉槃陀及于闐等國，屢遭夏雨寒雪，暫時停住，既無弘演，栖寓非久。又達吐谷渾國，便至鄯州，于時即西魏（大統）[後]元年也[49]。雖歷艱危，心逾猛勵。發蹤跋涉，三載于茲。十人之中，過半亡沒。所餘四人，僅存至此。以周明帝武成年初屆長安，止草堂寺。"[50]

達摩笈多（Dharmagupta），南賢豆（南印度）羅囉國（Lāṭa或Lāla，今Cambay灣周圍地區）人，生年不詳，23歲出家，25歲受具足戒後，就師問學三年。後隨師至吒迦國（磔迦國，Ṭakka），經停一載。師還本國，笈多更留四年。"但以志在遊方，情無所繫。遂往迦臂施國。六人爲伴仍留此國，停住王寺。笈多遂將四伴，於國城中，二年停止。遍歷諸寺，備觀所學。遠遊之心，尚未寧處。其國乃是北路之會，雪山北陰，商侶咸湊其境。於商客所又聞支那大國，三寶興盛。同侶一心，屬意來此。非惟觀其風化，願在利物弘經。便蹈雪山，西足薄佉羅國、波多叉拏國、達摩悉鬢[51]多國。此諸國中並不久住。足知風土，諸寺儀式。又至渴羅槃陀國，留停一年，未多開導。又至沙勒國，同伴一人復還本邑。餘有三人，停在王寺，謂沙勒王之所造也。經住兩載，仍爲彼僧講說破論，有二千偈。旨明二部，多破外道。又爲講如實論，亦二千偈。約其文理，乃是世間論義之法。又至龜茲國，亦停王寺。又住二年，仍爲彼僧，講釋前論。其王篤好大乘，多所開悟。留引之心，旦夕相造。笈多係心東夏，無志潛停。密將一僧，間行至烏耆國。在阿爛拏寺，講通前論。又經二年，漸至高昌。客遊諸寺，其國僧侶，多學漢言。雖停二年，無所宣述。又至伊吾，便停一載。值難避地西南，路純砂磧，水草俱乏。同侶相顧，性命莫投。乃以所齎經論權置道旁，越山求水，冀以存濟。求既不遂，勞弊轉增。專誦觀世音呪，夜雨忽降，身心充悅。尋還本途，四顧茫然，方道迷失，踟躕進退。乃任前行，遂達于瓜州。方知委曲，取北路之道也。笈多遠慕大國，跋涉積年，初契同徒或留或歿。獨顧單影，屆斯勝地。靜言思之，悲喜交集。尋蒙帝旨，延入京城。處之名寺，供給豐渥，即開皇十年（590年）冬十月也。"[52]

其中，那連提黎耶舍於556年抵達齊都鄴城，發足烏場年代不能確知，但不會遲於550年。闍那崛多發足於551年，抵達周都長安已是明帝武成元年（559年）之後。達摩笈多抵達隋都洛陽，已是文帝開皇十年（590年），從他在迦臂施、沙勒、龜茲、烏耆、高昌各滯留二年。在渴羅槃陀、伊吾各滯留一年推算，發足迦臂施必在578年之前。[53]

關於三者的來華路線，祇有達摩笈多一人的記載較爲詳細。

其餘兩人祇能作些推測。

首先，達摩笈多發足迦臂施（Kāpiśī）後，"便踰雪山"。所謂"雪山"，無疑就是闍那崛多所踰"大雪山"，均指 Hindūkush。

至於那連提黎耶舍，亦曾踰越"雪山"，即所謂"行化雪山之北"。這"雪山"不妨認爲也是 Hindūkush。蓋那連提黎耶舍傳另有一處提到"雪山"："耶舍北背雪山，南窮師子，歷覽聖迹，仍旋舊壤。"既然這一"雪山"無疑指 Hindūkush，同傳所謂"雪山之北"，也應泛指 Hindūkush 以北。

他發足於烏場，但完全可能先南下抵達迦臂施再北上，也就是說採取了和闍那崛多和達摩笈多大致相同的路線。既然那連提黎耶舍在動身赴"雪山之北"前，因起願瞻奉佛鉢、佛衣、佛骨、佛牙、佛齒，已遍歷山南 Puraṣapura、Nagarahāra 諸地，對於這條路線應該並不陌生。

一說耶舍抵"雪山之北"，乃自烏場國直接北上，越過喀喇崑崙，到達塔克拉瑪干西緣。蓋其時控制葱嶺以東朱居、渴槃陀等地的嚈噠與芮芮有婚姻關係，故那連提黎耶舍有可能自塔里木盆地西緣取道天山北麓，逕赴蒙古高原芮芮可汗庭。若干年之後闍那崛多等不能取道喀喇崑崙，改由迦臂施，主要因爲由於突厥的進攻，嚈噠（Hephthalites）已經無力保護商道，喀喇崑崙道堵塞不通的緣故。[54]

今案：此說未安。一則，沒有證據表明那連提黎耶舍取喀喇崑崙道來華。二則，闍那崛多發足於 551 年，時突厥尚未滅亡芮芮，不可能西擊嚈噠。[55] 即使突厥和嚈噠的戰事已經發生，也未必會影響喀喇崑崙道的暢通。

其次，達摩笈多踰"雪山"後，經薄佉羅國（Balkh）、波多叉拏國（Badakhshān）和達摩悉鬢多國（Wakhan）抵達渴羅槃陀國（Tāshkurghān）。

闍那崛多踰"大雪山"後，同樣也到達渴羅槃陀，祇是在抵達渴囉槃陀前闍那崛多傳僅載有厭怛（Hephthalites）一國。今案：闍那崛多傳不見波多叉拏國和達摩悉鬢多國應是省略。所載厭怛則在達摩笈多傳中改稱爲"薄佉羅國"。蓋"薄佉羅"乃Bāhūlaka之對譯。Bāhūlaka位於今Balkh附近，曾是厭怛國都所在。

厭怛本爲騎馬遊牧部族，進入中亞後長期保持原來習俗，直到接近亡國之時纔有自己的都城。但畢竟曾經定都，而其都城正在Bāhūlaka。[56]由於達摩笈多發足時厭怛已經亡國，傳文不復見"厭怛"之名。

闍那崛多傳在涉及厭怛國時稱："既初至止，野曠民希。所須食飲無人營造。崛多遂捨具戒，竭力供待。數經時艱，冥靈所祐，幸免災橫。"或許會有人認爲：這表明當時闍那崛多並未經過薄佉羅城。

其實，"野曠民希"云云固然不是關於厭怛國都即薄佉羅城的描述，但這並不能說明闍那崛多並未經過薄佉羅城。之所以僅留下關於薄佉羅城外或其附近景況的描述，也許和佛事（"捨具戒"）有關。闍那崛多傳敘述傳主經過的地點本來就惜墨如金，不足爲怪。應該指出：儘管"厭怛"和"薄佉羅"這兩個概念不能說是完全等同的，祇是一般來說，提到經由厭怛國，應指經由其都城。

《洛陽伽藍記》卷五引"宋雲行紀"載宋雲一行經歷的嚈噠國"土田庶衍，山澤彌望，居無城郭"，似乎和闍那崛多所載相仿佛。其實有所不同：宋雲途經之際，嚈噠即厭怛尚未定都，而闍那崛多經歷時，厭怛已經定都。宋雲所記，可以代表厭怛國的一般情況，而闍那崛多所記祇能認爲是厭怛國特定地區的情況。

或以爲薄佉羅在 Baghlān，即《大唐西域記》卷一載縛伽浪國所在地。[57] 今案：其說未安。不僅對音不類，而且《大慈恩寺三藏法師傳》卷二載玄奘路線："出鐵門至覩貨羅國。自此數百里渡縛芻河，至活國（Warwālīz）"[58]，經活國至於縛喝後，復"自縛喝（Balkh）南行，與慧性法師相隨入揭職國（Karčik）。東南入大雪山，行六百餘里，出覩貨羅境，入梵衍那國（Bamiyan）"。玄奘自 Balkh 入 Bamiyan，可證薄佉羅即縛喝，該闍那崛多自迦臂施西行，梵衍那國乃必由之途。證據見於《隋書·裴矩傳》載當時西域南道："度葱嶺，又經護密、吐火羅（Warwālīz）、挹怛（Balkh）、帆延（Bamiyan）、漕國（Kapisa），至北婆羅門國，達於西海。"帆延即梵衍那。

要之，闍那崛多和達摩笈多兩者自迦臂施至渴羅槃陀的經歷大致相同。有理由認爲，這段路程很可能也是那連提黎耶舍所經歷的。

其三，闍那崛多和達摩笈多來華路線的區別在於抵達渴羅槃陀之後。具體而言，達摩笈多取西域北道，歷沙勒國（即疏勒）、龜茲國、烏耆國、高昌、伊吾、瓜州（敦煌）來華。闍那崛多則取西域南道，歷遮拘迦、于闐、吐谷渾來華。蓋據闍那崛多傳，

"崛多曾傳：于闐東南二千餘里有遮拘迦國。彼王純信敬重大乘，宮中自有摩訶般若大集華嚴三部"[59]云云，知達摩笈多在抵達于闐前曾經歷遮拘迦。

至於那連提黎耶舍的情況，因資料闕如，不得而知。"循路東指，到芮芮國（即柔然或蠕蠕）"云云，似乎表明他和達摩笈多一樣，取西域北道來華的可能性更大。

總之，那連提黎耶舍等三人均可能取道迦臂施，越 Hidūkush 北上。在到達 Tāshkurghān 之前經歷大致相同。三者之所以不取喀喇昆侖道，主要原因可能是爲了避開"縣度"天險。

最後，應該指出：宋雲一行經由吐谷渾至漢盤陀（渴羅槃陀）一段路線和闍那崛多來華路線是重合的。在抵達漢盤陀（渴羅槃陀）後，宋雲沒有越喀喇昆侖，經鉢盧勒、陀歷南下烏萇，而是先經鉢和（即達摩悉鬢多）赴噉噠（厭怛），復經波知、賒彌入烏場，說明宋雲等所歷噉噠位置與闍那崛多不同，不能以此例彼，指宋雲在抵達噉噠後所取路線和闍那崛多來華路線重合。

■ 注釋

[1] 本文所引《洛陽伽藍記》"宋雲行紀"文字依據周祖謨校釋本，中華書局，1987年。

[2] 本文所引《釋迦方志》文字依據范祥雍點校本，中華書局，2000年。

[3] 此則且由李延壽採入《北史·西域傳》。《廣弘明集》卷二（《大正新脩大藏經》

T52, No. 2103, p. 104）等亦取此說。

[4] 此外，尚有《佛祖統紀》卷三八："正光二年（521年）敕宋雲、沙門法力等往西天求經。四年（523年），宋雲等使西［天］竺諸國還，得佛經一百七十部。"（《大正新脩大藏經》T49, No. 2035, p. 355。）記載不同，可存而不論。說詳船木勝馬"北魏の西域交通に關する諸問題（その一）——宋雲惠生の西方求法の年代を中心として——"，《西日本史學》4（1950年），pp. 46-67。

[5] 如：范祥雍《洛陽伽藍記校注》，上海古籍出版社，1978年，pp. 265-266。

[6] 内田吟風"後魏宋雲釋惠生西域求經記考證序說"，《塚本博士頌壽記念佛教史學論集》，京都，塚本博士頌壽記念會，1961年，pp. 113-124，最早指出這一點，惜語焉不詳，且不夠準確。

[7]《大正新脩大藏經》T49, No. 2034, p. 45。

[8] 詳見注4所引船木勝馬文。

[9] 括弧內的文字據《通典・邊防典一三・北狄四》"高車條"補正，說見白須淨真"高車王・彌俄突に下した北魏・宣武帝の詔——その脫字補充に至る牛步の考と師の示教——"，《季刊東西交渉》3～4（1984年），冬の號，pp. 47-49。

[10] 說見注6所引内田吟風文。又，"王伏子統"《北史・西域傳》作"賸伏子統"，亦"主衣子統"之譌；說見内田吟風"嚈噠の寄多羅月氏領バルク地方侵入について"，《東洋史研究》18～2（1959年），pp. 23-34。注5所引范祥雍書，pp. 256-257，指宋雲為僧官，未安。

[11]《新唐書・地理四》載："又西二十里至赤嶺，其西吐蕃，有開元中（開元二十二年即公元734年）分界碑。"

[12] 黃盛璋"吐谷渾故都伏俟城與中西交通史上的青海道若干問題探考",《中外交通與交流史研究》,安徽教育出版社,2002年,pp. 135-162。

[13] 《洛陽伽藍記》卷五"宋雲行紀"所載西域里數鮮有人認真討論,或如藤田豐八"西域研究·扞彌と Dandan-Uilik",《東西交涉史の研究·西域篇》,荻原星文館,1933年,pp. 263-273, esp. 265,斥爲難以信從。

[14] 見注5所引范祥雍書,pp. 268-270。

[15] 余太山《兩漢魏晉南北朝正史西域傳研究》,中華書局,2003年,pp. 477-485。

[16] 同注15。

[17] 應該說明的是,《漢書·西域傳上》載戎盧國"王治卑品城,去長安八千三百里"。又載渠勒國"王治鞬都城,去長安九千九百五十里"。這後一個里數可能意味著自鞬都城經戎盧國王治赴長安的行程;亦即鞬都城去戎盧國王治十六日半行程(1650里),與戎盧國王治去長安8300里之和。蓋據傳文:渠勒國"東與戎盧[接]"。但是,這一里數無疑是錯誤的。卑品城與鞬都城之間不可能相去1650里。

[18] 這一里數不足爲據,說見長澤和俊"《漢書》西域傳の里數記載について",《早稻田大學大學院文學研究科紀要》25(1979年),pp. 111-128。

[19] 見注5所引范祥雍書,pp. 279-281。

[20] 松田壽男"イラン南道論",《東西文化交流史》,東京:雄山閣,1975年,pp. 217-251。

[21] 長澤和俊"いわゆる'宋雲行紀'について",《シルク·ロード史研究》,東京:國書刊行會,1979年,pp. 459-480,以爲可能是 Wacha 河畔的 Wacha 或 Torbashi。深田久彌《中央アジア探險史》,東京:白水社,

2003 年，p. 83，則比定爲 Tangu。

[22] 注 21 所引長澤和俊文以爲可能是 Muztagh-Ata 山脈。注 21 所引深田久彌書，p. 83，則比定爲 Kandahar Pass。

[23] 說見白鳥庫吉"西域史上の新研究・大月氏考"，《白鳥庫吉全集・西域史研究（上）》（第 6 卷），東京：岩波，1970 年，pp. 97-227，esp. 132-134。又，注 21 所引長澤和俊文以爲可能是 Wacha 河。

[24] 如：注 21 所引長澤和俊文。桑山正進"バーミヤーン大佛成立にかかわるふたつの道"，《東洋學報》57（1987 年），pp. 109-209，esp. 144-158，以爲在 Faizābād 西南 Talaqān 及其以西地區。

[25] J. Marquart, Ērānšahr nach der Geographie des Ps. Moses Xorenaci. Berlin, 1901, p. 245，以爲介乎 Zēbāk 與 Čitral 之間山地。另請參看沙畹"宋雲行紀箋注"，馮承鈞譯，《西域南海史地考證譯叢六編》，中華書局，1956 年，pp. 1-68；A. Stein, Ancient Khotan. Oxford, 1907, p. 14；桑山正進《カーピシー＝ガンダーラ史研究》，京都大學人文科學研究所，1990 年，pp. 101-103。長澤和俊"'宋雲行紀'の再檢討"，《史觀》130（1994 年），pp. 32-46，以爲波知應位於 Darkot。今案：長澤氏此說，旨在證成宋雲、惠生於鉢和分道揚鑣。

[26] 注 25 所引文長澤和俊以爲應位於 Yasin。今案：此說未安。位置賒彌於 Yasin，是指波知爲 Darkot 的結果。

[27] 注 25 所引桑山正進書，pp. 131-140，以爲在今 Jhelum。

[28] 季羨林等《大唐西域記校注》，中華書局，1985 年，pp. 250-251。

[29] 章巽《法顯傳校注》，上海古籍出版社，1985 年，pp. 35-36。

[30] 注 24 所引桑山正進文，esp. 144-158，以爲北魏使臣復自乾陀羅西行至那

迦羅阿國（Nagarahāra），今 Jalālābād。

[31] 例如：注 24 所引桑山正進文，esp. 144-158。

[32] 參看注 21、25 所引長澤和俊文。

[33] 同注 32。

[34] 陳寅恪"讀《洛陽伽藍記》書後"，《金明館叢書二編》，上海古籍出版社，1980 年，pp. 156-160。陳氏此說又見"徐高阮重刊《洛陽伽藍記》序"，《寒柳堂集》，上海古籍出版社，1980 年，p. 143。徐高沅"重刊《洛陽伽藍記》序"，《重刊洛陽伽藍記》（《"中央研究院"歷史語言研究所專刊》42），台聯國風出版社，1975 年，pp. 1-4，亦以爲："卷五惠生求法一節最肖佛徒合本。"

[35] 注 6 所引內田吟風文以爲"道榮"乃"道藥"之譌。

[36] 注 25 所引長澤和俊文。

[37] 見注 5 所引范祥雍書，p. 342。

[38] 詳見注 4 所引船木勝馬文。

[39] 《隋書·經籍二》："《慧生行傳》一卷。"《慧生行傳》很可能就是《洛陽伽藍記》卷五提及的《慧生行紀》。

[40] 見注 25 所引長澤和俊文，說本松田壽男《古代天山の歷史地理學の研究》（增補版），東京：早稻田大學出版部，1970 年，pp. 164-172。

[41] 注 21 所引長澤和俊文據以爲《魏書·西域傳》有關記載應該是惠生所取路線。今案：不能因爲《魏書·西域傳》"朱居國"以下記載中缺少了嚈噠這一環，便指爲《惠生行紀》。

[42] 《魏書·西域傳》載：且末國"在鄯善西"，于闐國"在且末西北"，悉居半國"在于闐西"，權於摩國在"悉居半西南"，諸如此類。

[43] 關於《魏書·西域傳》的編纂體例,詳見余太山《嚈噠史研究》,齊魯書社, 1986年,pp. 235-242。

[44]《大正新脩大藏經》T51, No. 2086, pp. 866-867。

[45] 詳見注6所引內田吟風文。

[46] 據《續高僧傳》卷二,那連提黎耶舍"天保七年(556年)屆於京鄴……耶舍時年四十"。(《大正新脩大藏經》T50, No. 2060, p. 432。)則生年爲517年。然同傳又稱耶舍"奄爾而化,時滿百歲,即開皇九年八月二十九日也"。(《大正新脩大藏經》T50, No. 2060, p. 433。)則生年爲490年。按之《歷代三寶記》卷一二,"[開皇]五年(585年)十月勘校訖了,舍九十餘矣,至九年而卒"。(T49, No. 2034, p. 103。)則490年近是。

[47]《大正新脩大藏經》T50, No. 2060, p. 432。

[48] 據《續高僧傳》卷二,闍那崛多"至開皇二十年,便從物故,春秋七十有八"。(《大正新脩大藏經》T50, No. 2060, p. 434。)

[49] "西魏大統元年"有誤,今從《開元釋教錄》卷七作:"西魏後元年。"(《大正新脩大藏經》T55, No. 2154, p. 434。)

[50]《大正新脩大藏經》T50, No. 2060, p. 433。

[51] "鬚"字原作"鬢",此從《開元釋教錄》卷七(《大正新脩大藏經》T55, No. 2154, p. 551)改。

[52]《大正新脩大藏經》T50, No. 2060, p. 435。

[53] 注25所引桑山正進書,pp. 107-121。

[54] 注25所引桑山正進書,pp. 141-149。

[55] 關於嚈噠之亡,參看注43所引余太山書,pp. 103-113。

[56] 說見余太山"嚈噠史若干問題的再研究",《中國社會科學院歷史研究所

學刊》第 1 集,社會科學文獻出版社,2001 年,pp. 180-210。

[57] 桑山正進"トハーリスターンのエフタル・テュルクとその城邑",載注 25 所引書,pp. 399-411。

[58]《大正新脩大藏經》T50, No. 2053, p. 228。

[59]《大正新脩大藏經》T50, No. 2060, p. 434。

四　裴矩《西域圖記》所見敦煌至西海的"三道"

一

《隋書·裴矩傳》稱："煬帝即位，營建東都，矩職修府省，九旬而就。時西域諸蕃，多至張掖，與中國交市。帝令矩掌其事。矩知帝方勤遠略，諸商胡至者，矩誘令言其國俗山川險易，撰《西域圖記》三卷，入朝奏之……轉民部侍郎，未視事，遷黃門侍郎。"此則記載表明裴矩奏上《西域圖記》在營建東都之後，遷黃門侍郎之前。

據《隋書·煬帝紀上》，"二年春正月辛酉，東京成，賜監督者各有差"。由此可見，裴矩撰《西域圖記》的時間上限爲大業二年（606年）正月。

又，《資治通鑒·隋紀四》載："[大業二年] 秋，七月，庚申，制百官不得計考增級，必有德行、功能灼然顯著者進擢之。帝頗惜名位，羣臣當進職者，多令兼假而已；雖有闕員，留而不補。時牛弘爲吏部尚書，不得專行其職，別敕納言蘇威、左翊衛大將軍宇文述、左驍衛大將軍張瑾、內史侍郎虞世基、御史大夫裴蘊、黃門侍郎裴矩參掌選事,時人謂之'選曹七貴'。"既然大業二年七月,裴矩已任黃門侍郎,《西域圖記》應完成於大業二年七月之前。[1]

《西域圖記》本身也提供了判斷成書時間的證據。蓋據《元和郡縣圖記·隴右道下·瓜州》,"大業三年改瓜州爲敦煌郡",而裴矩《西域圖記》仍稱敦煌郡爲"瓜州"。證據見於《史記正義》(卷一二三)所引《西域[圖]記》佚文:

[鹽澤]在西州高昌縣東,東南去瓜州一千三百里,並沙磧之地,水草難行,四面危,道路不可準記,行人唯以人畜骸骨及駝馬糞爲標驗。以其地道路惡,人畜卽不約行,曾有人於磧內時聞人喚聲,不見形,亦有歌哭聲,數失人,瞬息之間不知所在,由此數有死亡。蓋魑魅魍魎也。

知《西域圖記》完成於大業三年改敦煌郡爲瓜州之前。這與據裴矩行跡推測的《西域圖記》撰寫年代正可互證。

二

《隋書·裴矩傳》所載《西域圖記》序稱:"自漢氏興基,開拓河右,始稱名號者,有三十六國,其後分立,乃五十五王。仍置校尉、都護，以存招撫。然叛服不恒，屢經征戰。後漢之世，頻廢此官。雖大宛以來，略知戶數，而諸國山川未有名目。至如姓氏風土，服章物產，全無纂錄，世所弗聞。復以春秋遞謝，年代久遠，兼并誅討，互有興亡。或地是故邦，改從今號，或人非舊類，因襲昔名。兼復部民交錯，封疆移改，戎狄音殊，事難窮驗。于闐之北，葱嶺以東，考于前史，三十餘國。其後更相屠滅，僅有十存。自餘淪沒，掃地俱盡，空有丘墟，不可記識。"這是裴矩自述撰寫是書的動機：當時中原對西域的瞭解十分膚淺。這不僅是時勢變遷的緣故，還有種族、語言等多方面的原因。

客觀上，裴矩撰述《西域圖記》的條件業已具備。一方面，隋統一後，經營西域提上了議事日程。即《西域圖記》序所說："皇上膺天育物，無隔華夷，率土黔黎，莫不慕化。風行所及，日入以來，職貢皆通，無遠不至。"另一方面，正如"《西域圖記》序"所指，其時雖"突厥、吐渾分領羌胡之國，爲其擁遏，故朝貢不通"，但頗有"商人密送誠款，引領翹首，願爲臣妾"。這就是說，西域人也嚮往著加強與中原的聯繫和交往。[2]於是，裴矩得"因撫納，監知關市，尋討書傳，訪採胡人"，獲致足夠的信息。

事實上，《隋書·裴矩傳》稱：書奏，"帝大悅，賜物五百段。每日引矩至御坐，親問西方之事。矩盛言胡中多諸寶物，吐谷渾易可并吞。帝由是甘心，將通西域，四夷經略，咸以委之"。這和《西域圖記》序"以國家威德，將士驍雄，汎濛汜而揚旌，越崑崙而躍馬，易如反掌，何往不至！但突厥、吐渾分領羌胡之國，爲其擁遏，故朝貢不通"云云，是一致的。可以說，煬帝於大業五年親征吐谷渾與裴矩獻書有密切關係。故《隋書·西域傳》稱："煬帝規摹宏侈，掩吞秦、漢，裴矩方進《西域圖記》以蕩其心，故萬乘親出玉門關，置伊吾、且末，而關右暨於流沙，騷然無聊生矣。"當然，如《隋書·裴矩傳》所述，煬帝西巡，不過"次燕支山"，未抵玉門關（隋時在今甘肅安西雙塔堡附近）。"親出玉門關"云云，不過誇飾之辭。

在某種意義上，《西域圖記》正是時代的產物，其中有關東西交通路線的記載，也難免打上時代的烙印。

三

在《西域圖記》序中，裴矩自述："《西域圖記》，共成三卷，合四十四國。仍別造地圖，窮其要害。從西頃以去，北海之南，縱橫所亘，將二萬里。諒由富商大賈，周遊經涉，故諸國之事罔不徧知。復有幽荒遠地，卒訪難曉，不可憑虛，是以致闕。而二漢相踵，西域爲傳，戶民數十，卽稱國王，徒有名號，乃乖其實。今者所編，皆餘千戶，利盡西海，多產珍異。其山居之屬，非有國名，及部落小者，多亦不載。發自敦煌，至于西海，凡爲三道，各有襟帶。"這段話對於今天研究《西域圖記》所述敦煌至西海的"三道"有如下意義：

1.《西域圖記》所載諸國，包括"三道"所列，多爲富商大賈"周遊經涉"所至者。

2.《西域圖記》所載諸國，包括"三道"所列，皆"利盡西海，多產珍異"，即因通"西海"而得貿易之利者。

3.《西域圖記》所載諸國，包括"三道"所列，"皆餘千户"者，"山居之屬"多有不載。

由此可見，裴矩《西域圖記》序所列"三道"諸國必然比較疏略，既有異於前史所載，亦與朝隋諸國並不一致。

四

《西域圖記》序稱："北道從伊吾，經蒲類海、鐵勒部[3]，突厥可汗庭，度[4]北流河水，至拂菻國，達于西海。"以下略考"北道"所經諸地。

1.伊吾：首見《後漢書·西域傳》，作"伊吾盧"，在今哈密附近。

據《隋書·煬帝紀上》，大業五年（609年）四月，伊吾首次遣使朝隋。這可能和裴矩的招徠有關。而在此之前，亦即裴矩編撰《西域圖記》之際，伊吾商人可能已經和包括裴矩在內的隋朝官吏有所接觸。不難想象，《西域圖記》，特別是其中有關"北道"的資料有得自伊吾商人者。

伊吾至敦煌，據《元和郡縣圖志·隴右道下·伊州》，"正南微東至沙州（敦煌）七百里"。

2.蒲類海：首見《漢書·匈奴傳上》，作"蒲類澤"，即今巴里坤淖爾。

伊吾至蒲類海，據《元和郡縣圖志·隴右道下》（卷四〇），伊州納職縣"東北至州一百二十里"。納職縣北一百四十里有俱密山，而蒲類海在山北二十里。

3. 鐵勒部：據《隋書·鐵勒傳》，鐵勒"種類最多。自西海之東，依據山谷，往往不絕。……伊吾以西，焉耆之北，傍白山，則有契弊、薄落職、乙咥、蘇婆、那曷、烏讙、紇骨、也咥、於尼讙等，勝兵可二萬"。此處所謂"鐵勒部"即位於"伊吾以西，焉耆之北"者。

《隋書·鐵勒傳》又載：各地的鐵勒"雖姓氏各別，總謂爲鐵勒。並無君長，分屬東、西兩突厥。……自突厥有國，東西征討，皆資其用，以制北荒。開皇末，晉王廣北征，納啟民，大破步迦可汗，鐵勒於是分散。大業元年，突厥處羅可汗擊鐵勒諸部，厚稅斂其物，又猜忌薛延陀等，恐爲變，遂集其魁帥數百人，盡誅之。由是一時反叛，拒處羅，遂立俟利發俟斤契弊歌楞爲易勿真莫何可汗，居貪汗山。復立薛延陀內俟斤，字也咥，爲小可汗。處羅可汗既敗，莫何可汗始大。莫何勇毅絕倫，甚得眾心，爲鄰國所憚，伊吾、高昌、焉耆諸國悉附之"。由此可知，鐵勒一度成功反叛突厥，最早在大業元年（605 年）控制了西域東部地區，這些地區也因之歸附鐵勒。

《隋書·西域傳》"高昌條"載："北有赤石山，山北七十里有貪汗山，夏有積雪。此山之北，鐵勒界也。"赤石山，吐魯番盆地北緣的小山脈，或即 Fire Mountains。[5] 貪汗山，指 Bogdo Ola。

一說"貪汗"應作"貪汙","貪汙"乃突厥語 Tulga（兜鍪）之對譯。[6] 這就是說,《西域圖記》所見"鐵勒部"在貪汗山即今 Bogdo Ola 北,具體而言很可能在唐代庭州所在地。

據《元和郡縣圖志·隴右道下·庭州》,庭州"東南至伊州九百七十里"。

4. 突厥可汗庭：據《隋書·西突厥傳》,"處羅可汗居無恒處,然多在烏孫故地。復立二小可汗,分統所部。一在石國北,以制諸胡國。一居龜茲北,其地名應娑"。《新唐書·西突厥傳》稱：唐高宗顯慶二年（657 年）,"蘇定方擊〔阿史那〕賀魯別帳鼠尼施于鷹娑川"。此處所謂"突厥可汗庭"即位於應娑或鷹娑川,即大裕勒都斯河谷。該處也是達度可汗、射匱可汗的基地。[7]

《舊唐書·突厥傳下》載："西突厥本與北突厥同祖。初,木杆與沙鉢略可汗有隙,因分爲二。其國即烏孫之故地,東至突厥國,西至雷翥海,南至疏勒,北至瀚海,在長安北七千里。自焉耆國西北七日行,至其南庭；又正北八日行,至其北庭。"一説此處"南庭"即在大裕勒都斯河谷。[8] 果然,結合《元和郡縣圖志·隴右道下·庭州》關於庭州"西南至焉耆鎮一千一百里"的記載,《西域圖記》所載"鐵勒部"至"突厥可汗庭"間的里數可約略推知。

5. 北流河水：由於裴矩沒有留下河水的名稱,引起許多猜測。一說"北流河水"應指錫爾河,另說應指楚河上游諸水。[9] 今案：自上述"突厥可汗庭"西去,須橫渡多條自南向北的河流,無從一一確指,祇能籠統稱之爲"北流河水"。亦《西域圖記》序所謂"不可憑虛,是以致闕"之類。

6. 拂菻國：應即《梁書·西北諸戎傳》所見"汎慄國"，指拜占庭。

自上述"突厥可汗庭"赴拜占庭，取道或接近於 Menandros《希臘史》（殘卷）所記、568 年（Justinus II 在位第四年）拜占庭使臣 Zemarchos 自突厥王庭西歸時所取道。[10]

7. 西海：最早見於《史記·大宛列傳》，乃條枝即塞琉古敍利亞王國所臨地中海。《後漢書·西域傳》和《魏略·西戎傳》載大秦國所臨西海，亦指地中海。前者所謂"甘英乃抵條支而歷安息，臨西海以望大秦"，乃指條枝和大秦隔地中海相望。

在隋唐人心目中，大秦乃拂菻之前身，故拂菻所臨"西海"，似亦指地中海，故《舊唐書·西戎傳》載："拂菻國，一名大秦，在西海之上。"

案："北道"經由的地點過於簡略，且模糊不清，說明裴矩所諮詢的對象於此道走向知之不多，很可能都是些往來"中道"或"南道"的商人。

五

《西域圖記》序稱："其中道從高昌、焉耆、龜茲、疏勒、度葱嶺，又經鏺汗，蘇對沙那國，康國，曹國，何國，大、小安國，穆國，至波斯，達于西海。"以下略考"中道"所經諸地。

1. 高昌，其前身即《漢書·西域傳下》所見高昌壁，故址在今高昌古城。

《隋書‧西域傳》載：高昌"去敦煌十三日行"。"十三日行"，即 1300 里，蓋以馬行一日百里計。前引見諸《史記正義》（卷一二三）的裴矩《西域［圖］記》佚文[11]可與此參證。

2. 焉耆，首見《漢書‧西域傳》，係所傳"西域北道"諸國之一。王治故址可能在今博格達沁古城（即四十里城，今焉耆縣治西南一二公里）。

《隋書‧西域傳》載：焉耆"東去高昌九百里"。

3. 龜茲：首見《漢書‧西域傳》，係所傳"西域北道"諸國之一。王治故址位於今庫車縣治東郊的皮郎古城。

《隋書‧西域傳》載：焉耆國"西去龜茲九百里"。

4. 疏勒：首見《漢書‧西域傳》，係所傳"西域北道"諸國之一。王治故址在今喀什附近。

《隋書‧西域傳》載：龜茲"西去疏勒千五百里"。

5. 葱嶺，首見《漢書‧西域傳》，指今帕米爾高原。

《隋書‧西域傳》載：疏勒"南有黃河，西帶葱嶺"。

6. 鏺汗：其前身即《漢書‧西域傳》所見大宛國。[12]按之鏺汗去蘇對沙那和石國之里距（"西北去石國五百里"），該國王治似應位於今 Kāsān。[13]

《隋書‧西域傳》載：疏勒"西去鏺汗國千里"。

7. 蘇對沙那國：其前身可能就是《史記‧大宛列傳》所載貳師城。王治故址位於今 Ura-tüpä。[14]

《隋書‧西域傳》載：鏺汗"西去蘇對沙那國五百里"。

8. 康國：卽《魏書·西域傳》所見悉萬斤國。王治故址位於今撒馬爾罕附近。

《新唐書·西域傳下》載：東曹國（卽蘇對沙那）西至康國"四百里許"。

9. 曹國：一般認爲應卽撒馬爾罕西北的 Ištīkhan（澤拉夫善河的支流 Ak-darya 沿岸、Katta Kurgan 和 Čiläk 之間）。[15]

《隋書·西域傳》載：曹國"東南去康國百里"。

10. 何國：王治故址當在 Kashania。

《隋書·西域傳》載：曹國"西去何國百五十里"。

11. 小安國：王治故址位於那密水之北。

《隋書·西域傳》載：何國"西去小安國三百里"。

12. 大安國：一般認爲王治故址位於今布哈拉（Buchārā）。

《新唐書·西域傳下》載："東安，或曰小[安]國，曰喝汗，在那密水之陽……西南至大安四百里。"

案：小安國在大安國之東北，故中道先至小安國，後至大安國。《隋書·西域傳》原文稱"大、小安國"，不過是習慣使然，與方位無關。

13. 穆國：王治故址一說位於今 Čardjui。[16]

《隋書·西域傳》載：穆國"東北去安國五百里"。

14. 波斯：指薩珊波斯。時都蘇藺城，故址位於今巴格達之南。

《隋書·西域傳》載：穆國"西去波斯國四千餘里"。

15. 西海：此處亦指地中海。

《隋書·西域傳》載：波斯國"西去海數百里"。"海"則可能指波斯灣。

案：《西域圖記》所謂"中道"，其實便是《漢書·西域傳上》所見"西域北道"。據載："自玉門、陽關出西域有兩道。……自車師前王廷隨北山，波河西行至疏勒，爲北道；北道西踰葱嶺則出大宛、康居、奄蔡焉。"其中，車師前王廷卽交河城，故址在今吐魯番縣西雅爾湖（Yār-Khoto，亦作雅爾和圖或招哈和屯），康居王治在錫爾河北岸，奄蔡遊牧於鹹海以北。

六

《西域圖記》序稱："其南道從鄯善、于闐、朱俱波、喝槃陀，度葱嶺，又經護密、吐火羅、挹怛、帆延、漕國，至北婆羅門，達于西海。"以下略考"南道"所經諸地。

1. 鄯善：首見《漢書·西域傳》，係所傳"西域南道"諸國之一，其前身卽《史記·大宛列傳》所見樓蘭國。王治故址最可能的位置在羅布泊西南今若羌縣治附近之且爾乞都克（Quarklik）古城。[17]

據《隋書·地理志上》，"鄯善郡：大業五年平吐谷渾置，置在鄯善城，卽古樓蘭城也。幷置且末、西海、河源，總四郡"。一說此時所置鄯善郡，所治當在伊循城，卽今Quarklik。[18] 案：伊循城，首見《漢書·西域傳》，一般認爲故址應在今新疆若羌縣東米蘭（Miran）附近。

《元和郡縣圖志・隴右道下・沙州》載：沙州（敦煌）"西至石城鎮一千五百里"。《新唐書・地理志七下》："石城鎮，漢樓蘭國也，亦名鄯善，在蒲昌海南三百里。"

2. 于闐：首見《漢書・西域傳》，係所傳"西域南道"諸國之一，王治故址位於今和闐附近。

《隋書・西域傳》載：于闐國"東去鄯善千五百里"。

3. 朱俱波：首見《魏書・西域傳》，作"悉居半"，王治故址位於今葉城（Karghalik）之西 Asgan-sal 河谷。[19]

《隋書・西域傳》載：于闐國"西去朱俱波千里"。

4. 喝槃陀：首見《魏書・西域傳》，作"渴槃陁"，王治故址位於今塔什庫爾干（Tashkurghān）。

《隋書・西域傳》不載喝槃陀去朱俱波里數。祇能依據漢代記載約略推知：《漢書・西域傳上》載：蒲犁（喝槃陀前身）[20]"東北至都護治所五千三百九十六里"，又載子合（朱俱波前身）[21]"東北到都護治所五千四十六里"，則兩地似乎相去350里。

5. 葱嶺：指今喀喇昆侖山。自 Mintaka Pass 或 Kirik Pass 可以至護密。

6. 護密：即《魏書・西域傳》所見伽倍或鉢和，其前身應即《漢書・西域傳上》所見大夏國五翎侯之一休密翎侯，治所故址位於今 Khandūd。

《隋書・西域傳》不載護密去喝槃陀里數。祇能依據唐代記載略窺其間經由與里數。《大唐西域記》卷一二載：達摩悉鐵帝（即護密）"國境東北，踰山越谷，經危履險，行七百餘里，至波謎羅川。……自此川中東南，登山履險，路無人里，唯多冰雪。行五百餘里，至朅盤陁國」。

7. 吐火羅：其前身應即《漢書·西域傳》所見大夏國（Tokhāristān）。此處僅指今 Kunduz 北方的 Qal'a-ye Zāl 地區，亦即見諸阿拉伯地理書的 Warwālīz。[22]

《隋書·西域傳》不載護密至吐火羅里程。祇能依據唐代記載略窺其間經由與里數。《大唐西域記》卷一二載：玄奘自活國（Qal'a-ye Zāl）"東行百餘里，至闊悉多國"。而《大慈恩寺三藏法師傳》卷五載：玄奘"自闊悉多復東行入山三百餘里，至呬摩呾羅國。……自此復東行二百餘里，至鉢〔鐸〕創那國。……從此又東南山行二百餘里，至淫薄健國。有東南履危躡嶮，行三百餘里，至屈浪拏國。從此又東北山行五百餘里，至達摩悉鐵帝國（亦名護密也）"。

8. 挹怛：挹怛原遊牧於塞北，西遷後以吐火羅斯坦爲統治中心，王治位於 Balkh 附近。[23] 在《西域圖記》描述的時代，挹怛政權已爲突厥、波斯聯盟所破，挹怛餘衆散居吐火羅斯坦各地，故《隋書·西域傳》稱吐火羅國"與挹怛雜居"。

《隋書·西域傳》載：吐火羅國"南去漕國千七百里"，而挹怛"南去漕國千五百里"。由此可以推知挹怛（Balkh）去吐火羅（Qal'a-ye Zāl）約 200 里。蓋《隋書·西域傳》與《西域圖記》所謂"吐火羅國"地望相同。

9. 帆延（Bamiyan）：位於今阿富汗喀布爾西巴米揚城。

《隋書·西域傳》載：挹怛"南去漕國千五百里"。結合同傳關於漕國去帆延里數，可以推知帆延去挹怛 800 里。

又，據《大唐西域記》卷一，"從縛喝國南行百餘里，至揭職國"，又載，自揭職國"東南入大雪山……行六百餘里，出覩貨邏國境，至梵衍那國"。梵衍那國即帆延。"出覩貨邏國境"即進入北天竺。

10. 漕國：應即《大唐西域記》所見迦畢試（Kāpiśī）。[24] 地在今阿富汗 Begram。

《隋書·西域傳》載：漕國"北去帆延七百里"。

案：《西域圖記》以上所載"南道"路線，可與《大慈恩寺三藏法師傳》卷二所載玄奘路線參證：據後者所記，玄奘"出鐵門至覩貨羅國。自此數百里渡縛芻河，至活國（Warwālīz）"，經活國至於縛喝後，復"自縛喝（Bχτ）南行，與慧性法師相隨入揭職國（Karčik）。東南入大雪山，行六百餘里，出覩貨羅境，入梵衍那國（Bamiyan）"。其中，"活國"即"吐火羅"，"縛喝"即"挹怛"，"梵衍那國"即"帆延"。又據《續高僧傳》卷二，達摩笈多自迦臂施國啓程後，"踰雪山，西足薄佉羅國（Balkh）、波多叉拏國（Badakhshān）、達摩悉鬢多國"[25]。迦臂施國即漕國，薄佉羅國應即挹怛，"達摩悉鬢多國"即"護密"。由此可見，裴矩所載"南道"西端之經由，即 Warwālīz—Balkh—Bamiyan—Kāpiśī，乃當時之正途。

11. 北婆羅門：指北天竺。

案：漕國以遠，裴矩沒有得到具體情報，祇能籠統稱之爲"北婆羅門國"。蓋"幽荒遠地，卒訪難曉"故。

12. 西海：在作者心目中，南道的"西海"與北道、中道之"西海"應是同一個海。

漕國以遠，裴矩不得其詳而知，僅憑傳聞知可通"西海"。事實上，自北天竺西行，亦可抵達地中海。

案：《大唐西域記》卷一一："蘇剌侘國（Surāṣṭra），周四千餘里，國大都城（今 Junāgaḍh）周三十餘里。……國當西海之路，人皆資海之利，興販爲業，貿遷有無。""西海"亦指阿拉伯海。"資海之利"云云，亦可與裴矩的記載參證。

七

《西域圖記》序稱：三道"發自敦煌，至于西海"，似乎暗示、或者說在裴矩心目中"三道"之終點——"西海"指的是同一個海。[26] 前文所引"利盡西海"云云，也表明了這一點。

《西域圖記》序又稱："發自敦煌，至于西海，凡爲三道，各有襟帶。……其三道諸國，亦各自有路，南北交通。其東女國、南婆羅門國等[27]，並隨其所往，諸處得達。"其中，女國，應卽《大唐西域記》卷四所見蘇伐剌瞿呾羅國（Suvarṇagotra），位於今喜馬拉雅山以北、于闐以南、拉達克（Ladakh）以東。[28]

《隋書·西域傳》稱："女國在葱嶺之南……開皇六年，遣使朝貢，其後遂絕。"這可能是這裏提及女國的原因。據同傳，于闐國"南去女國三千里"。

又，婆羅門國，此處似泛指天竺。《舊唐書·西戎傳》稱："隋煬帝時，遣裴矩應接西蕃，諸國多有至者，唯天竺不通，帝以爲恨。"[29]這可能是這裏提及婆羅門國的原因。"其三道諸國，亦各自有路"云云，意思是說，"三道"沿途諸國亦自有路可通往其他各國。例如，自"南道"的于闐和北婆羅門國，可以分別通往女國和天竺各國。

《西域圖記》序又稱："伊吾、高昌、鄯善，並西域之門戶也。總湊敦煌，是其咽喉之地。"所謂"西域之門戶"，嚴格說來乃指中原王朝經營西域之門戶。以下略作詮釋：

1. 伊吾：據《後漢書·班超傳》：永平十六年（73年），班超將兵別擊伊吾。至遲在這一年，伊吾登上歷史舞臺，成爲西域之門戶。東漢用兵伊吾乃打擊匈奴之需要，伊吾道開闢，則是伊吾屯田的結果。[30]

2. 高昌：《後漢書·西域傳》："自敦煌西出玉門、陽關，涉鄯善，北通伊吾千餘里，自伊吾北通車師前部高昌壁千二百里，自高昌壁北通後部金滿城五百里。此其西域之門戶也，故戊己校尉更互屯焉。"

案：最晚到平帝即位，西漢戊己校尉的治所從交河壁遷至高昌壁，此後直至《西域圖記》描述的時代，高昌一直是東西交通的樞紐，亦即西域門戶之一。

據《魏略·西戎傳》，"從玉門關西北出，經橫坑，辟三隴沙及龍堆，出五船北，到車師界戊己校尉所治高昌，轉西與中道合龜茲，爲新道"。此處所謂"新道"，主要經由和《漢書·西域傳上》所載"西域北道"無異。"新道"之"新"僅在於銜接玉門關與"北道"的一段路線。因此，不妨認爲遲至《魏略·西戎傳》描述的年代，"西域北道"的起點已由車師前王廷即交河城變成高昌。

3. 鄯善：該處成爲經營西域之門戶早於高昌、伊吾。蓋西漢初經營西域，一度僅"南道"可通，直至宣帝地節二年（前68年）所置西域都護尚祗能"獨護南道"（《漢書·西域傳上》），蓋"北道"匈奴勢盛故。[31]

■ 注釋

[1] 內田吟風"隋裴矩撰《西域圖記》遺文纂考"，《藤原弘道先生古稀記念史學佛教學論集》，內外印刷株式會社，1973年，pp. 115-128。

[2] 余太山"隋與西域諸國關係述考"，《文史》第69輯（2004年），pp. 49-57。

[3] 中華書局標點本作"經蒲類海鐵勒部"，似未安。

[4] "度"，《新唐書·裴矩傳》作"亂"。《尚書·禹貢》："入于渭，亂于河。"《爾雅·釋水》："正絕流曰亂。"

[5] 松田壽男《古代天山の歷史地理學的研究》（增補版），東京：早稻田大學出版部，1970年，p. 212。

[6] 注5所引松田壽男書，pp. 235-236。

[7] 注5所引松田壽男書，pp. 248-291。

[8] 注5所引松田壽男書，p. 270。

[9] 芮傳明"《西域圖記》中的北道考"，《蘇州鐵道師範學院學報》1986年第

3 期，pp. 48-55。

[10] 詳見白鳥庫吉"拂菻問題の新解釋"，《白鳥庫吉全集·西域史研究（下）》（第 7 卷），東京：岩波，1971 年，pp. 403-595, esp. 464-471, 以及内藤みどり《西突厥史の研究》，東京：早稻田大學出版部，1988 年，pp. 374-395。Zemarchos 事蹟見 R. C. Blockley, *The History of Menander the Guardsman, Introductory Essay, Text, Translation, and Historiographical Notes*. Published by Francis Cairns Ltd., Printed in Great Britain by Redwood Burn Lid. Trowbridge, Wiltshire, 1985, pp. 117-127。

[11] 《太平寰宇記·隴右道七·西州》："柳中路。裴矩《西域[圖]記》云：自高昌東南去瓜州一千三百里，並沙磧，乏水草，人難行，四面茫茫，道路不可準記，唯以人畜骸骨及馳馬糞爲標驗。以知道路。若大雪即不得行。兼有魑魅。以是商賈往來多取伊吾路。"案：本文所引《西域圖記》佚文均見注 1 所引内田吟風文，pp. 115-128。

[12] 《史記正義》引《西域圖記》云："鉢汗，古渠搜也。"又，《通典·邊防八·西戎四》"大宛條"注引《西域圖記》云："其馬，騮馬、烏馬多赤耳，黃馬、赤馬多黑耳。唯耳色別，自餘毛色與常馬不異。"類似引文亦見《太平御覽》卷七九三等。

[13] 余太山《塞種史研究》，中國社會科學出版社，1992 年，pp. 72-77。

[14] 《通典·邊防八·西戎四》"大宛條"注引《西域圖記》云：蘇對沙那國"王姓蘇色匿，字底失槃陁，積代承襲不絕"。

[15] 藤田豐八《慧超往五天竺國傳殘卷箋證》，北京，1910 年，p. 69；水谷真成譯注《大唐西域記》，《中國古典文學大系》22，東京：平凡社，1975 年，pp. 26-28。

[16] J. Marquart, *Ērānšahr nach der Geographie des Ps. Moses Xorenaci*. Berlin, 1901, pp. 310-311. 沙畹《西突厥史料》，馮承鈞譯，中華書局，1958年，p. 254。

[17] 注13所引余太山書，pp. 228-241。孟凡人"論鄯善國都的方位"，《亞洲文明》第2集，安徽教育出版社，1992年，pp. 94-115。

[18] 藤田豐八"扞泥城と伊循城"，《東西交涉史の研究・西域篇》，東京：荻原星文館，1943年，pp. 253-263。

[19] 松田壽男"イラン南道論"，《東西文化交流史》，東京：雄山閣，1975年，pp. 217-251。

[20] 注19所引松田壽男文。

[21]《新唐書・西域傳上》：朱俱波，"漢子合國也"。

[22] 桑山正進"トハーリスターンのエフタル・テュルクとその城邑"，《カーピシー＝ガンダーラ史研究》，京都大學人文科學研究所，1990年，pp. 399-411；另請參看同書，pp. 438-442。

[23] 余太山"嚈噠史若干問題的再研究"，《中國社會科學院歷史研究所學刊》第1集，社會科學文獻出版社，2001年，pp. 180-210。

[24] 注22所引桑山正進書，pp. 165-177，297-308。

[25]《大正新脩大藏經》T50, No. 2060, p. 435。

[26] 例如：注10所引白鳥庫吉文，esp. 461-463，以爲北、中、南三道終點分別指地中海、波斯灣和印度洋。

[27] "其東女國、南婆羅門國等"，按照傳文，似應讀作"其東女國、[其]南婆羅門國"。若按中華書局本標點本，則兩國名應爲"東女國"和"南婆羅門國"；似未安。

[28] 季羨林等《大唐西域記校注》，中華書局，1985年，pp. 408-409；周偉洲

"蘇毗與女國",《大陸雜誌》第92卷第4期（1996年），pp. 1-11。

[29]《新唐書·西域傳上》作："隋煬帝時，遣裴矩通西域諸國，獨天竺、拂菻不至爲恨。"

[30] 參看余太山《兩漢魏晉南北朝與西域關係史研究》，中國社會科學出版社，1995年，pp. 69-71。

[31] 參看注29所引余太山書，pp. 29-32，233-240。

五　兩漢魏晉南北朝正史關於東西陸上交通路線的記載

　　兩漢魏晉南北朝正史關於東西陸上交通路線的記載，按其性質，可大別爲五類：一、使西域官吏的往返行程；二、對西域軍事行動的路線；三、赴西域求法僧俗的行紀；四、商旅周遊的經歷；五、駐西域行政機構的報告。其中，第五類往往採用或綜合了前幾類，加上可能的調查和踏勘，系統性強，因而價值較高。以下扼要綜述之。

　　　　　　　　　　一

　　1.往返行程有跡可循的使臣首推張騫，通過《史記·大宛列傳》的有關記載使我們能夠略窺其兩次西使的路線。[1]

　　張騫首次西使，啓程於武帝建元二年（前139年），目的地是當時位於伊犁河流域的大月氏國。

　　張騫出隴西後不久就被匈奴拘留，十餘年後，才得以脫身西走，亦卽《史記·大宛列傳》所謂："居匈奴中，益寬，騫因與其屬亡鄉月氏，西走數十日至大宛。"大宛位於今費爾幹納盆地（王治在今 Khojend）。張騫很可能是從漠北出發，經阿爾泰山南麓西走，取道巴爾喀什湖北岸，沿楚河南下，穿越吉爾吉斯山脈，復順納倫河進入費爾幹納盆地的。

嗣後，據《史記·大宛列傳》，大宛王"爲發導繹，抵康居，康居傳致大月氏"。此處所謂"大月氏"，已不復位於伊犁河、楚河流域。蓋公元前 130 年左右，大月氏受烏孫攻擊，被迫西遷阿姆河流域。張騫到達時，大月氏設王庭於河北，控制著跨有阿姆河兩岸的原大夏國領土。張騫很可能是在逃離匈奴後不久獲悉大月氏再次西遷的消息的。張騫所抵"康居"，應爲康居（王治在錫爾河北岸）屬土，亦卽位於錫爾河與阿姆河之間的索格底亞那（Sogdiana）。至於傳文稱張騫"自月氏至大夏"，應指從大月氏王庭至原大夏國都城卽阿姆南岸的藍市城（今 Balkh 附近）。

《史記·大宛列傳》又載："[張騫] 留歲餘，還，並南山，欲從羌中歸，復爲匈奴所得。留歲餘，[匈奴] 單于死，左谷蠡王攻其太子自立，國內亂，騫與胡妻及堂邑父俱亡歸漢。"此處所謂"南山"，指西域南山，卽今喀喇昆侖、昆侖、阿爾金山。而張騫歸途很可能沿"南山"，經于闐（今和闐附近）、扜罙（今 Dandān-Uiliq 遺址）後，抵達位於羅布泊西南之樓蘭，復北上至泊西北之姑師（時在今樓蘭古城遺址一帶）。張騫很可能是經姑師後再次被匈奴拘捕的，未必果真穿越羌人地區。又，張騫再次被拘留後，很可能同前次一樣，被"傳詣單于"，並被押送至原流放地（因而得會其胡妻,終於相偕歸漢),直至軍臣單于(前161—前126年)死後,纔乘亂得脫。時在元朔三年。

要之,張騫首次西使往返路線頗爲曲折。由於許多特殊因素的作用,其取道不能視爲當時陸上東西交通的常道。其中最可注意者爲張騫自漠北匈奴王庭出發西走至費爾幹那盆地可能採取的途徑。

據《史記·大宛列傳》,張騫首次西使,"身所至者大宛、大月氏、大夏、康居,而傳聞其旁大國五六"。張騫所傳聞之國,據傳文可知是烏孫(在楚河、伊犂河流域)、奄蔡(在裏海北岸)、安息(卽帕提亞朝波斯)、條枝(卽塞琉古朝敍利亞)、黎軒(卽托勒密朝埃及)和身毒(在印度河流域)。張騫在歸國後給武帝的報告中描述了上述諸國國情,客觀上也記錄了當時的交通路線:

張騫從匈奴中得脫西走至大宛國,很可能慌不擇路,未能留下路線的記載。因此,他的報告逕稱"大宛在匈奴西南,在漢正西"。從交通路線的角度來看,這等於說自漢經匈奴西南行可至大宛。

張騫關於西域諸國國情和地望的記載顯然是從大宛國開始的。蓋傳文載大宛國,"其北則康居,西則大月氏,西南則大夏,東北則烏孫,東則扜罙、于寘"。又稱:"康居在大宛西北可二千里","大月氏在大宛西可二三千里","大夏在大宛西南二千餘里","烏孫在大宛東北可二千里"。這些對大宛國四至的描述也就是自大宛國王治出發的交通路線的記錄:自大宛國王治西北行二千里可至康居國王治,西行二三千里可至大月氏國王治,西南行二千餘里可至大夏國王治，東北行二千里可至烏孫王治，東行可至扜罙、于寘國王治。在這裏，由於張騫首次西使的特殊經歷，大宛國簡直成了西域的中心。

張騫的報告進一步記載："奄蔡在康居西北可二千里"；"安息在大月氏西可數千里"，"條枝在安息西數千里"；大夏"東南有身毒國"。這是說，自康居王治西北行二千里可至奄蔡王治；自大月氏王治西行數千里行可至安息王治，自安息王治西行數千里可至條枝王治；自大夏國王治東南行可至身毒國王治。

因此，張騫首次西使的報告包含了我國有關陸上東西交通路線的最早記錄。

張騫第二次西使，旨在爲漢聯結烏孫，夾擊匈奴。時烏孫遊牧於伊犁河、楚河流域。

張騫使烏孫究竟取什麽路線，史無明文。如果允許推測，其去路似乎可以認爲是沿阿爾金山北麓西進，抵達羅布泊西南的樓蘭，自樓蘭北上，到達泊西北的姑師，復沿孔雀河西進，取西域北道經龜茲（今庫車附近）到達烏孫。當時，漢征匈奴已取得重大勝利，特別是元狩二年（前121年），匈奴西域王渾邪降漢後，出現了《史記·大宛列傳》所謂"金城、河西西並南山至鹽澤空無匈奴"的局面。既然沿南山即阿爾金山至鹽澤即羅布泊空無匈奴，張騫取此道使烏孫是完全可能的。另外，雖然元狩四年（前119年）漢已將匈奴逐至漠北，但匈奴並未失去對阿爾泰山南麓包括準噶爾盆地的控制，因而天山北路對張騫來說未必是坦途。至於張騫的歸途，不妨認爲與其去路相同。

2. 繼張騫之後，往返行程可以推知的是東漢西域都護班超的使者甘英。[2]

甘英啓程於和帝永元九年（97年），目的地是大秦卽羅馬帝國。據《後漢書·西域傳》，永元三年，"以超爲都護，居龜茲"。因此，甘英出使應該是從龜茲出發的。他抵達地中海東岸的條枝（今敍利亞地區），便踏上了歸途，沒有能夠到達大秦。

《後漢書·西域傳》載："自安息西行三千四百里至阿蠻國，從阿蠻西行三千六百里至斯賓國。從斯賓南行度河，又西南至于羅國九百六十里，安息西界極矣。自此南乘海，乃通大秦。其土多海西珍奇異物焉。"所述自安息（指安息都城和檀城 Hekotompylos），經阿蠻（Ecbatana）、斯賓（Ctesiphon）、于羅（Hatra）抵條枝的路線可能正是甘英所經歷。蓋甘英爲已知唯一走完全程的東漢使者。

他大概自龜茲西行至疏勒後踰葱嶺，復經大宛、大月氏至安息都城和檀城。此後歷阿蠻、斯賓、于羅而抵條枝。歸國時，如《後漢書·西域傳》所說，"轉北而東，復馬行六十餘日至安息"，再取道木鹿（Mōura）和吐火羅斯坦（Ṭukārestān）東還。

3. 北魏使臣董琬、高明啓程於太武帝太延二年（436年）八月，目的是招撫西域諸國，據《魏書·西域傳》可推知其大致行程。[3]

據《魏書·西域傳》，北魏"遣散騎侍郎董琬、高明等多齎錦帛，出鄯善，招撫九國，厚賜之。初，琬等受詔，便道之國可往赴之。琬過九國，北行至烏孫國（當時已西遷帕米爾山中），其王得朝廷所賜，拜受甚悅，謂琬曰：傳聞破洛那（今費爾幹那盆地）、者舌（今塔什干一帶）皆思魏德，欲稱臣致貢，但患其路無由耳。今使君等既到此，可往二國，副其慕仰之誠。琬於是自向破洛那，遣明使者舌。烏孫王爲發導譯達二國，琬等宣詔慰賜之"。這是說董、高西使乃經由位於羅布泊西南的鄯善王治扜泥城，在到達烏孫之前的行程應該和前述張騫第二次西使取道相同，亦卽沿天山山脈西行，區別在於當時領有伊犂河、楚河流域的是悅般國。此處所謂"九國"其實是西域諸國的代名詞，無從確指。

董、高似乎在分別抵達破洛那和者舌後沒有進一步西行，便踏上了歸途。歸途經由無從確指。

4. 隋代使臣西使路線大致可考者爲韋節和杜行滿。[4]

韋、杜大約於大業三年（607年）四月之後啓程。據《隋書·西域傳》，"煬帝時，遣侍御史韋節、司隸從事杜行滿使於西蕃諸國。至罽賓，得碼碯杯；王舍城，得佛經；史國，得十儛女、師子皮、火鼠毛而還"。除罽賓、王舍城、史國外，韋、杜西使到達的地點，可能還有康國、安國和挹怛。蓋據同傳，"煬帝卽位之後，遣司隸從事杜行滿使於西域，至其國，得五色鹽而返"；而在《通典·邊防九·西戎五》保存的韋節《西蕃記》的殘簡旣稱韋氏曾抵達挹怛國，"親問其國人，並自稱挹闐"，且於康國之習俗有頗詳盡的記載。

果然，很可能韋、杜西使在抵達康國（Samarkand）後分道揚鑣，韋節經由史國（Shahri-sebz）、挹怛（Balkh），抵達罽賓（Kāśmīra）和王舍城（Rājagṛha）。杜行滿則往赴安國（Buchārā），並偕安國使者於大業五年歸朝。

二

1. 行軍路線留下記錄的以李廣利西征大宛爲最早。李廣利伐宛先後凡二次，有關路線的記載均極簡略。[5]

關於第一次，《史記·大宛列傳》僅載："貳師將軍軍既西過鹽水，當道小國恐，各堅城守，不肯給食。……比至郁成……攻郁成，郁成大破之，所殺傷甚眾。……引兵而還。……還至敦煌。"鹽水，一說相當於今營盤以上之孔雀河及營盤以下之庫魯克河。[6] 郁成，大宛國屬邑之一，位於今 Ush（也可能在 Uzgent）。這暗示漢軍乃沿天山山脈前進，抵達郁成。

關於第二次，傳文僅載："於是貳師後復行，兵多，而所至小國莫不迎，出食給軍。至侖頭，侖頭不下，攻數日，屠之。自此而西，平行至宛城（今 Khojend），漢兵到者三萬人。"侖頭，一般認爲故址位於今柯尤可沁舊城附近。屠侖頭暗示漢軍這次取道和第一次相同。

但是，傳文又載："貳師起敦煌西，以爲人多，道上國不能食，乃分爲數軍，從南北道。校尉王申生、故鴻臚壺充國等千餘人，別到郁成。郁成城守，不肯給食其軍。王申生去大軍二百里，倶而輕之，責郁成。郁成食不肯出，窺知申生軍日少，晨用三千人攻，戮殺申生等，軍破，數人脫亡，走貳師。貳師令搜粟都尉上官桀往攻破郁成。"這說明李廣利再次征宛時，分軍前進，王申生等很可能是其中一軍，率偏師往擊郁成，貳師則率主力直奔宛都。王申生抵達郁成之際，與李廣利大軍相去二百里。王申生敗續，李廣利卽遣上官桀馳救，可見兩軍取道似乎相同。

至於傳文所謂"從南北道"，由於資料過於簡略，不能確指。但不外兩種可能。第一種可能是分兵沿天山南北麓前進。第二種可能是分兵沿天山和昆侖山西進。後一種可能性似乎較大。蓋據《漢書·張騫李廣利傳》，李廣利再次進軍時，武帝"使使告烏孫大發兵擊宛"。而"烏孫發二千騎往，持兩端，不肯前"。漢軍果有一支沿天山北麓前進，必然自烏孫過境，即使朝廷未遣專使頒詔，烏孫亦不敢逡巡不前。何況大軍均沿天山前進，與李廣利分軍求食的目的不符。要之，上述王、李軍均係精銳，可能是沿天山山脈前進，祇是在越過葱嶺之後纔分赴郁成和宛都。除這些精銳外，應該還有一支或數支軍隊（輜重之類）取西域南道。

貳師將軍凱旋時所取何道，《史記·大宛列傳》沒有記載。據《漢書·西域傳下》，"貳師將軍李廣利擊大宛，還過扞彌，扞彌遣太子賴丹爲質於龜兹。廣利責龜兹"云云，似乎漢軍凱旋時沿昆侖山北麓前進。案：漢軍凱旋時也應分軍走南北道，因爲同樣會遇到"道上國不能食"問題。

2. 李廣利之後，有甘延壽、陳湯之討郅支。[7]

據《漢書·陳湯傳》，元帝建昭三年（前36年），甘、陳征郅支，"引軍分行，別爲六校，其三校從南道踰葱領徑大宛，其三校都護自將，發溫宿國，從北道入赤谷，過烏孫，涉康居界，至闐池西"。在擊破"寇赤谷城東"的康居副王抱闐後，"入康居東界"，得康居貴人爲嚮導，"前至郅支城都賴水上"。都賴水卽今 Talas 河，時匈奴郅支單于築城於該河河畔。

因此，漢軍的取道很可能是沿天山南麓抵達溫宿國後，一支度拔達嶺（Bedal），沿納倫河前進，入烏孫王治所在赤谷城，穿越烏孫、康居國土，到達闐池即伊塞克湖以西某地，復自該處奔赴郅支所在郅支城。另一支在經由疏勒後，越過蔥嶺抵達大宛，復自大宛前往郅支城。[8]

3. 陳湯之後，有前涼楊宣之西征。[9]

據《晉書·張駿傳》，張駿曾"使其將楊宣率衆越流沙，伐龜茲、鄯善，於是西域並降。鄯善王元孟獻女，號曰美人，立賓遐觀以處之。焉耆、前部、于寘王并遣使貢方物"。所述諸事發生在咸和二年（327年）高昌設郡之後。

楊宣這次西征的路線，史無明文。但是，這次西征既然發生在高昌建郡之後，則不妨認爲楊宣是在取道高昌、取得補給後西進的。至於伐龜茲、鄯善之先後，因史無明文，難以確斷。

嗣後，永和元年（345年）冬，據《晉書·西戎傳》，張駿又遣楊宣伐焉耆，"宣以部將張植爲前鋒，所向風靡。軍次其國，[王龍]熙距戰於賁崙城，爲植所敗。植進屯鐵門，未至十餘里，熙又率衆先要之於遮留谷。……植馳擊敗之，進據尉犁，熙率羣下四萬人肉袒降於宣"。楊宣的進軍路線應自賁崙城（今七格星附近的唐王城古城或七格星古城），經鐵門（今鐵門關）、遮留谷（今塔什店與鐵門關間之哈滿溝，在鐵門之北），抵達尉犁（故址位於夏渴蘭旦古城，今庫爾勒南約6公里處）。

4. 楊宣之後，有呂光之西征，時在東晉孝武帝太元七年（382年）。[10]

《晉書·呂光載記》稱：呂光"行至高昌"，"乃進及流沙"，復"進兵至焉耆，其王泥流率其旁國請降。龜茲王帛純距光，光軍其城南，五里爲一營，深溝高壘，廣設疑兵，以木爲人，被之以甲，羅之壘上。帛純驅徙城外人入於城中，附庸侯王各嬰城自守"。呂光行軍路線，《資治通鑑·晉紀二七》胡注以爲：當"自玉門出，渡流沙，西行至鄯善，北行至車師"。這顯然是考慮到傳文明載呂光軍在抵達高昌之前先越流沙，而且呂光西征軍有鄯善、車師二王作嚮導。[11]

但是，如果考慮到鄯善王在大軍出發前已經病故，則呂光未取道鄯善也未可知，且自鄯善經由山國可直接赴焉耆[12]，未必繞道高昌，則呂光的行軍路線還存在其他可能。這就是說，呂光軍很可能是取敦煌石室所出《西州圖經》記載的"大海道"[13]：

> 右道出柳中縣界，東南向沙州一千三百六十里，常流沙，人行迷誤。有泉井，鹹苦。無草。行旅負水擔糧，履踐沙石，往來困弊。

果然，《晉書·呂光載記》敘事次序有誤。[14]"光乃進及流沙"云云，應在"行至高昌"之前。

當然，亦不排除呂光取"伊吾路"赴高昌的可能性。蓋據《周書·異域傳下》"高昌條"：

> 自燉煌向其國多沙磧，道里不可准記。唯以人畜骸骨及駝

馬糞爲驗。又有魑魅怪異。故商旅往來多取伊吾路云。

"取伊吾路"即自敦煌經伊吾（今哈密附近）至高昌。而據《大慈恩寺三藏法師傳》卷一，可知敦煌與伊吾間，有"莫賀延磧，長八百餘里，古曰沙河，上無飛鳥，下無走獸，復無水草"。也就是說，同樣要穿越流沙，纔能至高昌。

要之，呂光西征，很可能從敦煌出發，越流沙，行至高昌，復自高昌抵焉耆、龜茲。

三

僧俗求法路線爲兩漢魏晉南北朝正史採錄的僅北魏宋雲、惠生一例。[15]

據《魏書·西域傳》稱："熙平中，肅宗遣王伏子統宋雲、沙門法力等使西域，訪求佛經。時有沙門慧生者亦與俱行，正光中還。慧生所經諸國，不能知其本末及山川里數，蓋舉其略云。"傳文未載宋雲、惠生行程，但傳文有關諸國的臚列次序間接表明了這次西使的路線。

據載：渴槃陁國"在朱駒波（朱居）"西，鉢和國"在渴槃陁西"，波知國"在鉢和西南"，賒彌國"在波知之南"，烏萇國"在賒彌南"，乾陀國"在烏萇西"。這表明宋雲一行依次經過了朱駒波國、渴槃陁國、鉢和國、波知國、賒彌國、烏萇國、乾陀國。

按之《洛陽伽藍記》卷五所載"宋雲行紀",宋雲一行在朱駒波(朱居)和乾陀國之間的經歷如下:朱駒波(Karghalik之西)—漢盤陀國(Tāshkurghān)—鉢和國(Wakhan)—噘噠國(即《魏書·西域傳》所見嚈噠國,宋雲與王會晤之地在今Kunduz附近)—波知國—賒彌國(Chitrāl和Mastuj之間)—烏場國(Uḍḍiyāna)—乾陀羅國(Gandhāra)。由此可見,宋雲一行在到達鉢和國之後、進入波知國之前,曾經訪問嚈噠國。

之所以《魏書·西域傳》編者在轉載"宋雲行記"時抽掉"嚈噠國傳",是因為在《魏書·西域傳》中,"朱居國"以下文字祇是作為嚈噠傳的附錄被採入的。蓋當時朱居、鉢和、波知、賒彌、烏萇諸國均已役屬嚈噠,"在烏萇西"的乾陀國亦已"為嚈噠所破"。《魏書·西域傳》編者有意將《宋雲家記》中有關記述提取出來,結合其他資料,編成我們今天所見的"嚈噠國傳",是不難理解的。

四

明載依據商旅周遊之經歷記錄的通西域路線祇有《隋書·裴矩傳》傳裴矩《西域圖記》所載"三道"[16]:

> 發自敦煌,至于西海,凡為三道,各有襟帶。北道從伊吾,經蒲類海鐵勒部,突厥可汗庭,度北流河水,至拂菻國,

達于西海。其中道從高昌、焉耆、龜茲、疏勒,度葱嶺,又經鏺汗、蘇對沙那國、康國、曹國、何國、大、小安國、穆國,至波斯,達于西海。其南道從鄯善、于闐、朱俱波、喝槃陀,度葱嶺,又經護密、吐火羅、挹怛、忛延、漕國,至北婆羅門,達于西海。

《隋書·裴矩傳》稱:煬帝即位,"時西域諸蕃,多至張掖,與中國交市。帝令矩掌其事。矩知帝方勤遠略,諸商胡至者,矩誘令言其國俗山川險易,撰《西域圖記》三卷,入朝奏之"。由此可知,關於"三道"的信息是裴矩掌交市之際得諸來華西域商胡。

在《西域圖記》序中,裴矩也說:"爲《西域圖記》,共成三卷,合四十四國。仍別造地圖,窮其要害。從西頃以去,北海之南,縱橫所亘,將二萬里。諒由富商大賈,周遊經涉,故諸國之事罔不徧知。"事實上,《西域圖記》所載諸國,包括以上"三道"所列,既爲富商大賈"周遊經涉"所至者,本身無疑均如《西域圖記》序所言,爲"利盡西海,多產珍異",亦即因通"西海"而得貿易之利者。

五

1.《漢書·西域傳上》首次明確記錄了通西域的陸上交通路線:"自玉門、陽關出西域有兩道。從鄯善傍南山北,波河西行至莎車，爲南道；南道西踰葱嶺則出大月氏、安息。自車師前王廷隨北山，波河西行至疏勒，爲北道；北道西踰葱嶺則出大宛、康居、奄蔡焉。"這兩條路線至遲在李廣利伐宛時已經存在。這是整個兩漢魏晉南北朝時期中原和西域陸上交通的主要幹線。[17]

除了籠统的描述外，《漢書·西域傳》還詳細記載了西域各國王治去中原王朝都城（長安）之距離（有時還標明去陽關之距離）、去西域都護之距離、去周圍諸國王治距離。不僅如此，傳文所載西域諸國的次序也暗示了當時存在的交通路線。具體而言，全傳可分爲五大段。自第一國婼羌至第二十國大月氏（大夏）爲第一段，自第二十一國康居至第二十九國尉頭爲第二段，自第三十國烏孫至第三十八國焉耆爲第三段，自第三十九國烏貪訾離至第四十八國劫國爲第四段，第四十九國狐胡至第五十四國車師後城長國爲第五段。其實，第一段與第二段祇是一段。蓋據《史記·大宛列傳》，大月氏"北則康居"，故大月氏後逕接康居並不違例。第二段與第三段之間也沒有間隙，因爲尉頭之北便是烏孫。第四段本應與第五段相接，中間插入第四段亦即天山以北諸國，可能是爲了將有關車師的事情移至傳末，以便結束全文。[18]

2.《後漢書·西域傳》關於西域交通路線的主要記載如下："自敦煌西出玉門、陽關，涉鄯善，北通伊吾千餘里，自伊吾北通車師前部高昌壁千二百里，自高昌壁北通後部金滿城五百里。此其西域之門戶也，故戊己校尉更互屯焉。……自鄯善踰葱領出西諸國，有兩道。傍南山北，陂河西行至莎車，爲南道。南道西踰葱領，則出大月氏、安息之國也。自車師前王庭隨北山，陂河西行至疏勒，爲北道。北道西踰葱領，出大宛、康居、奄蔡焉。出玉門，經鄯善、且末、精絕三千餘里至拘彌。"與《漢書·西域傳》比較，增加了一條伊吾道。據同傳可知，伊吾道的利用始於明帝永平年間。[19]

和《漢書·西域傳》一樣，《後漢書·西域傳》也記載了西域諸國王治去中原王朝都城（洛陽）之距離、去西域長史之距離、去周圍諸國王治距離。傳文所載西域諸國的次序也暗示了當時存在的交通路線。全傳可分爲四大段。第一國拘彌至第十三國東離爲第一段，第十四國粟弋至第十六國奄蔡爲第二段，第十七國莎車至第十九國焉耆爲第三段，第二十國蒲類至第二十四國車師後國爲第四段。第一段是經由南道前往的各國，後三段是經由北道前往的各國。雖然決定各國先後次序的原則與《漢書·西域傳》同，但具體做法略有變通。分爲四道敍述則已開《魏書·西域傳》之先例。[20]

3. 董琬、高明西使的往返路線雖然不得其詳而知，但是這次西使卻帶回了有關當時西域、特別是通西域交通路線的最新情報。

《魏書·西域傳》序語對此有一段扼要的敍述："其出西域本有二道，後更爲四：出自玉門，渡流沙，西行二千里至鄯善爲一道；自玉門渡流沙，北行二千二百里至車師爲一道；從莎車西行一百里至葱嶺，葱嶺西一千三百里至伽倍爲一道；自莎車西南五百里葱嶺，西南一千三百里至波路爲一道焉。"其中，前二道應即《漢書·西域傳》所載南北道。第三、四兩道其實是南道的支線。

還可注意者：《魏書·西域傳》編者實際上是按照董、高所傳當時出西域的"四道"來排列所傳諸國的。傳文（罽賓以前）可分爲四大段：自鄯善至渠莎七國爲一段，可稱爲"鄯善道"；自車師至者舌二十八國爲一段，可稱爲"車師道"；自伽倍至大秦八國爲一段，可稱爲"伽倍道"；自阿鉤羌、波路至罽賓爲一段，可稱爲"波路道"。不言而喻，所傳諸國未必得諸董、高。而依據董、高所傳四道編撰諸國，說明四道已成爲時人之共識。

和《漢書·西域傳》一樣，《魏書·西域傳》也記載了西域諸國王治去中原王朝都城（代）之距離、去周圍諸國王治距離。

4.《魏略》雖非正史，但其"西戎傳"有關東西陸上交通路線的記載最爲豐富，故列述於後。據載：

    道從燉煌玉門關入西域，前有二道，今有三道。從玉門關西出，經婼羌轉西，越葱領，經縣度，入大月氏，爲南道。從玉門關西出，發都護井，回三隴沙北頭，經居盧倉，從沙西井轉西北，過龍堆，到故樓蘭，轉西詣龜茲，至葱領，爲中道。從玉門關西北出，經橫坑，辟三隴沙及龍堆，出五船北，到車師界戊己校尉所治高昌，轉西與中道合龜茲，爲新道。

同時，據所列三道羅列西域諸國。如："南道西行，且志國、小宛國、精絕國、樓蘭國皆并屬鄯善也。戎盧國、扜彌國、渠勒國、皮山國皆并屬于寘。罽賓國、大夏國、高附國、天竺國，皆并屬大月氏"，等等。[21]

但《魏略·西戎傳》關於交通路線的記載中最有價值的還是

自安息赴大秦的海道與陸道，茲據有關研究的結果概述如下：陸道自安息和櫝（Hecatompylos），經阿蠻（Ecbatana），抵斯賓（Ctesiphon），然後渡底格里斯河（經于羅）或幼發拉底河而上，至安谷城（敍利亞的 Antiochia），復北行至驢分（Propontis），西向跨越 Hellespont 海峽，經巴爾干等（所謂"海北"）地區，到達意大利半島。海道分爲南北：北道至安谷城後，截地中海而西，直達羅馬。南道從于羅（Hatra）渡幼發拉底河，至氾復（Damascus），或從思陶（Sittake）經旦蘭（Palmyra）至氾復，復自氾復經賢督（Jerusalem）、積石（Petra）抵澤散（亦作烏遲散丹，卽埃及亞歷山大），然後西北向乘船過地中海，亦至羅馬。南道以氾復爲樞紐。[22]

《魏略·西戎傳》有關東西交通路線的記載也是綜合各種資料而成，除了曹魏駐西域行政機構（戊己校尉和西域長史）的報告之外，可能還有求法僧俗的行記和商旅周遊的經歷，後兩者可以從傳文關於佛教傳說傳播的記錄和西域諸國（特別是大秦國）詳盡的物產記錄推知。

六

以上東西交通路線今日通稱爲"絲綢之路"。其實在兩漢魏晉南北朝時期，這些交通路線被載入史册，顯然不是因爲它們在東西貿易上發揮的功能，而是由於它們政治和軍事活動中所起的作用。

　　魏收記錄宋雲、惠生西使路程，旨在補充《魏書·西域傳》，所述路線主要依據"宋雲行紀"。而且宋雲另有政治使命，並不是僅僅爲了"訪求佛經"，即使釋惠生之求法，亦靈太后所遣。

　　《西域圖記》所載三道得自商賈，但裴矩記錄這三道是爲了迎合煬帝"勤遠略"，歸根結底還是政治的。至於《魏略·西戎傳》所錄路線無疑與當時東西貿易有關，這從傳文詳錄大秦等地物產可以推知；但這些路線被記錄下來，與其說是編者對貿易的興趣，不如說是對"殊俗"和朝貢的興趣所致。

　　當然，兩漢魏晉南北朝正史關於交通路線的記載偏重政治、軍事，並不影響這些交通路線在客觀上承擔著所謂"絲綢之路"的作用。

■ 注釋

[1] 參看余太山《兩漢魏晉南北朝與西域關係史研究》，中國社會科學出版社，1995年，pp. 203-213。

[2] 參看注1所引余太山書，pp. 214-220。

[3] 參看余太山《嚈噠史研究》，齊魯書社，1986年，pp. 217-244。

[4] 參看余太山"隋與西域諸國關係述考"，《文史》第69輯（2004年），pp. 49-57。

[5] 參看余太山《塞種史研究》，中國社會科學出版社，1992年，pp. 70-81。

[6] 說見陳夢家《漢簡綴述》，中華書局，1980年，pp. 212-215。

[7] 參看注5所引余太山書，pp. 96-98。

[8] 參看藤田豐八"大宛の貴山城と月氏の王庭"，《東西交涉史の研究・西域篇》，東京：荻原星文館，1943年，pp. 1-43。

[9] 參看注1所引余太山書，pp. 123-127。

[10] 參看注1所引余太山書，pp. 135-140。

[11] 據《晉書・苻堅載記下》，太元八年，呂光發長安，堅"加鄯善王休密馱使持節、散騎常侍、都督西域諸軍事、寧西將軍，車師前部王彌寶使持節、平西將軍、西域都護，率其國兵爲光鄉導"。而《晉書・藝術傳》"郭黁條"載："鄯善及前部王朝於苻堅，西歸，鄯善王死于姑臧。"由此可見呂光向導者僅彌寶一人。

[12] 據《漢書・西域傳下》，山國"西北至焉耆百六十里……東南與鄯善［接］"。《法顯傳》即載法顯自鄯善國"復西北行十五日，到焉夷國"，"焉夷"即"焉耆"。

[13] 參看嶋崎昌"西域交通史上の新道と伊吾道"，《隋唐時代の東トゥルキスタン研究——高昌國史研究を中心として——》，東京大學出版社，1977年，pp. 467-493；黃烈"'守白力'、'守海'文書與通西域道路的變遷"，《中國古代民族史研究》，人民出版社，1987年，pp. 431-458。

[14] 《晉書》類似的例子尚有。參看馬雍"新疆所出佉盧文書的斷代問題——兼論樓蘭遺址和魏晉時期的鄯善郡"，《西域史地文物叢考》，文物出版社，1990年，pp. 89-111。

[15] 參看本書上卷第三篇。

[16] 參看本書上卷第四篇。

[17] 參看注 1 所引余太山書，pp. 221-232。

[18] 參看注 1 所引余太山書，pp. 95-108。

[19] 同注 17。

[20] 同注 18。

[21] 參看余太山《兩漢魏晉南北朝正史西域傳要注》，中華書局，2005 年，pp. 327-367。

[22] 參看注 5 所引余太山書，pp. 182-209。

下卷

一 希羅多德《歷史》關於草原之路的記載

希羅多德（Herodotus）《歷史》（*The History*）[1]一書關於早期歐亞草原民族遷徙及其分佈的記載暗示當時歐亞草原存在一條交通路線。本文擬在前人研究的基礎上探討涉及的一些問題。

一

希羅多德的有關記載始於黑海以北，據云：

從包律斯鐵涅司人（Borysthenites）的商埠（這地方位於全斯基泰沿海的正中）向北，最近的居民是希臘斯基泰人（Greek Scythia）也就是卡里披達伊人（Callippidae）。而在他們的那面，是另一個稱為阿拉佐涅斯（Alazones）的部落。這個部落和卡里披達伊人，雖然在其他的事情上有著和斯基泰人相同的風俗，但他們卻播種和食用麥子、洋葱、大蒜、扁豆、小米。在阿拉佐涅斯人的上方，住著耕作的斯基泰人（ploughing Scythians），他們種麥子不是爲了食用，而是爲了出售。在這些人的上方是涅烏里司人（Neuri），涅烏里司人的上方，據我們所知，乃是無人居住的地帶。以上乃是沿敍帕尼司河（Hypanis）、包律斯鐵涅司河（Borysthenites）以西的諸民族。(IV, 17)

這一節敍述敍帕尼司河流域，直至包律斯鐵涅司河以西諸族。

一般認爲，敍帕尼司河卽今 Bug（Bagos）河，而包律斯鐵涅司河卽今 Dnieper 河，兩河在同一個海灣入海，所謂"包律斯鐵涅司人的商埠"可能指 Olbia，位於今 Bug-Dnieper 河口，是當時主要的商埠之一。居於這一商埠附近的所謂"希臘斯基泰人"卽卡里披達伊人可能是希臘和斯基泰人的混血種。[2]

卡里披達伊人以遠是阿拉佐涅斯人，阿拉佐涅斯人以北是所謂"耕作的斯基泰人"。兩者以埃克撒姆派歐斯（Exampaeus）苦泉爲界。希羅多德在另一處敍及敍帕尼司河在入海前四天航程裏，因有一條苦泉流入，使河水變苦：

這個苦泉是在農業斯基泰（agricultural Scythians）和阿拉佐涅斯人之間的國境地方，苦泉流出的地點的名稱在斯基泰語是埃克撒姆派歐斯，用希臘語來說則是"聖路"（Sacred Ways）的意思。苦泉的名字也是這樣。杜拉斯河（Tyras）和敍帕尼司河在阿拉佐涅斯人的地方相互離得很近，但是從這裏再向前就各自分離，在兩河之間留下了很寬闊的一片土地。(IV, 52)

這裏所謂"農業斯基泰"顯然是前引"耕作的斯基泰"，與下節所謂"農業斯基泰"（Georgi）似乎有別。關於苦泉，希羅多德還說：

在包律斯鐵涅司河和敍帕尼司河之間有一塊叫作埃克撒姆派歐斯的地方；在前面我就說過從這裏有苦水泉流出來，結果使得敍帕尼司河的河水無法飲用。(IV, 81)

可知苦泉的發源地埃克撒姆派歐斯在敍帕尼司河右岸。

既然杜拉斯河即今 Dniester 河，則阿拉佐涅斯人居地可求諸 Dniester 河與 Bug 河"相互離得很近"之處，即 Bug 河中游左岸。苦泉的發源地埃克撒姆派歐斯在今 Bug 河右岸，一般認為在 Bogopol 村。由於在 Bug 河的草原地帶沒有發現可以認為屬於"耕作斯基泰"的定居遺址，一些學者認為"耕作的斯基泰"的居地應在 Dnieper 河和 Bug 河之間的森林草原地帶。[3]

"耕作的斯基泰"以遠是所謂涅烏里司人。希羅多德在別處記載：

這條河（杜拉斯河）發源於北方，最初是從位於斯基泰領地與涅烏里司領地交界地帶的一個大湖流出：在河口的地方有

一個被稱爲杜拉斯人的希臘人的居留地。(IV, 51)

由此可知涅烏里司人的居地當位於今杜拉斯河即 Dniester 河發源地的西北、今波蘭和立陶宛之間。

希羅多德接著記載包律斯鐵涅司河以東諸族：

> 越過包律斯鐵涅司河，則離海最近的是敘萊亞人（Hylae）。在這些人的上方住著農業斯基泰人（agricultural Scythians），居住在敘帕尼司河河畔的希臘人則稱他們爲包律斯鐵涅司，但他們自己則是自稱爲歐爾比亞（Olbiopolis）市民。這些農業斯基泰人所居住的地方，向東走三天的路程便到達龐提卡佩司河（Panticapes），向北則溯包律斯鐵涅司河而上可行十一日；從這裏再向北則是一大片無人居住的土地了。從這片荒漠之地再向上，便是昂多羅帕哥伊人（Androphagi）居住的地區。這些人和斯基泰人完全不同，他們形成一個獨特的民族。從他們再向上，則是道道地地的沙漠了，而據我們所知，那裏是沒有任何一個民族居住的。(IV, 18)

其中，敘萊亞人居地去海最近。敘萊亞人以遠是"農業斯基泰人"，其人既自稱"歐爾比亞市民"，很可能遷自 Olbia 附近。蓋據希羅多德：

> 第五條稱爲龐提卡佩司的河，這條河與包律斯鐵涅司河一

樣，它的水流也是從北向南的。它的發源地是一個湖。在這條河與包律斯鐵涅司河之間的土地上住著農業斯基泰人。龐提卡佩司河流入了敍萊亞地方，而在流過敍萊亞之後便流入包律斯鐵涅司河裏去了。(IV, 54)

可見龐提卡佩司河當在包律斯鐵涅司河之東，發源於一個湖，流入包律斯鐵涅司河。這些"農業斯基泰人"的居地應在包律斯鐵涅司河下游左岸、敍萊亞人居地之北。

"農業斯基泰人"以遠是昂多羅帕哥伊人（意爲"食人者"）。其居地當在包律斯鐵涅司河上游當時一片無人區之北或東北。

接著，希羅多德敍述了遊牧斯基泰人的分佈：

但是從斯基泰農民的地區向東，渡過龐提卡佩司河，你便走到斯基泰遊牧民的地區了。他們既不播種，又不耕耘。除去敍萊亞的地區以外，所有這一帶地方都是不長樹木的。這些遊牧民的居住地向東一直擴展到蓋羅司河 (Gerrhus)，這之間的距離是十四天的路程。(IV, 19)

在蓋羅司河的那一面，則是被稱爲王族領地的地方，住在這裏的斯基泰人人數最多也最勇武，他們把所有其他的斯基泰人都看成是自己的奴隸。他們的領土向南一直伸展到陶利卡 (Tauric) 地方，向東則到達盲人的兒子們所挖掘的壕溝以及麥奧塔伊 (Mœetian) 湖上稱爲克列姆諾伊 (Cremnoi) 的商埠。而他們的一部分則伸展到塔納伊司河 (Tanaïs)。在王族斯基泰人的上部即北方住著不是斯基泰人，而是屬於另一個民族的美蘭克拉伊諾伊族（Melanchlaini）。而過去美蘭克拉伊諾伊族所居住的地方，則據我們所知，是一片無人居住的沼澤地帶了。（IV, 20）

由此可見，龐提卡佩司河是"農業斯基泰人"和遊牧斯基泰人的天然界限。遊牧斯基泰人的領地向東擴展至蓋羅司河，河東爲王族斯基泰的領地。[4]

一般認爲，敍萊亞人居地靠近黑海（Black Sea）、在 Dnieper 河下游左岸。該處可能一度林木茂盛；Hylae，原意爲"森林地帶"。

由於龐提卡佩司河的地望，迄今不能比定，農業斯基泰人的居地也就無從確認，祇能說大致在 Dnieper 河中下游流域。而"農業斯基泰人"以遠昂多羅帕哥伊人的居地當在 Dnieper 河上游。

雖然蓋羅司河的地望也難以確定[5]，但"陶利卡"即今克里米亞半島，麥奧塔伊湖即今亞速海，"克列姆諾伊的商埠"在今 Taganrog 附近。可見遊牧斯基泰的領地可能在 Don 河下游右岸。王族斯基泰的領地向東直至塔納伊司河即今 Don 河。[6] 至於美蘭克拉伊諾伊的居地，當已在伏爾加河上游地區。

以上所述諸族均在今 Don 河以西。[7]

二

據希羅多德記載："越過塔納伊司河之後，便不再是斯基泰了；渡河之後，首先到達的地區就是屬於撒烏羅瑪泰伊人（Sauromatians）的地區，他們的地區開始在麥奧塔伊湖的凹入的那個地方，向北擴展有十五天的路程，在這塊地方既沒有野生的、也沒有人工栽培的樹木。"（IV, 21）這是說撒烏羅瑪泰伊人和斯基泰以塔納伊司河為界，其居地始自奧提斯湖東岸。

關於撒烏羅瑪泰伊人，希羅多德在另一處記載說：

> 這條河（塔納伊司河）原來發源於一個大湖，而流入一個更大的、稱為麥奧塔伊的大湖。這個湖則是王族斯基泰人和撒烏羅瑪泰伊人的交界。還有另外一條叫作敘爾吉司（Hyrgis）的支流也是注入塔納伊司河的。（IV, 57）

據此，撒烏羅瑪泰伊人居地西起頓河左岸的支流 Manich 河延伸至 Saratov 南部 Volga 河畔。[8]

希羅多德接著記載："在他們的上方的第二個地區住著布迪諾伊人（Budinoi），他們居住的地方到處長著各種茂密的樹木。"（IV, 21）[9] 布迪諾伊人居地不妨認為自 Saratov 向北延伸至 Syzran 北部。[10]

希羅多德在另一處記載："布迪諾伊人是一個人口眾多的大民族。他們都有非常淡的青色的眼睛和紅色的頭髮。他們有一座木造的城市,稱爲蓋洛諾斯(Gelonus)。它的城牆每一面是三十斯塔迪昂長,城牆很高而且完全是木頭修造的。"(IV, 108)此處提及的蓋洛諾斯城,考古學界一般認爲在今烏克蘭 Belsk 遺址。[11]

希羅多德接著記載:"在布迪諾伊人以北,在七天的行程中間是一片無人居住的地區。過去這一片荒漠地帶稍稍再向東轉,住著杜撒該塔伊人(Tyssagetae),這是一個人數眾多而單獨存在的民族,他們是以狩獵爲生的。"(IV, 22)同書另一處亦有類似的記載:

> 在波斯人穿過斯基泰人和撒烏羅瑪泰伊人的土地的時候,那裏並沒有任何可供他們蹂躪的東西,因爲那裏已是一片荒蕪的不毛之地了。但是當他們進入布迪諾伊人的土地的時候,他們看到了一座木造的城市;不過布迪諾伊人已經放棄了這座城並且什麼東西也沒有留在裏面,於是波斯人便把這座城燒掉了。這之後,波斯人繼續向前跟蹤追擊騎兵,他們經過了這個地區而進入了沒有人煙的荒漠地帶。這片地區在布迪諾伊人的北面而它的寬度是七日的行程。在這個荒漠地帶的那一面則住著杜撒該塔伊人;從他們那裏流出了四條大河流,它們流經麥奧塔伊人(Mœetians)的土地而注入所謂麥奧塔伊湖。這四條大河的名字是呂科斯河(Lycus)、歐阿洛司河(Oarus)、塔納伊司河、西爾吉司河(Syrgis)。(IV, 123)

布迪諾伊人以北的荒漠,一說乃自 Ural 沙漠向 Great Irgiz 以北延伸的部分，即 Obshchy Sirt 地區。這是說杜撒該塔伊人居地始自 Orenburg。[12]

至於注入麥奧塔伊湖的四條大河中，除塔納伊司河無疑指今 Don 河外，一般認爲歐阿洛司河應指伏爾加河。Syrgis 河應該就是前文所見敍爾吉司河即今 Donetz 河。果然，則此處希羅多德混淆了黑海和裏海。

希羅多德接著記載："緊接著這些人（杜撒該塔伊人）並在同一地區還住著一個叫作玉爾卡依（Iyrcae）的民族。"和杜撒該塔伊人一樣，玉爾卡依人"也是以狩獵爲生的"（IV, 22）[13]。據此，一說玉爾卡依人居地當在 Tobol 與 Ishim 之間。[14]

希羅多德又載：越過杜撒該塔伊人和玉爾卡依人"居住的地方再稍稍向東，則又是斯基泰人居住的地方了，他們是謀叛了王族斯基泰人之後，纔來到這裏的"（IV, 22）。據此，一說斯基泰別部的居地當在 Akmolinsk 的草原地帶。[15]一說當在 Semipalatinsk 附近。[16]

至此，希羅多德就地貌小結："直到這些斯基泰人所居住的地區，上面所說到的全部土地都是平原，而土層也是很厚的；但是從這裏開始，則是粗糙的和多巖石的地帶了。"（IV, 23）這是說自斯基泰別部的居地往東不復是平原，一般認爲已經進入今哈薩克北部的丘陵地帶。[17]

接著，希羅多德又載：

過去很長的這一段粗糙地帶，則有人居住在高山的山腳之下，這些人不分男女據說都是生下來便都是禿頭的。他們是一個長著獅子鼻和巨大下顎的民族。他們講著他們自己特有的語言，穿著斯基泰的衣服，他們是以樹木的果實爲生的。他們藉以爲生的樹木稱爲"彭提孔（ponticum）"，這種樹的大小約略與無花果樹相等，它的果實和豆子的大小相仿佛，裏面有一個核。當這種果實成熟的時候，他們便用布把它的一種濃厚的黑色汁液壓榨出來，而他們稱這種汁液爲阿斯庫（aschy）。他們舔食這種汁液或是把它跟奶混合起來飲用，至於固體的渣滓，他們就利用來做點心以供食用。由於那個地方的牧場不好，因此他們祇有爲數不多的畜類。他們每人各居住在一棵樹下，到冬天則在樹的四周圍上一層不透水的白氈，夏天便不用白氈了。（由於這些人被視爲神聖的民族，）因此沒有人加害於他們。他們也沒有任何武器。在他們的鄰國民衆之間發生糾紛時，他們是仲裁者。而且，任何被放逐的人一旦請求他們的庇護，這個人便不會受到任何人的危害了。他們被稱爲阿爾吉派歐伊人（Argippaei）。（IV, 23）

禿頭的阿爾吉派歐伊人所居"高山"，按照比較可信的考證，應指今阿爾泰山。[18]

阿爾吉派歐伊人"長著獅子鼻和巨大下顎"，似乎是蒙古利亞種的體貌，"禿頭"也許就是中國史籍所謂"髡頭"。[19]他們有"自己特有的語言"，所舉"彭提孔（ponticum）"和"阿斯庫（aschy）"，一說分別屬伊朗語和阿爾泰語言。[20]果然，則其人很可能操阿爾泰語言，祇因接觸斯基泰人，纔吸收了若干伊朗語彙，從他們的衣服亦可見來自斯基泰的影響。因此，阿爾吉派歐伊人可能就是《史記·匈奴列傳》所見"呼揭"人。[21] 蓋"呼揭" [xa-kiat] 得視爲 Argippaei 之略譯，而遲至公元前二世紀末呼揭人居地尚在今阿爾泰山南麓[22]，不排除它登上歷史舞臺的時間早至公元前七世紀的可能性。

秃頭人以東的信息，在希羅多德看來便屬於傳說性質了。他說：

> 大家所知道的地方，就到以上的人們所居住的地帶爲止。但是在秃頭者的那一面情況如何，便沒有人確實地知道了。因爲高不可越的山脈遮斷了去路而沒有一個人曾越過這些山。這些秃頭者的說法，我是不相信的。他們說，住在這些山裏的，是一種長著山羊腿的人，而在這種人的居住地區的那一面，則又是在一年當中要睡六個月的民族。這個說法我認爲也是絕對不可相信的。(IV, 25)

所謂"長著山羊腿的人"，類似《魏略·西戎傳》所見"馬脛國"：

> 北丁令有馬脛國，其人音聲似雁鶩，從膝以上身頭，人也，膝以下生毛，馬脛馬蹄，不騎馬而走疾馬，其爲人勇健敢戰也。

這些也許是對於特別善走之人的稱呼。至於出現一睡半年的民族的傳說，或者是因爲居地有半年左右處於嚴寒季節[23]，居民祇能足不出戶的緣故。

三

希羅多德在對"長著山羊腿的人"和"一年當中要睡六個月的民族"表示懷疑之後，卻接著說："在禿頭者以東的地方，則我們確實知道是住著伊賽多涅斯人（Issedones）。不拘是禿頭族，還是伊賽多涅斯人，除去他們自己所談的以外，在他們北方情況如何我們是什麼也不知道的。"（IV, 25）仿佛爲伊賽多涅斯人的存在提供證據，他還對其人的習俗作了如下描述：

> 據說伊賽多涅斯人有這樣的一種風俗。當一個人的父親死去的時候，他們所有最近的親族便把羊帶來，他們在殺羊獻神並切下他們的肉之後，更把他們主人的死去的父親的肉也切下來與羊肉混在一起供大家食用。至於死者的頭，則他們把它的皮剝光，擦淨之後鍍上金；他們把它當作聖物來保存，每年都要對之舉行盛大的祭典。就和希臘人爲死者舉行年忌一樣，每個兒子對他的父親都要這樣做。至於其他各點，則據說這種人是一個尊崇正義的民族，婦女和男子是平權的。（IV, 26）

至於伊賽多涅斯人，既在"禿頭者"即阿爾吉派歐伊人所傍高山的另一側，其居地勢必求諸阿爾泰山之東，不妨認爲在天山東端今哈密一帶。該處是後來《史記·大宛列傳》所見烏孫之故地。[24] 希羅多德所載伊賽多涅斯人不妨視爲烏孫之前身 Asii，或者說是後來烏孫的主要族源。蓋 Issedones 可以視作 Asii 或"烏孫"[a-siuən] 之對譯。[25]

問題在於以上關於伊賽多涅斯人居地位置的判斷與希羅多德在另一處的敍述並不一致：

> 瑪薩革泰人（Massagetae）據說是一個勇武善戰的強大民族，他們住在東邊日出的地方，住在阿拉克賽斯河（Araxes）對岸與伊賽多涅斯人相對的地方。(I, 201)

阿拉克賽斯河即今錫爾河，故與錫爾河北岸瑪薩革泰人居地相對的伊賽多涅斯人居地祇能在今伊犁河、楚河流域。

欲調和這兩種矛盾的記載，祇能認爲伊賽多涅斯人可以追溯的故地在天山東端，而伊犁河、楚河流域的伊賽多涅斯人乃遷自天山東端。蓋希羅多德在追溯斯基泰人的歷史時，曾利用不同來源的資料記述了歐亞草原發生的一次民族遷徙。他在一處說：

> 居住在亞細亞（Asia）的遊牧的斯基泰人由於在戰爭中戰敗而在瑪薩革泰人的壓力之下，越過了阿拉克賽斯河，逃到了奇姆美利亞人（Cimmerians）的國土中去，因爲斯基泰人現在

居住的地方據說一向是奇姆美利亞人的土地。而奇姆美利亞人看到斯基泰人以排山倒海的軍勢前來進擊，大家便集會了一次以商議對策，在會議上他們的意見是有分歧的；雙方都堅持自己的意見，但王族的意見卻是更要英勇些。民衆認爲他們應該撤退，因爲他們完全沒有必要冒著生命的危險來與這樣的一支佔絕對優勢的大軍相對抗，但是王族則主張保衛他們的國家而進行抗擊侵略者的戰爭。任何一方都不能爲對方所說服，民衆不能爲王族說服，王族也不能爲民衆所說服；因爲一方打算不戰而退並把國家交給自己的敵人，但是王族卻決心在他們自己的土地上戰死而不和民衆一同逃跑，因爲他們想到他們過去曾何等幸福過，現在如果他們逃離祖國的話，他們會遭到怎樣的厄運。既然都下了這樣的決心，他們便分成了人數相同的兩方面交起鋒來，直到王族完全給民衆殺死的時候。然後奇姆美利亞人的民衆便把他們埋葬在杜拉斯河的河畔。他們的墳墓直到今天還可以看到。埋葬之後，他們便離開了他們的國土。斯基泰人到這裏來攻取它的當時，國內已經沒有人了。(IV, 11)

直到今天在斯基泰（Scythians country）還殘留著奇姆美利亞的城牆和一個奇姆美利亞的渡口，還有一塊叫作奇姆美利亞的地方和一個稱爲奇姆美利亞的海峽（Cimmerian Bosorus）。此外，還可以非常清楚地看到，奇姆美利亞人在他們爲躲避斯基泰人而逃往 Asia 時，確也曾在今日希臘城市西諾佩（Sinope）建城所在的那個半島上建立了一個殖民地；而且顯而易見的是，斯基泰人曾追擊他們，但是迷失道路而攻入了美地亞（Medes）。原來奇姆美利亞人是一直沿著海岸逃跑的，但斯基泰人追擊時卻是沿著右手的高加索（Caucasus）前進的，因此他們最後竟把進路轉向內地而進入了美地亞的領土。這裏我說的是希臘人和異邦人同樣敍述的另一種說法。(IV, 12)

在另一處說：

另一方面，普洛孔涅索斯人（Proconnesus）卡烏斯特洛比歐斯（Caÿstrobius）的兒子阿利斯鐵阿斯（Aristeas）在他的敍事詩裏又說，當時被阿波羅（Apollo）所附體的阿里斯鐵阿斯一直來到了伊賽多涅斯人的土地。在伊賽多涅斯人的那面住著獨眼的阿里瑪斯波伊人（Arimaspians），在阿里瑪斯波伊人的那面住著看守黃金的格里芬（griffins），而在這些人的那面則又是領地一直伸張到大海的極北居民。除去敍佩爾波列亞人（Hyperboreans）之外，所有這些民族，而首先是阿里瑪斯波伊人，都一直不斷地和相鄰民族作戰；伊賽多涅斯人被阿里瑪斯波伊人趕出了自己的國土，斯基泰人又被伊賽多涅斯人所驅逐，而居住在南海（這裏指黑海——譯者）之濱的奇姆美利亞人又因斯基泰人的逼侵而離開了自己的國土。(IV, 13)

以上兩種不同來源的傳說其實描述了同一次遷徙。兩者所述斯基泰人最後的居地位置相同——黑海之濱，亦即結果相同，可以證明這一點。因此，實際上可能是伊賽多涅斯人戰勝了瑪薩革泰人，後者又戰勝了斯基泰人，迫使斯基泰人侵入了奇姆美利亞人的居地。斯基泰人所受壓力直接來自瑪薩革泰人，間接來自伊賽多涅斯人。[26]

在以上關於黑海以遠諸族分佈情況的記述中，希羅多德儘管對於有關阿爾吉派歐伊人所傍"高不可越的山脈"另一側的消息均表示"不可相信"，唯獨聲稱"在禿頭者以東的地方，則我們確實知道是住著伊賽多涅斯人"，無疑是因為阿利斯鐵阿斯在他的敘事詩中言之鑿鑿的緣故。

至於希羅多德所述居於阿爾吉派歐伊人以東者，如果不是指遷往伊犁河和楚河流域前、居於天山東麓故地的伊賽多涅斯人，就祇能是指遷往伊犁河和楚河流域之後、殘留於天山東麓故地的伊賽多涅斯人餘衆。伊賽多涅斯人自天山東端西遷至伊犁河、楚河流域與後來烏孫人的遷徙經由如出一轍。[27]

事實上，希羅多德（IV, 16 以下）所述黑海以遠諸族的佈局正是阿利斯鐵阿斯所記波及大部分歐亞草原的那次多米諾式的民族遷徙的結果，所述斯基泰人居地的位置可以為證。同樣，瑪薩革泰人居於阿拉克賽斯河對岸，與伊賽多涅斯人相對，也祇能是這次遷徙的結果。

不管怎樣，客觀上希羅多德關於伊賽多涅斯人居地的記載並無牴牾之處。

至於伊賽多涅斯人以遠，希羅多德僅僅記載：

但是在這些人以北的情況，則伊賽多涅斯人說過獨眼族和看守黃金的格里芬的事情。這是斯基泰人講的，而斯基泰人則又是從他們那裏聽來的；而我們又把從斯基泰那裏聽來的話信以爲眞並給這些人起一個斯基泰的名字，卽阿里瑪斯波伊人。因爲在斯基泰語當中，阿里瑪（ριμα）是一，而斯波（σπο）是眼睛的意思。(IV, 27)

"獨眼族和看守黃金的格里芬"的消息均由阿利斯鐵阿斯得自伊賽多涅斯人。[28]

居地更在伊賽多涅斯人之東的"獨眼族"卽阿里瑪斯波伊人似乎可以推定和中國史籍所見匈奴同源。[29] 蓋無獨有偶，中國典籍中也有關於獨目人的記載。如《山海經·海內北經》："鬼國在貳負之尸北，爲物人面而一目。一曰貳負神在其東，爲物人面蛇身。"《山海經·海外北經》："一目國在其東，一目中其面而居。一曰有手足。"《山海經·大荒北經》："有人一目，當面中生，一曰是威姓，少昊之子，食黍。"郝懿行注："此人卽一目國也。"又《淮南子·墬形訓》："自東北至西北方有……一目民。"已有人指出，這個威 [iuəi] 姓的一目國便是鬼方。被稱爲"一目"是由於面罩遮蓋了鼻、嘴，僅留一孔顯露其目之故。[30]

鬼方，在中國史籍中又記作"緄戎"。[31] 而據《史記·秦本紀》，穆公"三十七年（前623年）秦用由余謀伐戎王，益國十二，開地千里，遂霸西戎"。又，《史記·匈奴列傳》載："秦穆公得由余，西戎八國服於秦。故自隴以西，有緜諸、緄戎、翟、豲之戎，岐、梁山、涇、漆之北有義渠、大荔、烏氏、朐衍之戎，而晉北有林胡、樓煩之戎，燕北有東胡、山戎。各分散居谿谷，自有君長，往往而聚者百有餘戎，然莫能相一。"由此可知穆公所逐諸族中包括"緄戎"。

既然伊賽多涅斯人是因爲受到了獨眼的阿里瑪斯波伊人的驅趕纔離開自己的居地，阿里瑪斯波伊人應該就是中國史籍所見"鬼方"或"緄戎"。很可能正是秦穆公的這次開疆拓土引起了上述希羅多德記載的歐亞草原上游牧部落多米諾式的遷徙。[32]

至於格里芬，似乎是希臘人根據阿爾泰山盛產黃金的傳説馳騁想象的結果，不足深究。[33]

在敍述格里芬以後，希羅多德接著説：

> 但是關於斯基泰人所説的、充滿空中從而使任何人都不能夠看到或穿越那邊的土地上去的羽毛，我的看法是這樣的。[34]在那個地方以北，雪是經常下的，雖然在夏天，不用説雪是下得比冬天少的。凡是在自己的身邊看過下大雪的人，他自己是會瞭解我這話的意思的，因爲雪和羽毛是相像的。而這一大陸北方之所以荒漠無人，便是由於我所説的。這樣嚴寒的冬天。因此，我以爲斯基泰人和他們的鄰人在談到羽毛時，不過是用它來比喻雪而已。以上我所説的，就是那些據説是最遼遠的地方。(IV, 31)

這裏所説空中充滿羽毛的地方，也可以和中國史籍的記載印證。

蓋據《穆天子傳》卷三，穆王西行至西王母之國，"觴西王母于瑤池之上"，瑤池之旁，"爰有陵衍平陸，碩鳥解羽。……六師之人翔畋于曠原，得獲無疆。……天子於是載羽百綍"。這是說周穆王率領其六師在距瑤池不遠的一個遼闊的平原上舉行了大規模的狩獵活動，這裏有無數大鳥在湖邊解脫它們的羽毛，穆王裝載這種珍貴的鳥羽達百車之多。看來希羅多德把羽毛理解爲雪花的比喻未必正確。瑤池，可能指今齋桑泊。[35]

儘管希羅多德認爲空中充滿羽毛的地方已是"最遼遠的地方"了，但他還是提到了更加遙不可及的"極北地區的居民"：

> 至於極北地區的居民，不拘是斯基泰人還是這些地方的其他任何居民都沒有告訴過我們任何事情，祇有伊賽多涅斯人或者談過一些。但是在我看來，甚至伊賽多涅斯人也是什麽都沒有談。因爲什麽呢，原來，若不是這樣的話，斯基泰人也會像他們提到獨眼族時一樣地提到他們了。但是赫西奧德（Hesiod）曾談到極北居民，荷馬在他的敍事詩埃披戈諾伊（Epigoni）裏，如果這果真是荷馬的作品的話，也談到過極北居民。(IV, 32)

這裏所謂"極北地區的居民"，應該就是前引阿里斯鐵阿斯所言格里芬以遠、"領地一直伸張到大海的極北居民"。阿里斯鐵阿斯稱之爲敍佩爾波列亞人，意爲"朔風以外"的人。敍佩爾波列亞人見於希臘神話，生活於色雷斯以北遙遠的地方，他們的國土富饒美麗，陽光永遠明媚。旣然其人遠在阿里瑪斯波伊人以遠，阿里斯鐵阿斯所傳聞的"極北地區的居民"，客觀上可能指中國人。[36] 考慮到希羅多德常見的方向判斷方面的錯誤，這裏的"極北"，不妨理解爲遠東。

四

希羅多德接下來的記載雖然不改傳說的性質，但對於我們正在討論的問題具有特殊的意義：

> 但是關於他們（極北居民）的事情，狄羅斯人（Delians）談的比其他任何人都要多得多。他們說，包在麥草裏面的供物都是從極北居民那裏搬到斯基泰來的。當他們過了斯基泰之後，每一個民族便依次從他們的鄰人那裏取得它們，一直到亞得里亞海（Adriatic），這是它們的行程的最西端。從那裏又把它們向南傳送，在希臘人當中第一個接受它們的是多鐸那人（Dodona）。從多鐸那人那裏又下行到瑪里阿科斯灣（Melian Gulf = Maliakos Gulf），更渡海到埃烏波亞（Euboea）。於是一個城邦便傳到另一個城邦而一直到卡律司托斯（Carystus）；在這之後，卻略過了安多羅斯（Andoros），因爲卡律司托斯人把它們帶到鐵諾斯（Tenos），而鐵諾斯人又把它們帶到狄羅斯的。因此，他們說，這些供物便來到了狄羅斯。（IV, 33）

以上所述分明是一條貿易路線：從極北居民到黑海以北的斯基泰，從斯基泰到亞得里亞海，再從亞得里亞海南赴希臘各城邦。

此前，希羅多德在談到禿頭者（Baldies）也說：

> 直到這些禿頭者（Baldies）所居住的地方，這一帶土地以及居住在他們這邊的民族，我們是知道得很清楚的。因爲在斯基泰人當中，有一些人曾到他們那裏去過，從這些人那裏是不難打聽到一些消息的。從包律斯鐵涅司商埠和黑海其他商埠的希臘人那裏也可以打聽到一些事情。到他們那裏去的斯基泰人和當地人是借著七名通譯，通過七種語言來打交道的。（IV, 24）

這也說明他的消息來源爲斯基泰人和希臘人，更言明後者來自"包律斯鐵涅司商埠和黑海其他商埠"。因此，不妨認爲這些提供消息的希臘人和斯基泰人都是商人，而上述一系列部族被希臘人知悉是因爲他們和希臘人做生意，而聯結這些部族的通道在某種意義上便是當時的商道。至於斯基泰人、希臘人和這些部族打交道時所用的"七種語言"，可能指前述撒烏羅瑪泰伊人[37]、布迪諾伊人[38]、蓋洛諾斯人、杜撒該塔伊人、玉爾卡依、斯基泰別部和阿爾吉派歐伊人使用的語言。其中斯基泰別部所操可能有別於斯基泰人的語言。[39]

要之，希羅多德的敍述大致描述了當時歐亞草原上諸族的分佈，其範圍西起多瑙河流域，東至阿爾泰山、天山。上述諸族之所以進入希羅多德的視野，除了他們的遷徙活動外，無疑是因爲它們處於當時歐亞草原的交通線上。事實上，將從極北居民到黑海以北的斯基泰諸族所處位置串聯起來，便構成了所謂"斯基泰貿易之路"，亦即最早的歐亞草原之路。

■ 注釋

[1] D. Grene, tr., Herodotus, *The History*. The University of Chicago, Translated by David Grene, Chicago & London, 1987. 案：本文所引希羅多德有關記載悉據此書，而採用王以鑄的漢譯文（商務印書館，1985年），略有更改。

[2] W. W. How, J. Wells, *A Commentary on Herodotus*, vol. 1-2, with Introduction and Appendixes. Oxford 1912, pp. 308-309. 一說"希臘斯基泰人"的居地在 Southern Bug 河口的沿海地帶，並向 Odessa 地區延伸，可能抵達 Dniester 河口，見 T. Sulimirski, "The Scyths." *The Cambridge History of Iran*, vol. 2. CUP, 1985, pp. 149-199。

[3] A. I. Melyukova, "The Scythians and Sarmatians." In D. Sinor, ed., *The Cambridge History of Early Inner Asia*, Cambridge, 1990, pp. 97-117.

[4] 一說王族斯基泰在 Dnieper 河以東直至頓河以及 Crimean 的草原地帶，遊牧斯基泰的領地在 Dnieper 河灣以西直至 Ingul 河，見注 2 所引 Sulimirski 文。

[5] 此河的比定有 Molochna 河和 Konka 河諸說，見注 3 所引 Melyukova 文。

[6] 注 3 所引 Melyukova 文。

[7] 以上斯基泰諸部居地的位置，今人多結合考古材料探索之，例如：A. I.

Melyukova, "Scythians of Southeastern Europe." In Davis-Kimball Jeannine, Vladimir A. Bashilov, Leonid T. Yablonsky, ed., *Nomads of the Eurasian Steeps in the Early Iron Age*, Zinat Press Berkeley, CA, 1995, pp. 27-58.

[8] 見注 2 所引 How & Wells 書，p. 310。又，注 3 所引 Melyukova 文以爲當在下伏爾加（伏尔加河流域与顿河之間），可能向東發展抵達 Samara-Ural 河流域。

[9] 希羅多德在另一處記載："布迪諾伊人是當地的土著。他們是遊牧民族，在這些地區中間，祇有他們是吃樅果的；蓋洛諾斯人是務農的，他們吃五穀而且有菜園；在身材和面貌上，他們和布迪諾伊人完全不同。然而希臘人卻仍舊稱布迪諾伊人爲蓋洛諾斯人，但這是不對的。他們的國土到處都茂密地生長著各種樣的樹木，在樹林的深處有一個極闊大的湖，湖的四周是長著蘆葦的沼地……"（IV, 108）可以參證。

[10] 見注 2 所引 How & Wells 書，p. 310。G. F. Hudson, *Europe and China*. London, 1931, pp. 34-35, 以爲布迪諾伊人居地始於 Kamishin。案：一般認爲 Budinoi 人是 Finns，今 Votiaks 和 Permiaks 之祖。

[11] B. K. Shramko, *Bel'skoe gorodische skifskoi epokhi (gorod Gelon) (Belsk Fortifield Settlement of the Scythian Epoch [Gelon Town])*. Kiev, 1987.

[12] 見注 10 所引 Hudson 書，pp. 33-34。孫培良 "斯基泰貿易之路和古代中亞的傳說"，《中外關係史論叢》第 1 輯，世界知識出版社，1985 年，pp. 3-25, 以爲此族居地當在烏拉爾山西麓繞過山南，並佔有東麓之地。

[13] 希羅多德記載 Iyrcae 人的生活方式稱："獵人攀到一株樹上去，坐在那裏伺伏著，因爲那裏到處都是密林；他們每個人手頭都備有一匹馬和一隻狗，他們把這匹馬訓練得用肚子貼著地臥在那裏以便於跨上去。當他

從樹上看到有可獵取的動物的時候，他便射箭並策馬追擊，獵狗也緊緊地跟在後面。"（IV, 22）

[14] 見注 10 所引 Hudson 書，pp. 35-36。注 12 所引孫培良文說略同。

[15] 注 12 所引孫培良文。

[16] 見注 10 所引 Hudson 書，p. 36。

[17] 注 12 所引孫培良文。

[18] 見注 10 所引 Hudson 書，pp. 35-36。注 2 所引 How & Wells 書，pp. 21-25，以爲指烏拉爾山脈，未安。

[19] 《後漢書・烏桓鮮卑列傳》載烏桓"以髡頭爲輕便"。又載鮮卑"唯婚姻先髡頭"。《魏書・蠕蠕傳》載柔然始祖字"木骨閭"，而"木骨閭者，首禿也"。參看白鳥庫吉"亞細亞北族の辮髮"，《白鳥庫吉全集・塞外民族史研究（下）》（第 5 卷），東京：岩波，1970 年，pp. 231-301, esp. 285-290。

[20] E. H. Minns, *Scythians and Greeks*. Cambridge, 1913, pp. 108-109. 參看白鳥庫吉"支那本土周圍諸民族"，《白鳥庫吉全集・塞外民族史研究（上）》（第 4 卷），東京：岩波，1970 年，pp. 549-739, esp. 599-603。

[21] 黃時鑒"希羅多德筆下的歐亞草原居民與草原之路的開闢"，南京大學元史研究室編《內陸亞洲歷史文化研究——韓儒林先生紀念文集》，南京大學出版社，1996 年，pp. 444-456。

[22] 護雅夫"いわゆる'北丁零'、'西丁零'について"，《瀧川博士還曆記念論文集・東洋史篇》，東京：長野中澤印刷，1957 年，pp. 57-71。

[23] 希羅多德："以上所提到的一切地方都是極其寒冷的，一年當中有八個月都是不可忍耐的嚴寒；而且在這些地方，除去點火之外，你甚至是無法

用水和泥的。大海和整個奇姆美利亞海峽也都是結冰的,而在壕溝裏邊這面居住的斯基泰人則在冰上行軍並把他們的戰車驅過那裏攻入信多伊人(Sindi)的國土。那裏既然有八個月的冬天,可是其餘的四個月也是寒冷的。"(IV, 28)

[24] 見注 2 所引 How & Wells 書,p. 39;以及余太山《塞種史研究》,中國社會科學出版社,1992 年,pp. 131-133。

[25] 參看注 24 所引余太山書,pp. 131-143。

[26] 關於這次遷徙發生的時間,文獻沒有留下直接的證據;一般認爲不晚於前 700 年,蓋據希羅多德所傳阿利斯鐵阿斯第二次神秘失蹤(《歷史》IV, 15)的年代推測。而按之當時漢文資料所記歐亞草原東部的形勢,不妨認爲在前七世紀後半葉。參看馬雍、王炳華"公元前七至二世紀的中國新疆地區",《中亞學刊》第 3 輯,中華書局,1990 年,pp. 1-16。

[27] 同注 25。

[28] 希羅多德:"至於我的這部分歷史所要談到的地區以北的地方,就沒有人確切地知道了。因爲我找不到任何一個人敢說他親眼看見過那裏。原來即使是我不久之前提到的那個阿里斯鐵阿斯,即使是他,也不曾說他去過比 Issedones 人的地區更遠的地方,甚至在他的敍事詩裏也沒有提過。但是他提到北方的事情時,他說他也是聽人們說的,說是 Issedones 人這樣告訴他的。但祇要是我們能夠聽得到關於這些邊遠地帶的確實報道,我是會把他們全部傳達出來的。"(IV, 16)

[29] 余太山《古族新考》,中華書局,2000 年,pp. 98-103。

[30] 段連勤《丁零、高車與鐵勒》,上海人民出版社,1988 年,pp. 57-60;王克林"一目國鬼方新探",《文博》1998 年第 1 期,pp. 30-38,66。關

於"一目",周建奇"鬼方、丁零、敕勒(鐵勒)考釋",《內蒙古大學學報》1992年第1期,pp. 31-41,別有說。

[31] 同注 29。

[32] 詳見注 24 所引余太山書,pp. 7-8。

[33] 格里芬也可能象徵居住在阿爾泰山黃金產地的部落,說見注 26 所引馬雍、王炳華文。

[34] 希羅多德在敍述斯基泰人起源時也說:"斯基泰上方居民的北邊,由於有羽毛自天降下的緣故,沒有人能夠看到那裏和進入到那裏去。大地和天空到處都是這種羽毛,因而這便使人不能看到那個地方了。"(IV, 7)

[35] 注 26 所引馬雍、王炳華文。

[36] 見注 10 所引 Hudson 書,pp. 45-52.

[37] 希羅多德:"撒烏羅瑪泰伊人的語言是斯基泰語,但是這種語言在他們嘴裏已經失去古時的純正。"(IV, 117)

[38] 據希羅多德:"原來蓋洛諾斯人的根源乃是希臘人,希臘人被逐離他們的商港而居住到布迪諾伊人中間來;他們所說的話一半是希臘語,一半是斯基泰語。但是布迪諾伊人所講的話和蓋洛諾斯人不同,他們的生活方式也不同。"(IV, 108)

[39] 注 12 所引孫培良文。

二 阿里安《亞歷山大遠征記》關於亞歷山大東征路線的記載

有關亞歷山大東征的史料主要見於狄奧多魯斯的《歷史文庫》（XVI-XVII）[1]、普魯塔克的《亞歷山大大帝傳》[2]和《論亞歷山大的命運或美德》（5）[3]、柯提烏斯的《馬其頓的亞歷山大大帝史》[4]、阿里安的《亞歷山大遠征記》[5]、查士丁的《摘要》（XI-XIII）[6]。這些作家上距亞歷山大約四五百年，所據資料多爲亞歷山大同時代人的記載。一般認爲，其中最翔實可靠的是阿里安（距亞歷山大約450年）書。[7]在此謹按此書勾勒馬其頓軍隊的進軍路線，而以亞歷山大本人所經由者爲主。

一

公元前334年初春，亞歷山大率部沿地中海東岸南下，遠征波斯。[8]5月，大軍進抵赫勒斯滂海峽（Hellespont）[9]。亞歷山大命將率大部分步兵和騎兵自塞斯塔斯（Sestus）[10]渡海至阿布達斯（Abydus）[11]，他本人則從埃雷昂（Elaeon）[12] 乘船到阿卡安（Achaean）港[13]。踏上亞洲大陸後，亞歷山大登上伊利亞城（Ilium）[14]，向雅典娜獻祭。（11）

嗣後，亞歷山大從伊利亞來到阿瑞斯比（Arisbe）[15]，宿營於此，並於第二天到達坡考特（Porcote）[16]。隔日，他經由蘭普薩卡斯（Lampsacus）[17]，宿營於普拉克提亞斯（Practius）河畔[18]。復自彼處經科羅內（Colonae）[19]、普瑞帕斯（Priapus）[20]，抵達赫摩托斯（Hermotos）[21]。時波斯軍紮營澤雷亞（Zeleia）城[22]外。（12）

亞歷山大於是提全軍挺進格拉尼卡斯（Granicus）河[23]，與波斯軍隔河對峙。馬其頓軍渡河強攻，擊潰波斯軍。（13-16）

然後，亞歷山大率部向薩地斯（Sardis）[24]挺進，守將獻城投降。亞歷山大宿營於城外赫馬斯（Hermus）河[25]畔。由於埃菲薩斯（Ephesus）[26]守軍不戰而走，亞歷山大順利佔領該城。（17）

命將接管諸降城後，亞歷山大進軍米萊塔斯（Miletus）[27]，克之。波斯海軍欲收復之，無功而返。（18-19）

奪取米萊塔斯後，亞歷山大又向卡瑞亞（Caria）[28]進軍，因為他獲悉在哈利卡納薩斯（Halicarnassus，卡瑞亞西南岸）[29]集中了大批波斯部隊和雇傭軍。他在進軍中佔領了米萊塔斯和哈利卡納薩斯兩地之間的城鎮。最後在距哈利卡納薩斯不遠處，面向該城安營紮寨，準備長期圍困。其間，亞歷山大曾攻打哈利卡納薩斯半島西邊的明達斯城（Myndus）[30]，未果。經艱苦戰鬥，終於攻克哈利卡納薩斯。亞歷山大留下一些部隊駐守殘城和卡瑞亞地

區，並遣將進軍福瑞吉亞（Phrygia）[31]。(20-23)

亞歷山大再次命將赴薩地斯，復自該地進軍福瑞吉亞；他本人則向利夏（Lycia）[32]和潘菲利亞（Pamphylia）[33]推進。在進軍途中，他佔領了海帕納（Hyparna）[34]。進入利夏境內後，降服了泰米薩斯人，接著渡過贊薩斯河（Xanthus）[35]，沿途接管了前來歸順的品納拉（Pinara）[36]、贊薩斯[37]和帕塔拉（Patara）[38]以及三十個較小的城堡。是年冬，亞歷山大進攻米利亞（Milyan）[39]。該地本屬大福瑞吉亞範圍[40]，時爲利夏的一部分。這時，有從發西利斯（Phaselis）[41]來的使者說他們願意跟亞歷山大修好。下利夏（Lower Lycia）大部分地區也都派來了代表。亞歷山大命令發西利斯和利夏兩地的代表把他們的城市交給他派去的人接管。不久之後，亞歷山大就來到發西利斯。(24)

離開發西利斯時，亞歷山大派部隊通過山口向坡伽（Perga）[42]推進。他自己則帶著他的直屬部隊沿海岸前進。在離開坡伽進軍途中，有阿斯潘達斯城（Aspendus [Aspendos]）[43]派代表前來獻城。於是，亞歷山大就向塞德（Side [Sidē]）[44]進軍，復自塞德向塞利亞（Syllium）[45]推進。塞利亞未能佔領，卻聽說阿斯潘達斯人不想履行其獻城的諾言，立即向阿斯潘達斯人進軍。(26)

阿斯潘達斯人不得不再次投降，滿足了亞歷山大的條件。亞歷山大便移師坡伽，從那裏再向福瑞吉亞進軍。路過太米薩斯時，圍困之，未能攻克。(27)

於是，亞歷山大便移兵薩伽拉薩斯（Sagalassus）[46]，激戰後克之。(28)從薩伽拉薩斯，經阿斯伽尼亞（Ascania）湖[47]，亞歷山大進入福瑞吉亞地區。五天之後，亞歷山大到達塞拉那（Celaenae）[48]，他留下軍隊圍困之，自己向高地亞（Gordium）[49]進軍。(29)

二

亞歷山大在高地亞向諸神獻祭祀的次日，便率部出發，朝伽拉提亞（Galatia）[50]地區的安塞拉（Ancyra）[51]推進。帕夫拉高尼亞人（Paphlagonians）[52]的使者在途中迎接亞歷山大，表示其部族願意歸順。亞歷山大於是率部繼續推進到卡帕多西亞（Cappadocia）[53]，接受了哈利斯（Halys）河[54]流域廣大地區的歸順。他任命了卡帕多西亞的督辦，隨即向西里西亞（Cilician Gates）[55]關口推進。由於守軍逃跑，次日拂曉，他即率領全軍過關，直下西里西亞。時塔薩斯城（Tarsus）[56]守將棄城逃走，亞歷山大即率輕騎全速前進，佔領此城。[57]此後，亞歷山大因在西德那斯（Cydnus）河[58]游泳受涼而病倒。(4)

病癒不久，他就離開塔薩斯，行軍一日抵達安洽拉斯（Anchialus）[59]，復從安洽拉斯出發抵達索利（Soli）城[60]，再從索利率部向守衛在高地上的西里西亞人挺進。祇用了七天，就把他們一部分趕走，剩下的都投降了。隨後他又回到索利。他允許索利繼續實行民主政治，然後向塔薩斯進軍，並派騎兵經阿萊安（Aleian）平原[61]到皮拉馬斯（Pyramus）河[62]，自己則率步兵到達馬伽薩斯（Magarsus）[63]，向該城雅典娜獻祭，接著又到馬拉斯

（Mallus）[64]，彈壓了馬拉斯人的內哄。(5)

亞歷山大在馬拉斯時，獲悉大流士率領全軍駐紮在亞述（Assyrian）境內的索契（Sochi）[65]。他決定翌日就率部出發，兩天之後就過了亞述關口，在米里安德拉斯（Myriandrus）[66]附近紮營。(6)

此時，大流士通過亞美尼亞關口（Amanian Gates）[67]，攻佔了伊薩斯（Issus）[68]，接著進抵品那拉斯（Pinarus）河[69]。(7)

亞歷山大率軍奪回關口，與大流士決戰伊薩斯，大獲全勝。時間是公元前333年11月。(8-11)[70]

亞歷山大任命了下敘利亞（Lowland Syria）督辦後，就向腓尼基（Phoenicia）[71]進軍。途中，有阿拉達斯（Aradus）島[72]和島對面陸上的馬拉薩斯（Marathus）城[73]，以及塞貢（Sigon）[74]和馬瑞亞姆（Mariamne）[75]等地歸降。(13)

亞歷山大從馬拉薩斯率部出發，沿途接受了比布拉斯（Byblus）[76]和西頓（Sidon）[77]的歸降。又從那裏向提爾（Tyre）[78]進軍。(15)

亞歷山大圍攻提爾，在付出慘重代價後，克之。(16-24)時間是公元前332年1月至7月。其間，亞歷山大曾挺進阿拉伯（Arabia）半島，到達安提黎巴嫩（Antilibanus）山[79]。十天後，又回到西頓。(20)

公元前332年秋，亞歷山大決心遠征埃及（Egypt）。敘利亞巴勒斯坦（Syrian Palestine）的其餘部分已經站到他這一邊，僅加沙（Gaza）[80]守將不降，亞歷山大揮師猛攻，克之。(25-27)

三

公元前331年冬，亞歷山大從加沙出發，進軍埃及。第七天到達埃及境內的柏路西亞（Pelusium）[81]，其艦隊則從腓尼基出發，水陸並進。亞歷山大派兵駐守柏路西亞，命艦隊溯尼羅河而上直至孟菲斯（Memphis）[82]，自己率部向赫利歐坡利斯（Heliopolis）[83]前進，尼羅河（Nile）在他右邊。他通過一片沙漠到達赫利歐坡利斯，復渡河到孟菲斯，從孟菲斯乘船，順流而下，駛向大海。到達坎諾巴斯（Canobus）[84]時，在馬瑞提斯（Mareotis）湖[85]裏兜了一圈，然後就在後來亞歷山大（Alexanderia）港的所在地點上岸。計劃在該處建城，親自設計了草圖。(1-2)

嗣後，亞歷山大赴利比亞（Libya）拜訪阿蒙（Ammon）神廟[86]。他沿海岸一直走到帕拉托尼亞（Paraetonium）[87]，從那裏轉入內陸，抵達阿蒙神廟。亞歷山大視察了這個綠洲後，就回埃及了。一說他是由原路回去的；另說他走的是另一條直奔孟菲斯的路。(3-4)

春天剛到，亞歷山大就從孟菲斯出發去腓尼基，經提爾，向薩普薩卡斯（Thapsacus）[88]和幼發拉底河進軍。(6)

亞歷山大到達薩普薩卡斯後，渡幼發拉底河，經美索不達米亞（Mesopotamia）向內陸推進，其左邊是幼發拉底河和亞美尼亞（Armenia）山脈。他並未直接進軍巴比侖（Babylon）[89]。當他得悉大流士的營地就在底格里斯（Tigris）河邊，就急忙向底格里斯河進軍。但到達時，未發現大流士及其部隊。儘管水流湍急，但馬其頓軍隊還是渡過了河。於是亞歷山大離開底格里斯河，通過阿圖瑞亞（Aturia）地區[90]前進，高地亞（Gordyaean）山脈[91]在左，底格里斯河在右。渡河後第四天，與大流士部隊遭遇。(7)

公元前331年10月，著名的高伽米拉（Gaugamela）[92]之戰爆發。波斯軍大敗，亞歷山大追擊之，渡萊卡斯（Lycus）河[93]紮營，但半夜就起兵，追擊大流士直至阿柏拉（Arbela）[94]。(8-15)

為追擊大流士，亞歷山大自阿柏拉直奔巴比侖，復自巴比侖行軍二十天抵達蘇薩（Susa）[95]。於是，他決定進軍波斯。(16)

亞歷山大離開蘇薩，渡帕西底格里斯河（Pasitigres）[96]，侵入攸克西亞人（Uxians）[97]居住的高地，奪取了其人把守的關口。(17)

接著，亞歷山大分兵兩路進攻波斯首都，自己率部穿過山區前進，經過激戰，奪取波斯關口（Persian Gates）[98]，佔領了波斯波利斯城（Persepolis）[99]。(18)[100]

公元前330年5月，因聽說大流士已逃至米地亞（Media）[101]，亞歷山大離開波斯波利斯城，進軍米地亞。沿途征服了帕瑞塔卡（Paraetacae）人[102]。第十二天，亞歷山大到達米地亞，朝埃克巴塔那（Ecbatana）[103]方向追擊。到埃克巴塔那，率部向帕西亞（Parthyaeans）前進。(19)

亞歷山大用了十一天時間到達拉伽（Rhagae）[104]，休息五天後，向帕西亞[105]進軍，第一天在裏海關口（Caspian gates）[106]附近宿營，第二天過關，一直走到有人煙地區的邊緣。[107] (20)

這時，亞歷山大獲悉大流士被其臣下劫持，便日夜兼程，全力追趕。而當他趕上時，大流士已死。(21)[108]

亞歷山大於是進入赫卡尼亞（Hyrcania）[109]。這個地區在通向巴克特里亞（Bactria）[110]的大路的左邊。一邊是一帶林木蔥鬱的高山，靠近處這邊是平原，一直伸展到大海[111]。因爲他發覺原來跟著大流士的那些雇傭兵順這條路逃到塔普瑞亞（Tapurian）山地[112]去了。此外，他還想順路征服塔普瑞亞人（Tapurians）[113]。因此他把全軍分爲三部分，自己帶著裝備最輕的大部分部隊走那條最短但最難走的道路，到達一個赫卡尼亞人居住的名叫扎德拉卡塔（Zadracarta）[114]的城市。[115]（23）

然後亞歷山大就率部進攻馬地亞人（Mardians）[116]。馬地亞人投降後，亞歷山大又回到出發前的營地。（24）

在處理一些事情後，亞歷山大就向赫卡尼亞最大的城市（也是王宮所在地）扎德拉卡塔前進。在那裏耽擱了十五天，然後就向帕西亞進軍。從那裏又進入阿瑞亞（Areia）[117]境內，到達蘇西亞（Susia）城[118]。這時亞歷山大聽說殺害大流士的柏薩斯（Bessus）已稱王，便率部自蘇西亞進軍巴克特里亞。途中，獲悉阿瑞亞督辦薩提巴贊斯（Satibarzanes）造反，又回軍進攻薩提巴贊斯和他所率阿瑞亞部隊，兩天走六百斯臺地（stadia），到達阿塔考那（Artacoana）[119]。平叛後，亞歷山大率全軍挺進扎蘭伽亞（Zarangaeans）地區[120]，到達其王宮所在地。（25）

在處理了帕曼紐父子叛亂事件後，亞歷山大經由阿瑞阿斯皮亞人（Ariaspians）[121]居地，繼續向巴克特里亞推進，去攻打柏薩斯。[122]沿路降服了德蘭癸亞那人（Drangians）[123]、伽德羅西亞人[124]（Gadrosians）和阿拉科提亞人[125]（Arachotians）。他還到達距阿拉科提亞最近的印度人地區，在高加索山（Caucasus）[126]築起一座城，親自命名爲亞歷山大城，並越過了高加索山。(27-28)

亞歷山大追擊柏薩斯，到達德拉普薩卡（Drapsaca）[127]後，就向巴克特里亞最大的城市阿爾諾斯（Aornos）[128]和巴克特拉（Bactra）[129]推進，佔領了這兩座城市。巴克特里亞其他地區相繼歸順。然後，他就率部用皮筏渡過奧克蘇斯河（Oxus）[130]，向據報柏薩斯所在地快速推進。(29)

在活捉並處死了柏薩斯後，亞歷山大向索格底亞那（Sogdiana）[131]皇城馬拉坎達（Maracanda）[132]前進，從那裏進抵塔內河（Tanais）；當地人給這條河另起了個名字叫雅克薩提斯（Jaxartes）[133]。(30)

四

塔內河（Tanais）沿河諸族反抗馬其頓人，躲在七個城市中。亞歷山大率部先克伽扎（Gaza）[134]等五城。接著攻克最大的城市西羅波利斯（Cyropolis）[135]。最後第七座城也不費多大勁就拿下來了。(1-3)

此後，亞歷山大花了二十天的時間，在塔內河上修築以自己名字命名的城[136]。然後渡河擊潰斯基泰人。由於亞歷山大病倒，馬其頓人不得不中止追擊。(4)

在反復交戰後，亞歷山大朝馬拉坎達前進，打擊斯皮塔米尼斯（Spitamenes）所部。追殺過程中，亞歷山大率部踏遍坡利提米塔斯河（Polytimetus）[137]流域，直至河的盡頭。（5-6）

亞歷山大於是從馬拉坎達到達扎瑞亞斯帕（Zariaspa）[138]，在那裏過了冬天。（7）

在接見歐洲斯基泰人的代表後，亞歷山大率部回到奧克蘇斯河。因索格底亞那人逃到他們的堡壘裏躲著，不服從亞歷山大派去的督辦的領導，亞歷山大決定向索格底亞那進軍。（15）

他在橫掃索格底亞那大部地區之後，抵達馬拉坎達。斯皮塔米尼斯走投無路，被部下殺死。（16-17）

亞歷山大在諾塔卡（Nautaca）[139]過冬。春天一露頭，亞歷山大就率領部隊向索格底亞那岩山（Rock of Sogdiana）[140]進軍，佔領山寨、征服索格底亞那後，就向帕瑞塔卡（Paraetacae）[141]進軍。追降了科瑞尼斯山（Chorienes）[142]中的部族。（18-21）

之後，亞歷山大進軍巴克特里亞。從那裏越過高加索山進軍印度。十天後到達亞歷山大城。這座城是他第一次討伐巴克特里亞時在帕拉帕米薩德（Paropamisadae）地區[143]修建的。然後亞歷山大就進軍尼卡亞（Nicanor）[144]，向雅典娜獻祭後，挺進科芬河（Cophen）[145]。亞歷山大命眾將朝印度河方向進入樸西勞提斯（Peucelaotis）[146]地區，攻佔沿途城鎮。（22）

他親自率部經阿斯帕西亞（Aspasians）[147]、古拉亞（Guraeans）[148]和阿薩西尼亞（Assacenians）等地[149]，沿科斯河（Choes）[150]岸崎嶇的山路前進，沿途攻陷、降服安達卡（Andaca）[151]等城市。（23）

然後，亞歷山大本人率領部進軍攸阿斯普拉（Euaspla）河[152]，

又穿越大山，佔領了阿瑞伽亞斯（Arigaeus）城[153]。(24)

從那裏，他又向阿薩西尼亞人（Assacenians）[154]居地進軍，穿過古拉亞地區，渡古拉亞斯河（Guraeus）[155]，進攻馬薩伽（Massaga）城[156]，城中守軍力盡而降。(25-27)

接著，先後攻克歐拉（Ora）[157]、巴濟拉（Bazira）[158]，他下令把馬薩伽和歐拉二城建成這個地區的要塞。亞歷山大然後率部向印度河推進，接受了樸西勞提斯城的歸順，佔領了印度河沿岸的一些城鎮，抵達距阿爾諾斯（Aornos）山[159]不遠的埃博利馬（Embolima）城[160]。(27-28)

在攻佔阿爾諾斯山後，亞歷山大率部討伐阿薩西尼亞人，到達一個叫狄爾塔（Dyrta）[161]的城市。然後，亞歷山大向印度河進軍。他令部隊伐木造船，船造好後，放入印度河中，部隊上船，沿河駛進。(29-30)

五

在亞歷山大遠征科芬河和印度河之間的地區時，途經奈薩（Nysa）城[162]，亞歷山大答應奈薩居民繼續保持自由和獨立。(1-2)

率軍渡過印度河後，亞歷山大就朝太克西拉（Taxila）城[163]前進，該城總督歸順。他從太克西拉出發，向希達斯皮斯河（Hydaspes）[164]進軍。進軍的原因，是得悉波拉斯（Porus）在希達斯皮斯河彼岸集結了他全部兵力，決心阻止亞歷山大過河。亞歷山

大經過激戰,渡過此河,降服波拉斯。時在公元前 326 年。(3-18)

　　在希達斯皮斯河兩岸,亞歷山大渡河以前紮營的地方和後來的戰役在河彼岸進行的地方,他都修建了一些城市。其一命名爲勝利（Victoria）城[165],因爲他曾在那裏戰勝印軍。另一個命名爲布西發拉（Bucephalas）[166],用以紀念他那匹積勞而死的叫布西發拉斯（Bucephalas）的戰馬。(19)

　　此後,亞歷山大向與波拉斯王國交界處的一個印度部族格勞塞（Glausae / Glauganicae）[167]進軍,侵入了他們的地區,降伏整個部族。他一共佔領了三十七個城鎮。然後他率部向阿塞西尼斯河（Acesines）[168]進發。(20)

　　亞歷山大渡過阿塞西尼斯河,追擊另一個波拉斯。在追擊途中,亞歷山大抵達希德拉歐提斯河（Hydraotes）[169],並率部過河,進攻卡薩亞人（Cathaeans）[170]。他走了兩天,到達阿德雷斯太（Adraistae）人所居品普拉馬（Pimprama）城[171],降伏其人。休息一天後,亞歷山大命將率部向卡薩亞人的首府桑加拉（Sangala）[172]進軍,終於戰勝卡薩亞人,攻克了桑伽拉城。亞歷山大本人則領兵進抵希發西斯河（Hyphasis）[173],打算把那一帶地區的印度人也都征服。由於士兵不願繼續前進,亞歷山大祇能班師。(21-28)

　　他率部回師希德拉歐提斯河,過了這條河,又回到阿塞西尼斯河。他在阿塞西尼斯河邊舉行了祭禮後,就開始了全軍經水路去大海的準備工作。然後又渡河,回到希達斯皮斯河。(29)

六

亞歷山大決定沿希達斯皮斯河[174]向大海航行。他把全軍分成幾部分：一部分跟他一起上船，其餘由將領們率領沿希達斯皮斯河兩岸，全速向索培西斯（Sopeithes）的宮殿[175]進軍。(1-2)

第三天，亞歷山大在一處靠岸停泊，停留兩天後，繼續乘船沿希達斯皮斯河順流而下，駛向馬利亞人（Mallians）和歐克西德拉卡人（Oxydracae）[176]的地區，第五天就到達希達斯皮斯河和阿塞西尼斯河的匯流處。(3-4)

他命將率船隊順流而下，直抵馬利亞人的邊境。他本人則率部掃蕩尚未歸順的其他部族地區，事畢返回船隊，與諸將會師，率部渡希達斯皮斯河，朝馬利亞人進軍，攻破有許多馬利亞人逃去避難的一個城市和一要塞。(5-6)

接著，到達希德拉歐提斯河，打死一批正在渡河的馬利亞人，乃追擊業已渡河者，攻破一个據點，乃進軍一座 Brachman 人的城市（a city of the Brachmans）[177]，馬利亞人至一要塞自衛，又被亞歷山大攻佔。(7)

亞歷山大讓部隊稍事休息，繼續追擊馬利亞人，命將沿河搜索前進，自己則朝馬利亞人最大的城市[178]挺進，马利亞人棄城渡河逃跑，亞歷山大率軍渡河，擊潰在對岸列陣堅守者，圍攻退守設防城市者。其間，亞歷山大身負重傷。亞歷山大讓人把他擡到希德拉歐提斯河岸，順流而下，到達位於希德拉歐提斯和阿塞西尼斯二河匯流處的營地。(8-13)

這時，馬利亞人遣使請降，歐克西德拉卡人首領也來謁見。亞歷山大於是命令部隊上船，沿希德拉歐提斯河順流而下，接著沿阿塞西尼斯河下駛，直到阿塞西尼斯河和印度河匯流處。(14)

亞歷山大命令他在二河匯流處修建一座城市[179]。然後，亞歷山大命將渡至印度河左岸，他本人率部乘船下駛到達索格底亞（Sogdia）的王城[180]。在那裏又修建了一座設防的新城。[181] 他本人率部順流而下朝穆西卡那斯人（Musicanus）的王國[182]進軍。穆西卡那斯人請降。(15)

於是亞歷山大攻城略地，討伐尚未歸順者，首先是歐克西卡那斯（Oxycanus），連克數城，歐克西卡那斯本人被俘。[183] 接著是散巴斯（Sambus），其首府辛地馬那（Sindimana）[184]降服。(16)

在討伐反叛者穆西卡那斯，平定臣服穆西卡那斯的諸城後，亞歷山大命將經阿拉科提亞人和扎蘭伽亞人的地區赴卡曼尼亞（Carmania）[185]，自己沿河航行，到達帕塔拉（Patala）[186]。(17)

印度河在帕塔拉分爲兩枝入海，亞歷山大在帕塔拉城修建港口和船塢，一度帶著船隊沿右河經西拉塔（Cilluta）島[187]入海。然後越過印度河的入海口駛向大海，回到帕塔拉後，又自左河入海，途經一个大湖。嗣後，他又駛回帕塔拉。(18-20)

在等待季風期間，亞歷山大離開帕塔拉到達阿拉比亞斯河（Arabius）[188]。轉而朝海洋方向進軍，既是爲了挖井，給部隊準備水源。也是爲了襲擊歐瑞坦（Oreitans）部族[189]。亞歷山大渡過了阿拉比亞斯河，乘夜越過沙漠，侵入了歐瑞坦人境内，駐紮在一條小河邊。後來進抵歐瑞坦人最大的一個名叫拉木巴西亞（Rambacia）的村莊，命其將赫菲斯提昂（Hephaestion）建城於此[190]。(21)

然後，亞歷山大率部經過一條狹谷，朝伽德羅西亞和歐瑞坦人的邊界前進。歐瑞坦人歸順，於是亞歷山大就率部進軍伽德羅西亞（Gadrosians）[191]。(22)

亞歷山大經伽德羅西亞地區，向伽德羅西亞的首府所在保拉（Pura）地區[192]進軍。路途坎坷，供應匱乏，特別缺水。從歐瑞坦地區出發抵達目的地走了整整六十天。(23-27)

在遣將從卡曼尼亞出發沿海岸前進的同時，亞歷山大率部沿通向帕薩伽代城（Pasargadae）[193]的道路前進，直奔波斯王宮。(28-30)

七

亞歷山大經帕薩伽代和波斯波利斯到蘇薩後，舉行了集體婚禮——他和他的夥友們一起舉行婚禮，以及清理債務、頒發獎品等。(1-6)

公元前324年，亞歷山大下令赫菲斯提昂率領大部分步兵去波斯海（Persian Sea）[194]。當時希臘海軍已在蘇西亞地區靠岸。他自己則率領近衛隊、騎兵特別中隊和一些夥友騎兵上船，沿埃拉亞斯河（Eulaeus）[195]駛向大海。在距河口不遠處，把大部分船隻和那些有毛病的船都留下，自己帶著一些快船從埃拉亞斯河口沿海岸駛往底格里斯河口。船隊的其餘部分沿埃拉亞斯河駛至該河與底格里斯河之間開鑿的運河處，順運河駛入底格里斯河。這時，亞歷山大沿著埃拉亞斯和底格里斯河之間的波斯灣海岸駛抵底格里斯河口。然後溯流而上，到達赫菲斯提昂帶著他的全部兵力紮營的地方，然後又開到修建在河邊的歐皮斯城（Opis）[196]。(7)

途經奈薩（Nysa）平原，亞歷山大來到埃克巴塔那。在埃克巴塔那，亞歷山大舉行了祭祀、體育和文藝競賽，還跟他的夥友們痛飲。(13-14)

在哀悼赫菲斯提昂後，亞歷山大率領部隊去討伐攸克西亞部族邊界上的一個好戰的部族科薩亞人（Cossaeans）[197]。其人都是山寨居民。亞歷山大把他們趕跑了。亞歷山大回到巴比侖後，利比亞（Libyans）派使者前來獻給他一頂王冠，慶賀他當了亞洲之王。遣使與亞歷山大者修好頗衆。(15)

亞歷山大率領部隊渡過底格里斯河之後，就向巴比侖進軍。(16)亞歷山大進入巴比侖後，希臘各地都遣使朝見，慶祝勝利。(19)

當戰船正在修造、巴比侖港口也正在挖掘的時候，亞歷山大乘船從巴比侖出發沿幼發拉底河下駛，打算到距巴比侖八百斯臺地的波拉科帕斯河（Pallacopas）[198]去視察。他乘船進入波拉科帕斯河，順流而下，朝阿拉伯半島方向進入沼澤地帶。路上發現一處適於築城，於是就築了一座新城[199]，還修了城防工事。(21)

後來亞歷山大又回到巴比侖，接受希臘各地代表所獻金冠等。(23)公元前323年6月10日，亞歷山大病逝。(25-28)

八

通過以上對亞歷山大東征路線的勾勒，可以窺見這次東征對於古代東西交通的意義。毫無疑義，東征本身就是一次大規模的物資和人員交流，一次空前的異種文化接觸與碰撞。這種接觸與碰撞加深了東西方不同民族之間的瞭解。

就東西交通路線而言，東征的貢獻也是巨大的。亞歷山大行軍當然會選擇已有的道路，但形勢瞬息萬變，軍事行動必須出其不意，新的路線於是被發現或開闢。

值得一提的是，亞歷山大於沿途所築新城，多出自軍事的需要，但後來大多成絲路名城。阿里安書所載諸城中較有名的如：埃及的亞歷山大城（III, 1-2）、今阿富汗 Herat 的 Alexandria in Ariana（III, 25）、位於今阿富汗喀布爾北 45 英里，成為興都庫什山南麓的交通樞紐之高加索的亞歷山大城（III, 28）、建於公元前 329 年，位於費爾幹納盆地西南、錫爾河南岸，一般認為即今塔吉克斯坦的 Khojand 之 Alexandria Eschate（IV, 1）和在印度河與 Acesines 河的接合部之亞歷山大城（VI, 15）等。

■ 注釋

[1] Diodorus of Sicily, *Biliotheke Historica* (the Library of History), with an English translation by Russel M. Geer, London, 1984.

[2] Plutarch, *Life of Alexander*. English Translated by Bernadotte Perrin, London, 1919. 有吳奚真漢譯本，團結出版社，2005 年。另見席代岳漢譯普魯塔克《希臘羅馬名人傳》，吉林出版集團，2009 年，pp. 1195-1268。

[3] Plutarch, *On the Fortune or the Virtue of Alexander the Great*. English Translation by John Philips, Edited and Revised by William W. Goodwin, in the Moralia, London, 1936, vol. 3, pp. 379-487. *The First Oration of Plutarch Concerning the Fortune or the Virtue of Alexander the Great, Plutarch's Morals*. Translated from the Greek by Several Hands, Corrected and Revised by William W. Goodwin, Boston, 1878, vol. 1, pp. 475-515.

[4] Quintus Curtius, *Historiae Alexandri Magni* (History of Alexander the Gread of Macedonia), with an English translation by John C. Rolfe, London, 1956.

[5] Arrian, *Anabasis* (Anabasis of Alexander), with an English translation by E. Iliff Robson, London, 1929-1933. 有李活漢譯本，商務印書館，1985 年。

[6] Justin, *Epitome of the Philippic History of Pompeius Trogu*. Translated, with notes, by the Rev. John Selby Watson, London: Henry G. Bohn, York Street, Convent Garden, 1853.

[7] 陳恒"亞歷山大史料的五種傳統"，《史學理論研究》2007 年第 2 期，pp. 64-75。

[8] 亞歷山大乃沿薛西斯的入侵路線，繞行 Pangaeum 山，到 Philippi，接著取道 Abdera 和 Maroneia 到 Hebrus，從彼處渡 Chersonese 前的 Melas 河，揮師南下，抵 Sestos 之渡口。行程約 500 多公里，歷時 20 天。參看 A. B. Bosworth, *Conquest and Empire, The Reign of Alexander the Great*. Cambridge and New York, 1988, p. 38。

[9] 赫勒斯滂海峽，今 Dardanelles 海峽。

[10] 塞斯塔斯，今土耳其 Gallipoli 半島，臨 Dardanelles 海峽。

[11] 阿布達斯，在今土耳其，隔 Dardanelles 海峽與塞斯塔斯相望。

[12] 埃雷昂，位於 Thrace，今 Dardanelles 海峽南端。

[13] 阿卡安港，位於希臘南部 Peloponnese 半島北岸。

[14] 伊利亞城，建於特洛伊（Trojan）古城舊址上的新城。

[15] 阿瑞斯比，位於 Troad（今土耳其 Anatolia 西北部 Biga 半島），曾是愛奧尼亞城郭國家的殖民地之一。

[16] 坡考特城，位於 Hellespont 南邊、特洛伊城東北。

[17] 蘭普薩卡斯城，大致位於 Troad 北。

[18] 普拉克提亞斯河發源於 Ida 山，今土耳其鵝山（Kaz Dağı 山），在赫勒斯滂海峽和攸克塞因海（Euxine，今黑海）之間入海。

[19] 科羅內城，位於 Troad 西南。今土耳其 Çanakkale 省 Ezine 區 Alemşah 村東。

[20] 普瑞帕斯城，今土耳其 Çanakkale 省 Biga 區 Karabiga 城。

[21] Hermotos，希臘原文作 Ἔρμωτον，地望不詳。一說其名係 Ἑρμαῖον 之譌。果然，其城位於赫勒斯滂海峽沿岸 Parion 與 Lampsacus 之間。說見 A. B. Bosworth, *A Historical Commentary on Arrian's History of Alexander*, vol. 1. Oxdord, 1980, p. 109。

[22] 澤雷亞城，位於今土耳其特洛亞特，鵝山山麓。

[23] 格拉尼卡斯河，今土耳其 Biga 河。

[24] 薩地斯城，今土耳其 Manisa 省 Sart。

[25] 赫馬斯河，即今蓋迪茲（Gediz）河。案：亞歷山大可能的路线是：從赫勒斯滂出發，沿陸路，經澤雷亞（Zeleia）轉戰西南，開拔至馬其斯圖斯（Macestus）流域，之後經由巴勒克西爾（Balikesir）和克爾卡加斯（Kircağaç）平原，到達推亞提拉（Thyateira），最後抵達赫馬斯河流域。見注 8 所引

Bosworth 書，p. 44。

[26] 埃菲薩斯城，遺址在今土耳其 Selçuk 南 3 公里。

[27] 米萊塔斯城，在今小亞西岸，今土耳其的 Aydin 省內，近 Maeander 河口。

[28] 卡瑞亞城，在今小亞，Ionia 南，Phrygia 和 Lycia 之西。

[29] 哈利卡納薩斯城，位於今土耳其 Bodrum。

[30] 明達斯是 Caria 的城市，今土耳其 Gümüslük。

[31] 福瑞吉亞，首府在今土耳其安卡拉西南 70—80 公里處。

[32] 利夏，地區名，大致位於今土耳其 Antalya 省。

[33] 潘菲利亞，地區名，介於利夏和西里西亞之間，在今土耳其 Antalya 省。

[34] 海帕納城，一般認爲是今土耳其的 Gocek。

[35] 贊薩斯河，指土耳其 Kınık 河。

[36] 呂西亞的城市，遺址在今土耳其 Muğla 省 Minare 附近。

[37] 贊薩斯，今土耳其 Antalya 省的 Kınık。

[38] 帕塔拉，在 Cragus 山麓，近 Xanthus 河西岸。

[39] 米利亞，位於 Pamphylia 平原西北山區。說見注 21 所引 Bosworth 書，pp. 157-158。另請參看 T. A. B. Spratt and E. Forbes, *Travels in Lycia, Milyas, and the Cibyratis*. London, 1847, pp. 244-245。

[40] 福瑞吉亞人最初活動於 Sangarius 河（今 Sakarya 河）兩岸，後居於 Halys 河（今 Kızıl 河）之西，Masia（小亞西北）和 Lydia 之東。

[41] 發西利斯，在土耳其 Antalya 省，位於 Bey 山脈和奧林巴斯國家公園（Olympos National Park）的森林之間。

[42] 坡伽，位於地中海西南岸，屬今土耳其 Antalya 省。

[43] 阿斯潘達斯城，屬今土耳其安塔利亞省，Serik 以北 4 公里處。

[44] 塞德，古代福瑞吉亞的海上城市。靠近土耳其 Manavgat 和 Selimiye 村，去安塔利亞 75 公里。

[45] 塞利亞是重要的要塞和城市，靠近今土耳其南部的 Attaleia。

[46] 薩伽拉薩斯，遺址在今土耳其西南，Burdur 省 Aglasun 村北 7 公里。

[47] 阿斯伽尼亞湖，今土耳其 Bursa 省的 İznik 湖。

[48] 達塞拉那，古代福瑞吉亞城市，處在往東的商道上。

[49] 高地亞，古代福瑞吉亞首府，遺址在今土耳其安卡拉西南 Yassihüyük。

[50] 伽拉提亞，位於安納托利亞中部地區，今土耳其安卡拉省。

[51] 安塞拉，即今土耳其首都安卡拉。

[52] 帕夫拉高尼亞，位于黑海南岸，中安納托利亞北部，在福瑞吉亞和伽拉提亞以北地區。

[53] 卡帕多西亞，地區名，在今土耳其中部。

[54] Halys 河，今 Kızıl 河。參前注 40。

[55] 西里西亞，安納托利亞南部古地區名，從安納托利亞到敘利亞的必經之地。西里西亞北部陶魯斯山口地勢險要，將西里西亞與安納托利亞高原隔開，被稱爲西里西亞關口 (Cilician Gates)，今土耳其稱爲古萊克山口 (Gülek Boğazı)。

[56] 塔薩斯城，西里西亞之首府，希臘世界與東方貿易路線上重要城市，位於今土耳其中南部 Mersin 省。

[57] 公元前 334 年秋至前 333 年夏，亞歷山大从哈利卡納薩斯到西里西亚。

[58] 據 Arrian，西德那斯河"發源於陶拉斯山、流經平地，河水清涼"。(II, 4)

[59] 安治拉斯，Strabo 作 Ἀγχιάλη (xiv 5.9)，並位置該城於 Zephyrion 和 Cydnus 河之間的海岸上。

[60] 索利，位於 Anchiale 之西 20 公里，去今 Mersin 城 9 公里。見注 21 所引

Bosworth 書，p. 195。

[61] 阿萊安平原，在西里西亞。

[62] 皮拉馬斯河，今土耳其 Ceyhan 河。

[63] 馬伽薩斯，在今土耳其中南部 Adana 省。

[64] 馬拉斯，在今土耳其 Adana 省的 Karataş 附近，是 Ceyhan 河的入海口。

[65] 索契(Sochi)，在今敍利亞，具體地點不詳。一說其地顯然在 Amanus 山脈的東邊；見 K. Nawotka, *Alexander the Great*, Cambridge Scholars Publishing, 2010, p. 162。

[66] 米里安德拉斯，古代腓尼基人（Phoenicians）的海港，接近今土耳其 Hatay 省 İskenderun 城。

[67] 亞美尼亞關口，一般認爲指今土耳其南部的 Bahçe 關口，乃沿黑河（Kara Su）而下，從西里西亞南達敍利亞安條克的必經之路。一說也可能是 Hasanbeyli 關口。見注 65 所引 Nawotka 書，p. 165。

[68] 伊薩斯，在今土耳其之 Hatay 省，Pinarus 河畔，與敍利亞接壤。

[69] 品那拉斯河，其地望尚未有定説。一般認爲今 Deli Çay 河、Payas 河或 Kuru Çay 河均有可能。三者都在土耳其 Hatay 省。見注 65 所引 Nawotka 書，p. 168。

[70] 公元前 333 年夏至初冬，亞歷山大自塔薩斯出發，經阿萊安平原的馬拉斯，到伊薩斯。

[71] 腓尼基，古 Canaan 民族之一，領有今敍利亞、黎巴嫩、以色列、巴勒斯坦沿海地區。

[72] 阿拉達斯島，今敍利亞唯一的海島 Arwad 島，在當時爲腓尼基城邦之一。

[73] 馬拉薩斯，今敍利亞 Tartus 城南的 Amrit 遺址。

[74] 塞貢，具體位置不詳。

[75] 馬瑞亞姆，具體位置不詳。

[76] 比布拉斯，今黎巴嫩 Jbeil 城。

[77] 西頓，今黎巴嫩 Saïda 城。

[78] 提爾，今黎巴嫩 Sūr 城。

[79] 安提黎巴嫩山，即外黎巴嫩山，在黎巴嫩山的敘利亞一側。

[80] 加沙，今巴勒斯坦的加沙。

[81] 柏路西亞，在埃及尼羅河三角洲之東端，是下埃及（Lower Egypt）的東大門，其址 Tell el-Farama 在今埃及 Domyat 省首府 Damietta 附近。

[82] 孟菲斯，法老埃及時代下埃及的首都，在亞歷山大城建立之前一直是下埃及的政治文化中心，之後直到穆斯林征服之前，孟菲斯一直保持在埃及的重要地位。其址在今埃及首都開羅（Cairo）以南 20 公里處，尼羅河西岸。

[83] 赫利歐坡利斯，下埃及重要城市，其址在今開羅郊外的 Ain Shams 附近。

[84] 坎諾巴斯，下埃及海岸城市，在尼羅河最西入海口的西岸。其址在今亞歷山大城東 25 公里處。

[85] 馬瑞提斯湖，今埃及北部的馬里烏特湖（Mariout），在亞歷山大城南。

[86] 阿蒙神廟，在 Siwah 綠洲，今埃及和利比亞交界處。

[87] 帕拉托尼亞，埃及西北部海港，今名 Marsa Matruh。

[88] 薩普薩卡斯，其詳細地點難以確定，大致在今敘利亞，幼發拉底河西岸。

[89] 巴比侖，今伊拉克 Babil 省的 Al Hillah，巴格達以南 80 公里處。

[90] 阿圖瑞亞，亞述（Assyria）的波斯名，波斯帝國行省之一，在亞述帝國原領土的西部，今敘利亞東部和伊拉克西北部。

[91] 高地亞，在美索不達米亞北部，今土耳其東南隅的 Şırnak 省。

[92] 高伽米拉，大致在布摩達斯（Bumodus）河邊，距 Arbela 城約六百斯臺地，今伊拉克北部 Mosul 東。

[93] 萊卡斯河，今土耳其和伊拉克境內之 Zab 河，爲底格里斯河主要支流。

[94] 阿柏拉，今址爲 Mosul 以東 80 公里的 Arbil。

[95] 蘇薩，今伊朗 Khuzestan 省的 Susa 城。

[96] 帕西底格里斯河，蘇薩以南一段的底格里斯河在 Apamea 附近先分流成兩河道，再匯流，匯流之後的河道被稱爲帕西底格里斯河，見 Pliny（VI, 27）。

[97] 攸克西亞人，伊朗西南部 Zagros 山的山地民族。

[98] 波斯關口，Zagros 山的隘口，爲波斯帝國的埃蘭（Elam）和波斯（Persis）兩行省之邊界，今名 Tang-e Meyran，是 Fars 省和 Kohgiluyeh Boyer-Ahmed 省之邊界。

[99] 波斯波利斯城，遺址在今伊朗 Fars 省 Shiraz 東北 70 公里處。

[100] 聯軍行軍可能遠達今 Fahlian。在彼處帕曼紐沿著赴今卡澤倫的公路南下。他可能經由 Firuzabad，向南繞行了很長距離，之後取道平緩的坡地，抵達 Shiraz 和 Persepolis 平原。這是最容易的路線，他能夠從容行軍。一旦亞歷山大衝破了波斯防線，他可以輕而易舉、不受阻礙地調上輜重，沿著 Fahlian 河及它的東部支流 Tang-i Layleh，取直道前行。朝向這個流域的源頭，在一個被稱作 Mullah Susan 的開闊的地方，道路分叉了：一條路線向東延伸，經過 Bolsoru 關，向上直達 Ardakan；另一個分支向上沿一個以 Tang-i Mohammad Reza 著稱的狹窄峽谷，延伸到一個 2167 米的分水嶺，之後到達 Aliabad 平原的入口。見注 8 所引 Bosworth 書，p. 90。

[101] 米地亞，波斯帝國行省之一，今伊朗北部和西北部地區。

[102] 帕瑞塔卡城，在今伊朗 Fars 省，波斯波利斯遺址東北 87 公里處。

[103] 埃克巴塔那，米地亞首府，今伊朗 Hamadan 省首府 Hamadan。

[104] 拉伽，今地爲 Rey，伊朗首都德黑蘭南 12 公里處。

[105] 帕西亞，今伊朗東北部，波斯帝國之一省。

[106] 裏海關口，在裏海西南岸，今俄羅斯聯邦達吉斯坦（Dagestan）共和國的 Derbent。

[107] 這裏可能是 Choarene 帶，今 Khāvar 地區。

[108] 這一段行程約 200 公里。行軍分三個階段。從 Choarene 平原出發，亞歷山大沿 Dasht-i Kavir 沙漠北進入沙漠。在 Thara 綠洲（Lasjerd？），他進一步得到波斯陣營內訌的消息。在當地嚮導的幫助下，這個 6000 人的騎兵部隊通過一條直接的、無水的道路，穿過沙漠，並於拂曉後不久追上波斯的落伍士兵。發現馬其頓先遣軍隊到來的跡象之後，叛亂者處死了大流士。追擊在快到 Hecatompylus 城（即今 Shahr-i Qumis）時停止。見注 8 所引 Bosworth 書，p. 96。

[109] 赫卡尼亞，波斯帝國一行省，今伊朗北部裏海沿岸諸省和土庫曼斯坦西部裏海沿岸南段。

[110] 巴克特里亞，地區名，位於興都庫什山和阿姆河之間，今阿富汗北部。

[111] 大海，即裏海。——英譯者

[112] 塔普瑞亞山地，今伊朗北部 Mazandaran 省和 Gilan 省的 Alborz 山一帶。

[113] 塔普瑞亞人，今伊朗北部裏海東南岸山地部族。

[114] 扎德拉卡塔，今 Astrabad。

[115] 亞歷山大從 Hecatompylus 出發，行軍三天，直至今 Damghan 城，在那裏他將部隊進行割分，打算分兵三路越過這個山脈。他本人率領的縱隊取直道，經由 Shamshirbun 關和 Dorudbar 上游支脈向黑海逼近。見注 8 所引 Bosworth 書，p. 97。

[116] 馬地亞人，居地在赫卡尼亞西南邊界。

[117] 阿瑞亞，波斯帝國之行省，在今阿富汗西北部 Heart 周圍。

[118] 蘇西亞，可能指 Meshed 東北的 Tus 城。見注 8 所引 Bosworth 書，p. 99。

[119] 阿塔考那，阿瑞亞之首府，位置不詳，但很可能在今阿富汗西北 Heart 附近。亞歷山大或其繼承人在該處建造了 Alexandria Ariana。

[120] 扎蘭伽亞，Hyrcania 之首府。今地難以確指，但很可能在 Sari 一帶，近 Tejan 河。見注 21 所引 Bosworth 書，p. 351。

[121] 阿瑞阿斯皮亞人，居地在今錫斯坦。注 21 所引 Bosworth 書，p. 365。

[122] 亞歷山大從蘇西亞出發，打算沿 Kopet Dag 山的小山丘東進，從西面入侵巴克特里亞。他強行軍 2 天 2 夜，行程 600 里，到達阿瑞亞首都（今 Heart 附近）。注 8 所引 Bosworth 書，p. 99。

[123] 德蘭癸亞那，地區名，首府在今 Farah。其地跨有今天的阿富汗、巴基斯坦和東伊朗。參見注 8 所引 Bosworth 書，p. 100。

[124] 伽德羅西亞，相當於今巴基斯坦西南部的俾路支省（Balochistan）。其北爲 Arachosia，其東爲 Drangiana。

[125] 阿拉科提亞，波斯一省的希臘名，其範圍相當於今天阿富汗南部，亦有部分在巴基斯坦和印度。最大的城市爲坎大哈，相傳爲亞歷山大所建。

[126] 高加索山，此處指興都庫什山。

[127] 德拉普薩卡，一說可能位於今 Kunduz。注 21 所引 Bosworth 書，p. 372。

[128] 阿爾諾斯，巴克特里亞的主要城堡，重要的戰略據點。可能位於今 Khulm 城。注 21 所引 Bosworth 書，p. 372。

[129] 巴克特拉，今阿富汗北部 Balkh 省 Mazar-e Sharif 西北，阿姆河南岸。

[130] 奧克蘇斯河，今阿姆河。

[131] 索格底亞那，今阿姆河與錫爾河之間，以 Zerafshan 河流域爲中心的地區。

[132] 馬拉坎達，今烏茲別克斯坦的薩馬爾罕。

[133] 塔內河，今錫爾河。Jaxartes，漢譯"藥殺水"。

[134] 伽扎，具體位置不詳。

[135] 西羅波利斯，在今 Khojand 附近。

[136] 史稱 Alexandria Eschate，位於錫爾河南岸，一般認爲在今塔吉克斯坦 Khujand 附近。

[137] 坡利提米塔斯河，今 Zerafshan 河。

[138] 扎瑞亞斯帕，卽 Bactra，今 Balkh 附近。

[139] 諾塔卡，可能位於今烏茲別克的 Shahrisabz 附近。

[140] 索格底亞那岩山，位置不詳。

[141] 帕瑞塔卡，波斯某總督轄地。

[142] 科瑞尼斯山，該山得名於山中部族酋長科瑞尼斯，其位置難以確指。

[143] 帕拉帕米薩德，今阿富汗東部興都庫什山區，中心是 Kabul 和 Kapisa。

[144] 尼卡亞，大致在今 Begram 附近。A. B. Bosworth, *A Historical Commentary on Arrian's History of Alexander*, vol. 2, Oxford, 2007, p. 146。

[145] 科芬河，卽今喀布爾（Kabul）河。

[146] 樸西勞提斯，卽 Pushkalavati，今巴基斯坦 Charsadda，在白沙瓦北。

[147] 阿斯帕西亞，在 Kunar 或 Chitral 河谷地。見 Waldemar Heckel and J. C. Yardley, *Alexander the Great Historical Texts in Translation*, Blackwell, 2004, p. 47。

[148] 古拉亞，今 Panjkora 河谷。

[149] 三者大致領有今 Nawagai、Bajaur、Dir 和 Swat 之地。

[150] 科斯河，可能是今 Alingar 河。注 144 所引 Bosworth 書，p. 156。

[151] 安達卡，無考。

[152] 攸阿斯普拉河，今 Kunar 河。

[153] 阿瑞伽亞斯城，一說應卽今 Nawagai，見注 144 所引 Bosworth 書，p. 163。

[154] 阿薩西尼亞人，其王名 Assacanus，似以王名爲部名。

[155] 古拉亞斯河，今 Panjkora 河。

[156] 馬薩伽，確切位置不知，大致在今 Swāt 河下游。A. Stein, *On Alexander's Track to the Indus, Personal Narrative of Explorations on the North-West Frontier of India*, London, 1929, pp. 43-44。或以爲其廢墟在 Chakdara 堡以北約 16 公里靠近 Ziarat 處。A. H. Dani and P. Bernard, "Alexander and his Successors in Central Asia." In J. Harmatta, ed., *History of Civilizations of Central Asia*, Vol. II, The development of sedentary and nomadic civilizations, 700 B.C. to A.D. 250. UNESCO Publishing, 1994, esp. 75。

[157] 歐拉，今 Udegram。注 156 所引 Bosworth 書，pp. 53-61。

[158] 巴濟拉，今 Barikot。與歐拉均在今巴基斯坦 Swāt 地區。注 156 所引 Bosworth 書，pp. 46-48。

[159] 阿爾諾斯，今 Bazira 和 Ora 南的 Ilam 山。注 144 所引 Bosworth 書，pp. 178-180。

[160] 埃博利馬，一說應位於印度河与 Puran 之間的 Kabulgram。注 144 所引 Bosworth 書，p. 185。

[161] 狄爾塔，位置無考。

[162] 奈薩，大致位於 Choes 和 Kunar 河之間。見注 8 所引 Bosworth 書，pp. 121-122。

[163] 卽呾叉始羅，其遺址在今巴基斯坦拉瓦爾品第西北。

[164] 希達斯皮斯河，今 Jhelum 河。

[165] 勝利城，希臘文作 Nicaea 位置難以確定。參見注 144 所引 Bosworth 書，

p. 146。

[166] 布西發拉城，確切位置已不可考。參見注 144 所引 Bosworth 書，pp. 311-313。

[167] 格勞塞，該族進一步的情況不得而知。

[168] 阿塞西尼斯河，今 Chenab 河。

[169] 希德拉歐提斯河，今 Ravi 河。

[170] 卡薩亞人，可能指 Sopeithes 王國（Strabo, XV, 1），位於希德拉歐提斯河和阿塞西尼斯河之間。

[171] 品普拉馬城，位置無考。

[172] 桑加拉，一般認為位於今巴基斯坦旁遮普的 Sialkot。

[173] 希發西斯河，今 Beas 河。

[174] 阿里安稱："希達斯皮斯河流入阿塞西尼斯河，阿塞西尼斯河（Chenab）又流入印度河，二者都在匯流處失掉自己的名稱；然後印度河向大海流去，入海處分為二支。"（VI，1）

[175] 索培西斯（Sopeithes）的宮殿，當在 Jhelum 河流域，位置難以確定。

[176] 馬利亞人（Malavas）和歐克西德拉卡人（Kshudrakas）均為當時旁遮普的部族。

[177] Brachman 可能就是 Brahman。該城位置無考。

[178] 馬利亞人最大的城市，當在今 Ravi 河流域，確切位置不詳。

[179] 許多命名為亞歷山大的城市之一，位置不能確指。一說在今巴基斯坦的 Uchch Shariff。M. Wood, In the Footsteps of Alexander the Great, A Journey from Greece to India, BBC Worldwide Limited, 1997；顧淑馨漢譯，東方出版社，2004 年，p. 139。

[180] 索格底亞（Sogdia）的王城，位置無考。這可能是索格底亞那人在印度河流域的一個聚居地。

[181] 此城可能位於今巴基斯坦 Sindh 省 Rohri 之北。

[182] 穆西卡那斯人的王國,可能位於古代的阿羅(中世紀信德的首都),見注 8 所引 Bosworth 書,p. 137。

[183] 歐克西卡那斯的領地在 Sukkur 河南岸。

[184] 辛地馬那,一般認爲在巴基斯坦 Sindh 省 Sehwan Sharif 附近。

[185] 卡曼尼亞,大致相當於今伊朗東南部 Kerman 省。

[186] 帕塔拉,今 Hyderabad,位於印度河三角洲的頂端,見注 180 所引 Wood 書,p. 143。另請參看注 144 所引 Bosworth 書,p. 146。

[187] 西拉塔島,位置無從確指。

[188] 阿拉比亞斯河,巴基斯坦 Karachi 附近的 Hab River。

[189] 歐瑞坦,居地在今巴基斯坦 Balochistan 省 Lasbela 周圍平原地區。

[190] 該城史稱 Alexandria Rhambacia,今巴基斯坦 Balochistan 省 Lasbela 地區。

[191] 今巴基斯坦西南部 Baluchistan 省。

[192] 保拉,可能是今 Iranshahr。見注 8 所引 Bosworth 書,p. 145。

[193] 帕薩伽代城,在今伊朗 Fars 省,位於 Persepolis 東北 87 公里,是 Achaemenid 王朝第一個首都。

[194] 波斯海,指波斯灣。

[195] 埃拉亞斯河,今 Karkhen 河。

[196] 歐皮斯城,在底格里斯河東岸,去巴格達不遠。

[197] 科薩亞人,居住在 Zagros 山脈中的遊牧部落。

[198] 波拉科帕斯河,是幼法拉底河的运河,在幼发拉底河西岸,一般認爲始自 Pallukkatu(Falluja),直至 Iddaratu(Teredon)。

[199] 這是最後的亞歷山大城,位置不詳。

三　伊西多爾《帕提亞驛程誌》譯介

卡剌克斯的伊西多爾（Isidore of Charax）所著《帕提亞驛程誌》（*Stathmoi Parthikoi*）是早期絲路的重要文獻。鑒於國內絲路研究者尚無人譯介，謹拋磚於此。[1]

第一章　赴美索不達米亞 [1] 和巴比倫尼亞 [2]

[1] 美索不達米亞（Mesopotamia），亦見托勒密《地理志》[2]（V, 17），指底格里斯河（Tigris）和幼發拉底河（Euphrates）之間的地區。

[2] 巴比倫尼亞（Babylonia），亦見托勒密《地理志》（V, 19），美索不達米亞南部的古國，首都巴比倫。

1.1 在宙格瑪（Zeugma）[3] 附近渡幼發拉底（Euphrates）河 [4]，抵阿帕米亞（Apamia）城 [5]，自此城可抵達伊阿拉（Daeara）村 [6]。

[3] 宙格瑪，亦見斯特拉波《地理志》[3]（XVI, 1-1, 22, 23）、普林尼《自

然史》[4] (V, 21)、托勒密《地理志》(III, 8) [5], Seleucus Nicator（約前358—前281年在位）所建，故址在今土耳其幼發拉底河畔的Birijik。當時這是自安條克（今Antakya）進入美索不達米亞的必由之途。宙格瑪的政治、經濟、軍事地位重要，乃帕提亞與羅馬的必爭之地。[6]

[4] 幼發拉底河，源自安納托利亞的山區，流經敘利亞和伊拉克，與底格里斯河合流爲阿拉伯河，注入波斯灣。

[5] 阿帕米亞，亦見普林尼《自然史》(V, 21; VI, 30，作 Apamia 或 Apamea)，帕提亞城市，在幼發拉底河左岸，隔河與宙格瑪相對。故址在今土耳其 Şanlıurfa 省的 Tilmusa 村（原 Rum-kala），業已被 Birecik Dam（Birejik Dam）形成的湖泊淹沒。

[6] 伊阿拉村，地望待考。[7] 或即 Peutinger Tables [8] 所列 Thiar。

1.2 自幼發拉底河行三索伊諾伊（schoenus）[7] 至阿帕米亞。

[7] 索伊諾伊，古波斯長度單位。各書所記數值不等，大致在 3¼ 和 3½ 英里之間。

1.3 自彼處行五索伊諾伊至卡剌克斯·西帕西努（Charax-Spasinu）[8]，希臘人稱之爲安忒穆西阿斯（Anthemusias）城[9]。越彼處行三索伊諾伊至巴塔那（Batana）[10] 的科剌厄亞（Coraea）要塞[11]。

[8] 卡剌克斯·西帕西努，希臘人的殖民城市，亞歷山大大帝所建，故址可能在波斯灣頭、底格里斯河與幼發拉底河合流處。公元前一世紀爲

Characene 王國的首都，在與東方進行貿易的過程中發展成繁榮的港口城市。Charax 在希臘語中有"要塞"之意，頗有軍事殖民地色彩。除美索不達米亞的 Charax 外，伊西多爾還記載了剌癸阿那・米底亞地區的 Charax（見第七章）。

[9] 安忒穆西阿斯城，亦見斯特拉波《地理志》(XVI, 1-27)、普林尼《自然史》(V, 21)，美索不達米亞的古城。

[10] 巴塔那，希臘人殖民都市之一。

[11] 科剌厄亞要塞，以及下文所見諸要塞，均是當時帕提亞和羅馬軍事對抗的見證。

1.4 自此處右折，行五索伊諾伊至曼努俄耳哈・奧宇瑞特（Mannuorrha Auyreth）[12] 要塞，及一井泉，居民飲水汲自此泉。

[12] 曼努俄耳哈・奧宇瑞特，希臘語原意是"河面吹來的微風"。

1.5 自彼處行四索伊諾伊至科謨彌西謨柏拉（Commisimbela）要塞，比勒卡（Bilecha）河[13] 流經其旁。

[13] 比勒卡河，或即今伊拉克 Belikh（Balikh）河。

1.6 自彼處行三索伊諾伊至阿拉格瑪（Alagma）要塞，乃一王室驛站。

1.7 經此處行三索伊諾伊，至一希臘城市伊克那厄（Ichnae）[14]，馬其頓人所建，位於巴利卡（Balicha）河畔。

[14] 伊克那厄，希臘人的軍事性質的城市，羅馬和帕提亞之間的戰鬥曾在此城周圍激烈進行。

1.8 自彼處復沿幼發拉底河行五索伊諾伊至希臘城市尼刻福里烏謨（Nicephorium）[15]，亞歷山大大帝[16]所建。

[15] 尼刻福里烏謨，亦見斯特拉波《地理志》（XVI, 1-23）、普林尼《自然史》（V, 21; VI, 30，作 Nicephorium 或 Nicephorion），重要交通樞紐，故址在今 Rakka。

[16] 亞歷山大大帝（King Alexander），馬其頓國王，公元前336—前323年在位，公元前334年開始遠征波斯、印度，建立了橫跨歐亞的大帝國。

1.9 復沿（幼發拉底）河行四索伊諾伊至伽拉巴塔（Galabatha）村，村已荒廢。自彼處行一索伊諾伊至枯謨巴那（Chumbana）村。

1.10 自彼處復行四索伊諾伊至提爾拉達·彌耳哈達（Thillada Mirrhada）[17]，亦一王室驛站。

[17] 提爾拉達·彌耳哈達，故址可能在今 Khmeida。

1.11 從彼處行七索伊諾伊至一王庭[18]，乃一壁塢[19]，有大流士所建阿耳忒彌斯（Artemis）[20]神殿。塞彌剌彌斯（Semiramis）[21]運河流經此處。該處幼發拉底河築有石堤，使河道變窄、水漲溉田，然夏季常有船隻觸堤失事。[22]

[18] 王庭可能在今敘利亞的 Zelebiyeh，對面是 Zenobia 城堡。

[19] 壁塢，指有壁圍的村，此類村亦希臘軍事殖民地。蓋自塞琉古王朝始，實施希臘化政策，在商道沿途建造希臘城市，同時建造具有軍事用途的村落。伊西多爾所記四處有壁圍的村落，均在中部美索不達米亞的交通幹線上，面向幼發拉底河，起天然要塞的作用。

[20] 阿耳忒彌斯，起源於東伊朗的富饒之神，水神阿那希塔（Anahita）亦即阿那伊提斯（ναιτις）的希臘語名稱。所謂阿耳忒彌斯神殿，供奉的應是阿那希塔女神。伊西多爾所謂大流士，可能指大流士一世（Dareios I，約前522—前486年在位）。但無論大流士一世還是居魯士，雖然尊重、保護被征服民族的宗教，其本人則僅接受波斯人的宗教亦即瑣羅亞斯德教（Zoroaster）的教義。大流士一世、薛西斯一世（Xerxes I，約前486—前465年在位）和 Artaxerxes 一世（約前465—前425年在位）的碑銘絕不出現阿胡拉・瑪茲達之外神祇的名稱，亦未見關於他們為阿胡拉・瑪茲達以外的其他神祇建造神殿的記錄。Artaxerxes 二世（約前405—前359年在位）以降，銘文中始有關於阿胡拉・瑪茲達以外其他古伊朗神祇如太陽神密特拉和水神 Anahita 的表述。因此，伊西多爾所謂大流士所建阿耳忒彌斯神殿，可能是 Artaxerxes 二世以後波斯諸王所建。

[21] 塞彌剌彌斯，按希臘神話，係敘利亞女神阿塔爾噶提斯（ταργατι）之女。

[22] 自巴比侖時代起，這一地區就有發達的灌溉和水利。挖掘運河是國家的主要事業。

1.12 復行四索伊諾伊至一壁塢，名阿爾蘭（Allan）。

1.13 復行四索伊諾伊有地名柏俄那恩（Beonan），彼處有阿耳忒彌斯神殿。

1.14 復行六索伊諾伊至法利伽（Phaliga，希臘語意指"中途"）村[23]，村在幼發拉底河畔。

[23] 法利伽村以及下文的那巴伽特壁塢，可能在今 Buseira。

1.15 自安條克（Antioch）[24] 至法利伽一百二十索伊諾伊。復自法利伽至底格里斯河畔的塞琉西亞（Seleucia）[25] 一百索伊諾伊。

[24] 安條克，今土耳其的 Antakya。公元前 300 年作爲塞琉古王朝首都建成。

[25] 塞琉西亞，今底格里斯河畔的 Seleucia 遺址。公元前 307 年曾爲塞琉古王朝最初的首都。公元前 141 年，被 Mithrisates 一世（約前 171—前 139/前 138 年在位）佔領，成爲帕提亞領土。

1.16 法利伽村接一壁塢，名那巴伽特（Nabagath）[26]。阿部剌斯（Aburas）河[27]傍塢而流，注入幼發拉底河。大軍於此渡河赴羅馬國土。

[26] 那巴伽特，見注 23。

[27] 阿部剌斯河，亦見斯特拉波《地理志》(XVI, 1-27，作 Aborras)、普林尼《自然史》(XXXI, 22; XXXII, 7，作 Chabura)、托勒密《地理志》(V, 17，作 Chaboras)，可能是今天的 Khābūr 河。

1.17 自彼處行四索伊諾伊至阿西克（Asich）村[28]，復行六索伊諾伊至杜剌·尼卡諾里斯（Dura Nicanoris）城[29]，城係馬其頓人所建，希臘人稱之爲歐洛浦斯（Europus）[30]。

[28] 阿西克村，故址在今 Jemma 附近。

[29] 杜剌·尼卡諾里斯城，建於公元前 280 年，故址在今幼發拉底河中游左岸 Qalat-es-Sāhhīya 遺址。1921 年，法國考古學調查團在此進行發掘，證實這裏曾是一個隊商都市，出土的羊皮文書、美術品等均係研究帕提亞史的珍貴資料。

[30] 歐洛浦斯，據 Polybius [9] (V, 48-16)，Europus 屬於 Parapotamia，Dura 屬於美索不達米亞。則歐洛浦斯與杜剌是兩個不同的城市。

1.18 自彼處行五索伊諾伊至墨耳哈（Merrha）要塞[31]，乃一壁塢。

[31] 墨耳哈村，故址在今 Irzi。

1.19 自彼處行五索伊諾伊至癸丹（Giddan）城[32]，復行七索伊諾伊至柏勒西·比布拉達（Belesi Biblada）。

[32] 癸丹城，故址在今 Jabariyeh 附近。

1.20 自彼處行六索伊諾伊有一島，在幼發拉底河中，法剌阿忒斯[33]寶庫之所在。被放逐之提里達忒斯[34]來襲之際，法剌阿忒斯殺其嬪妃。

[33] 法剌阿忒斯，指 Phraates 四世（公元前 40—公元 3/2 年在位），Orodes 一世之子，卽位後殺其父及兄弟 30 人。因其殘酷，於公元前 32 年遭臣下流放，旋得斯基泰人之助，逐走繼位者 Tiridates 二世（前 32—前 25 年在位）。後者逃亡敘利亞，公元前 27/ 前 26 年一度復辟，僅數月復遭 Phraate 驅逐。
[34] 提里達忒斯，指帕提亞國王 Tiridates 二世。

1.21 復行四索伊諾伊至阿那特（Anatho）島[35]，島在幼發拉底河中，其上有城，至彼處四斯塔狄亞（stadia）[36]。

[35] 阿那特島，可能是今幼發拉底河畔的 Anah。
[36] 斯塔狄亞，40 斯塔狄亞等於 1 索伊諾伊。

1.22 經彼處行十二索伊諾伊至提拉部斯（Thilabus）島[37]，島在幼發拉底河中，帕提亞寶庫之所在。

[37] 提拉部斯島，可能在今 Ai-Hadithah 附近。

1.23 從此島行十二索伊諾伊至島嶼之城伊贊（ζαν-νησο-πολις）[38]。復行十六索伊諾伊至阿伊波利斯（Aipolis）城[39]，有瀝青泉。

[38] ζαν-νησο-πολις，希臘語，意指"伊贊島的城市"，可能在今 EI-Uzz 島附近。

[39] 阿伊波利斯城，故址可能在今 Hīt(is)。

1.24 自此處行十二索伊諾伊是柏塞卡那（Besechana）城，城有阿塔耳伽提斯（Atargatis）[40]神殿。

[40] 阿塔耳伽提斯，敘利亞的 Hierapolis Bambyce 女神，一名 Derceto。

1.25 復行二十二索伊諾伊至幼發拉底河畔涅阿波利斯（Neapolis）。

1.26 自此處渡幼發拉底河，復經那耳馬伊坎（Narmaichan），行九索伊諾伊，至底格里斯河畔之塞琉西亞。
1.27 至此為美索不達米亞（Mesopotamia）和巴比倫（Babylonia）之地，從宙格瑪到塞琉西亞凡一百七十一索伊諾伊[41]。

[41] 一百七十一索伊諾伊，以 1 索伊諾伊合 5328 米換算，合 911.088 公里。今自 Birecik 至 Seleuceia 遺址之距離與此大致相符。

第二章　赴阿波羅尼阿提斯[1]

2 阿波羅尼阿提斯（Apolloniatis）區自彼處始，其地延伸三十三斯庫伊諾伊，有村若干，村間有驛站，及希臘城市阿耳忒彌亞（Artemita）[2]，西拉（Silla）河[3]流經此城中央。自塞琉西亞至此城十五斯庫伊諾伊。此城今名卡拉薩爾（Chalasar）。

[1] 阿波羅尼阿提斯，亦見斯特拉波《地理志》（XVI, 1-1）、托勒密《地理志》（VI, 1，作 Apollonitas）。後者置 Apollonitas 於 Sittacena 與 Gramaei 之間。

[2] 阿耳忒彌亞，亦見斯特拉波《地理志》（XVI, 1-17）、托勒密《地理志》（VI, 1）。故址可能在今 Baqūbah 東 7 英里的 Karastar。

[3] 西拉河，或即今 Diyala 河。

第三章　赴卡羅渥提斯[1]

3 然後是卡羅渥提斯（Chalonitis）區，其地延伸二十一索伊諾伊，有村五，村間有驛站。出阿波羅尼阿提斯（Apolloniatis）區十五索伊諾伊，有希臘城市卡拉（Chala）[2]。自此城行五索伊諾伊，至匝格儒斯（Zagrus）山[3]，此山爲卡羅渥提斯和墨得斯（Medes）兩區之分界線。

[1] 卡羅渥提斯區，亦見斯特拉波《地理志》（XI, 14-8; XVI, 1-1）、普林

尼《自然史》（VI, 30）。

[2] 卡拉，或即今 Zagrus 山麓 Harvan 附近古城遺址。

[3] 匝格儒斯山，亦見斯特拉波《地理志》（XI, 12-4），今 Zagros 山脈。

第四章　赴［下］米底亞[1]

4 然後是［下］米底亞（[Lower] Media）區，其地延伸二十二索伊諾伊，始自卡里那（Carina）[2] 區。［下］米底亞有村五，村間有驛站，然無城市。

[1]［下］米底亞，一說米底亞有四部分：Carina、Cambadene、Barene 和 Rhagiana。前兩者合稱下米底亞，後兩者合稱上米底亞。10

[2] 卡里那區，可能在今 Kerent（Kerind）附近。

第五章　赴卡謨巴德涅[1]

5 然後是卡謨巴德涅（Cambadene）區，其地延伸三十一索伊諾伊，有村五，村間有驛站，復有巴普塔那（Baptana）[2] 城，築於山上，城中有塞彌剌彌斯[3] 雕像和石柱。

[1] 卡謨巴德涅區，可能指 Kermànshah。11

[2] 巴普塔那，或係 Bagistana 之譌。Bagistana 在今 Zagrus 山脈中的綠洲都市 Kermanshah 近郊的 Bīstūn。此地有大流士一世的紀念碑，乃自美索不達米亞進入伊朗高原的要衝。

[3] 塞彌剌彌斯雕像，在今 Taq-i-Bostom。

第六章　赴上米底亞

6 然後是所謂上米底亞，其地延伸三十八索伊諾伊。最初三索伊諾伊處是孔科巴耳（Concobar）城[1]，繁榮如初。城有阿耳忒彌斯神殿，復行三索伊諾伊至巴最格匝班（Bazigraban）海關，過海關行四索伊諾伊至阿德剌帕那（Adrapana）[2]。此處係諸王在巴塔那（Batana）[3]之領地，爲亞美尼亞（Armenian）人提格剌涅斯（Tigranes）[4]毀壞者。自彼處行十二索伊諾伊至米底亞首府阿珀巴塔那（Apobatane）[5]，中有寶庫，復有阿奈提斯（Anaitis）[6]神殿，人每獻犧牲。彼處以遠有村三，村間有驛站。

[1] 孔科巴耳城，故址在今 Kangāvar，該處有塞琉古王朝時期的阿那希塔神殿遺址。

[2] 阿德剌帕那，故址在今 Arteman。

[3] 巴塔那，一說爲 Ecbatana 之譌。今 Zagrus 山脈中的綠洲都市 Hamadan，曾爲米底亞王國首都。阿赫美尼德王朝曾於此置離宮。

[4] 提格剌涅斯，指 Tigranes 一世（前 94—前 56 年在位）。亞美尼亞

位於帕提亞和羅馬中間，成爲兩國的緩衝地帶，也是兩國激烈爭奪的地方。Tigranes 在帕提亞王 Mithridates 二世（前 124/ 前 123—前 90 年在位）的支持下卽亞美尼亞王位，故亞美尼亞與帕提亞關係密切，曾與帕提亞聯盟對抗羅馬。但 Mithridates 二世去世後，帕提亞因內亂衰落，Tigranes 一世則入侵帕提亞，一度佔有直至 Ecbatana 附近的土地。

[5] 阿珀巴塔那，卽 Ecbatana。

[6] 阿奈提斯，卽波斯的 Anahita，源自巴比侖。

第七章　赴剌癸阿那[1]·米底亞

7 然後是［剌癸阿那］米底亞（[Rhagiana] Media）區，其地延伸五十八索伊諾伊，有村十、城五。最初七索伊諾伊處是剌伽（Rhaga）[2] 和卡剌克斯（Charax）[3]。其中剌伽是米底亞最大的城市。卡剌克斯則是法剌阿忒斯[4] 安置馬爾狄（Mardi）人[5] 處，位於卡斯比亞（Caspius）山[6] 麓，踰此卽卡斯比亞諸門（Caspian Gates）[7]。

[1] 剌癸阿那，今 Elburz 山脈和 Kavir Desert 之間肥沃、狹長的地帶。

[2] 剌伽，亦見斯特拉波《地理志》(XI, 13-6)，今德黑蘭南部 Sharh Rey 遺址，在古代亦是東西交通的樞紐。

[3] 卡剌克斯，似爲 Uewanukif 遺址。

[4] 法剌阿忒斯，指帕提亞王 Phraates 一世（前 176—前 171 年在位）。

[5] 馬爾狄人，Elburz 山中的遊牧民，善戰，曾被 Phraates 一世征服。

[6] 卡斯比亞山，今 Elburz 山。

[7] 卡斯比亞諸門，相當於 Elburz 山脈向西南突出於沙漠的部分。古來處於交通幹線的要衝，有重要的戰略地位。今道經由 Girduni Sudurrah 山口，但當時經由今道以北 4 英里處的 Tang-i-Suluk。參看普林尼《自然史》（VI, 14）。

第八章　赴科阿瑞那[1]

8 越卡斯比亞諸門，抵一狹谷，至科阿瑞那（Choarena）區，其地延伸十九索伊諾伊。最初四索伊諾伊處是阿帕米亞城[2]，此後有村四，村間有驛站。

[1] 科阿瑞那，亦見托勒密《地理志》（VI, 5，作 Chorana），今 Chawar 或得名於此。

[2] 阿帕米亞城，在今 Rhagae 附近，亦見斯特拉波《地理志》（XI, 9-1; XI, 13-6，作 Apameia）、托勒密《地理志》（VI, 5），希臘城市，馬其頓人所建。

第九章　赴科彌塞那[1]

9 然後是科彌塞那（Comisena）區，其地延伸五十八索伊諾伊，有村八，村間有驛站，然無城。

[1] 科彌塞那，亦見斯特拉波《地理志》(XI, 9-1，作 Comisene)、托勒密《地理志》(VI, 5)。

第十章　赴赫爾卡尼亞[1]

10 然後是赫爾卡尼亞（Hyrcania）區，其地延伸六十索伊諾伊，有村十一，村間有驛站。

[1] 赫爾卡尼亞，亦見托勒密《地理志》(VI, 9)。

第十一章　赴阿斯陶厄那[1]

11 然後是阿斯陶厄那（Astauena）區，其地延伸六十索伊諾伊，有村十二，村間有驛站，有城名阿薩阿克（Asaac）[2]，阿爾薩科斯（Arsaces）最初稱王處，"不滅之火"[3]於此永燃。

[1] 阿斯陶厄那，亦見托勒密《地理志》(VI, 9，作 Astaveni)。

[2] 阿薩阿克城，故址在今 Atrek 谿谷上游 Quchan 附近。帕提亞王朝第二個都城，以創始人阿爾薩科斯（Arsaces，前 246—前 217 年在位）命名。

[3] "不滅之火"，瑣羅亞斯德教之神火。帕提亞王朝信奉此教。

第十二章　赴帕爾堤厄那 [1]

12 然後是帕爾堤厄那（Parthyena）區，其地延伸二十五索伊諾伊，有河谷。最初六索伊諾伊處是帕爾陶尼薩（Parthaunisa）城 [2]，中有王陵若干 [3]，而希臘人稱之爲尼薩厄亞（Nisaea）。復行六索伊諾伊至伽塔爾（Gathar）城。自此復行五索伊諾伊至西洛克（Siroc）城。然後是唯一的村，名薩佛里（Saphri）。

[1] 帕爾堤厄那，亦見托勒密《地理志》（VI, 5）。

[2] 帕爾陶尼薩城，遺址可能在今 Naishapur, Ashkhabad 西 160 公里的 Bagir 附近。1846 年以降，此處出土用阿拉姆語書寫的帕提亞陶片文書等貴重資料。

[3] 王陵，指阿爾薩科斯王朝的王陵。雖然瑣羅亞斯德教教義規定死者必須實行風葬，但伊西多爾的記載似乎表明王室有自己的陵墓。

第十三章　赴阿泡阿爾克提刻那 [1]

13 然後是阿泡阿爾克提刻那（Apauarcticena）區，其地延伸二十七索伊諾伊，有阿泡阿爾克提卡（Apauarctica）城 [2]。然後是剌高（Ragau）城，有村二。

[1] 阿泡阿爾克提刻那，亦見普林尼《自然史》（VI, 18，作 Apavortene），

位於帕提亞東南。

[2] 阿泡阿爾克提卡城，亦見托勒密《地理志》（VI, 5，作 Artacana），故址在今 Meshed 附近。

第十四章　赴馬爾癸亞那[1]

14 然後是馬爾癸亞那（Margiana）區。其地延伸三十索伊諾伊，有被稱爲"水源充足的"[2]的安提俄喀亞（Antiochia）城[3]，然無村。

[1] 馬爾癸亞那，亦見托勒密《地理志》（VI, 10）。
[2]1999 年雅典本作"无水源的"，不知孰是。12
[3] 安提俄喀亞城，亦見普林尼《自然史》（VI, 18）。希臘化時期的 Antiochia Margiana 卽今土庫曼斯坦的 Mary (Mervrud)。

第十五章　赴阿里亞[1]

15 然後是阿里亞（Aria）區，其地延伸三十索伊諾伊，有坎達克（Candac）城[2]，阿爾塔考安（Artacauan）城[3]，以及阿里伊（Arii）的亞歷山大里亞（Alexandria）城[4]，有村四。

[1] 阿里亞，亦見托勒密《地理志》（VI, 17）。

[2] 坎達克城，亦見托勒密《地理志》（VI, 17，作 Cotaca）。

[3] 阿爾塔考安城，亦見斯特拉波《地理志》（XI, 10-1，作 Artacaëna）、普林尼《自然史》（VI, 25，作 Artacoana）、托勒密《地理志》（VI, 17，作 Articaudna），故址在今阿富汗西北的 Heart。據阿里安《亞歷山大遠征記》（III-25，作 Artacoana）[13]，此城乃阿里亞王宮所在。

[4] 阿里伊的亞歷山大里亞城，故址亦在 Herat，古代的交通要衝。亦見斯特拉波《地理志》（XI, 8-9; 10-1，作 Alexandreia）、普林尼《自然史》（VI, 21）、托勒密《地理志》（VI, 17）。

第十六章　赴阿瑙翁[1]

16 然後是阿瑙翁（Anauon），屬阿里亞區，其地延伸五十五索伊諾伊，有大城法剌（Phra）[2]，及比斯（Bis）城[3]、伽里（Gari）[4]城、尼亞（Nia）城[5]，然無村。

[1] 阿瑙翁，今 Farāh 周圍地區。

[2] 法剌，可能是今阿富汗南部的 Farāh，在發源於興都庫什山的 Fara 河畔。

[3] 比斯城，故址可能在今 Helmand 河畔的 Bost (Beste)。

[4] 伽里城，故址可能在今 Girishk。

[5] 尼亞城，故址可能在今 Neh。

第十七章　赴匝然癸亞那[1]

17 然後是匝然癸亞那（Zarangiana）區，其地延伸二十一索伊諾伊，有帕任（Parin）城及科洛克（Coroc）城。

[1] 匝然癸亞那（Zarangiana），希羅多德《歷史》14（III, 93，作 Sarangians）所載大流士一世在位時波斯所轄第 14 個郡（satrapy），亦見阿里安《亞歷山大遠征記》（作 Zarangæns, III, 25）、斯特拉波《地理志》（XV, 2-8，作 Drangae）、普林尼《自然史》（VI, 21，作 Drangæ）、托勒密《地理志》（VI, 19，作 Drangiana）。其名意為"湖畔居民"，湖乃指 Helmund 湖。

第十八章　赴塞卡斯坦[1]

18 然後是斯基泰·塞人（Scythian Sacae）15 佔領的塞卡斯坦（Sacastana），卽帕剌厄塔刻那（Paraetacena）[2]，其地延伸六十三索伊諾伊，該處有巴爾達（Barda）城、明（Min）城、帕拉肯提（Palacenti）城，及西伽爾（Sigal）城。有塞人之王庭，去此不遠是亞歷山大里亞城（Alexandria）和亞歷山大洛波利斯（Alexandropolis）城[3]。復有村六。

[1] 塞卡斯坦，位於今錫斯坦（Seistan）。Sacastana 意指 Sacae 人的土地。Sacae 原居錫爾河北，後南下滅亡希臘巴克特里亞王國。為西遷大月氏人所

逐，入侵帕提亞。Phraates 二世（約前 139/前 138—前 127 年在位）、Artavanu 二世（約前 127—前 124/前 123 年在位）與之作戰。直至 Mithridates 二世時期，帕提亞才擊退其入侵且收復失土。而被 Mithridates 二世驅逐的 Sacae 人遂南下佔有 Sīstān 之地。

[2] 帕剌厄塔刻那，亦見托勒密《地理志》(VI, 4，作 Paraetacene)。此名希臘語意指"山地的"、"多山的地方"。

[3] 亞歷山大里亞城和亞歷山大洛波利斯城，前者可能是衍文，後者見下節注 3。

第十九章　赴阿剌科西亞[1]

19 然後是阿剌科西亞（Arachosia）區，其地延伸三十六索伊諾伊，帕提亞人稱之爲"白印度"[2]，有比宇特（Biyt）城、法耳薩那（Pharsana）城，以及科洛科亞（Chorochoa）城和德墨特里亞斯（Demetrias）城。然後是希臘都市阿剌科西亞的首府即亞歷山大洛波利斯城[3]，阿剌科圖斯（Arachotus）河[4]流經其旁。至此均爲帕提亞王國統轄的領域。

[1] 阿剌科西亞，位於今阿富汗。亦見托勒密《地理志》(VI, 20)。
[2] 白印度，也許指公元前一世紀中葉塞人所建 Spalirises-Azes 王國。[16]
[3] 亞歷山大洛波利斯城，今阿富汗東南要衝坎大哈。
[4] 阿剌科圖斯河，Helmand 河支流 Arghandab 河。

以下是幾點說明：

一、伊西多爾是生活於公元前一世紀後半葉、卽羅馬皇帝奧古斯都（Augustus，公元前 27—公元 14 年在位）時期的希臘地理學家，生卒年代和生平事蹟不詳，僅僅知道他誕生於波斯灣頭希臘人的殖民城市卡刺克斯・西帕西努。

奧古斯都欲確立在帕提亞和阿拉伯方面的統治，除了政治、軍事方面的動機外，還有經濟方面的原因，亦卽不穿越帕提亞領土直接與西漢、印度交易。爲收集有關情報，奧古斯都曾幾次派遣探險隊和軍隊。伊西多爾等人便於公元前 25 年左右，被遣調查波斯灣頭。[17]

伊西多爾的調查報告之一便是《帕提亞驛程志》。這是一份關於帕提亞波斯王朝的交通道的記錄，是現存帕提亞波斯和羅馬抗爭時代唯一系統的東西交通文獻。《帕提亞驛程誌》一書早已佚失，現存衹是一些片段，而且不是原文。

除《帕提亞驛程志》外，伊西多爾還著有《帕提亞周遊記》（Παρθια Περιηγησις）一書。後者大部分已經散佚。相對於前者記錄經由帕提亞北部領土的東西交通路線，後者主要描述帕提亞南部的陸海交通路線。兩書寫於同時，目的一致。

二、《帕提亞驛程誌》所載路線可概述如下[18]：

自帕提亞西界宙格瑪（Zeugma）出發，沿幼發拉底河抵達塞琉西亞。

在經由阿耳忒彌亞（Artemita）後，沿西拉（Silla）河，從卡拉（Chala）渡底格里斯河，並越過匝格儒斯（Zagrus）山脈進入伊朗高原，穿越其北部，東向往赴米底亞地區。其間，經歷了卡謨巴德涅（Cambadene，今 Kermanshah）、巴普塔那（Baptana，今 Bistun）、塞彌剌彌斯雕像（在今 Taq-i-Bustom）、孔科巴耳城（Concobar，今 Kangavar）、阿珀巴塔那（Apobatane，今 Hamadan）、剌伽（Rhaga，今 Sharh Rey）、卡剌克斯（Charax，今 Uewanukif）、卡斯比亞諸門（Caspian Gates，今 Tang-i-Suluk）等古來東西交通線上的著名城區。

　　自米底亞至馬爾癸亞那一段，由於敘述簡略，具體走向不明。但知道經過的著名地點有阿薩阿克（Asaac，今 Quchan 附近）、帕爾陶尼薩城（Parthaunisa，今 Naishapur）等。而自塞琉西亞經米底亞抵達馬爾癸亞那的安提俄喀亞（Antiochia Margiana，今 Mary）的路線，正是古來自美索不達米亞穿越伊朗高原北部到達中亞的主要交通道。

　　在到馬爾癸亞那的安提俄喀亞後，南向經由阿里亞的亞歷山大城（Alexandria，今 Herat）和阿瑙翁的法剌（Phra，今 Farah），復經匝然癸亞那（Zarangiana）和塞斯坦，即今阿富汗 Hanun Helmand 湖附近，復沿阿剌科圖斯（Arachotus）河即今 Helmand 河前進，來到帕提亞的東界，即亞歷山大洛波利斯（Alexandropolis，今 Kandahar）。

　　三、《帕提亞驛程誌》描述的年代，一般認爲應在公元前 26 年之後。蓋書中涉及 Tiridates 二世復辟事。但亦有人認爲該書描述的時代並非公元前一世紀後半葉亦即作者自身所處的時代。蓋書中不僅將馬爾癸亞那的安提俄喀亞，且將宙格瑪記作帕提亞的領土。這顯然是 Mithridates 二世在位亦卽帕提亞極盛時期的情況。而在作者所處的時代，也就是 Orodes 一世、法剌阿忒斯四世時代的帕提亞，同時受到西方羅馬和東方貴霜的壓迫，國境線後退，宙格瑪歸於羅馬，而阿剌科西亞的亞歷山大洛波利斯城和馬爾癸亞那的安提俄喀亞并入貴霜。由此可見，作者是以 Mithridates 二世時代的資料爲基礎寫作本書的。此外，還參考了帕提亞之前的史料。蓋所記自美索不達米亞至阿剌科西亞二十個行政區劃的名稱均不是帕提亞時代的。例如第 4—7 章所述均係塞琉古王朝的行政區劃。[19] 而從美索不達米亞經伊朗高原北部的米底亞、赫爾卡尼亞，至阿里亞、塞斯坦、阿剌科西亞這一段，與馬其頓亞歷山大東征路線非常接近。[20] 因此，似乎可以認爲伊西多爾採用了亞歷山大和塞琉古時代的史料。

四、漢文史籍所載當時經安息卽帕提亞赴大秦卽羅馬帝國的道路與伊西多爾《帕提亞驛程誌》所載有若干處可以互勘：

如《後漢書·西域傳》載，安息"東界木鹿城"。而"自安息西行三千四百里至阿蠻國。從阿蠻西行三千六百里至斯賓國。從斯賓南行度河，又西南至于羅國九百六十里，安息西界極矣。自此南乘海，乃通大秦"。其中，"木鹿"卽 Margiana、"阿蠻"卽 Ecbatana。

另，《魏略·西戎傳》載："從安息界安谷城乘船，直截海西，遇風利二月到，風遲或一歲，無風或三歲。其國在海西，故俗謂之海西"。"海西"指大秦，"安谷"卽 Antioch。又載："斯羅國屬安息，與大秦接也"。"斯羅"卽 Seleucia。[21]

或以爲《魏略·西戎傳》所載大秦國之飛橋乃指自宙格瑪架設於幼發拉底河上的橋、《魏略》所見"驢分城"即 Nicephorium [22] 之類，均似未安。[23]

一說據《後漢書·西域傳》，當時西踰蔥嶺經安息赴大秦有二道：一爲"伊朗北道"（大月氏－安息道），一爲"伊朗南道"（罽賓－烏弋山離－條枝道）。甘英西使所取應該就是後者。《驛程誌》所記經匝然葵亞那、塞斯坦，抵達阿里亞的亞歷山大洛波里斯即後者之一段。[24]

今案：其說有所未安。《後漢書·西域傳》所載條枝指敍利亞安條克。所謂罽賓－烏弋山離道在抵達烏弋山離後必須北上經安息才能往赴條枝，並非直接前往。

■ 注釋

1 漢譯主要依據英譯：W. H. Schoff, ed. and tr., Isidore of Charax, *Parthian Stations*. Philadelphia, 1914, 以及日譯：山本弘道"《イシドロスのパルテイア道里記》譯注"，《東西文化交流史》，雄山閣，1975 年，pp. 312-330。張緒山據希臘原文（Iōannēs Schoinas & Dēmētrios G. Koutroumpas, ed., *Archaioi hellēnes geōgraphoi* [ekdotēs Iōannēs Schoinas; eisagōgē, metaphrasis Dēmētrios G. Koutroumpas], Athēnai: Nea Thesis, 1999, pp. 104-123）作了校對。

2 E. L. Stevensen, tr. & ed., *Geography of Claudius Ptolemy*. New York, 1932.

3 H. L. Jones, tr., *The Geography of Strabo, with an English translation*. 8 vols.

London, 1916-1936.

4 J. Bostock; H. T. Riley, ed. & tr., Pliny the Elder, *The Natural History*. London, 1855.

5 伊西多爾所列地名其他西方典籍多有提及者，茲僅列出主要幾種，以見一斑。

6 本文關於地名的注釋多據注 1 所引 W. H. Schoff 和山本弘道文，茲不一一。

7 以下地望待考者不復出注。

8 1265 年科爾馬（Colmar）某修士繪在 12 張羊皮紙上的羅馬帝國地圖。

9 E. S. Shuckburgh, tr., Polybius, *Histories*. London, 1889.

10 參看 W. W. Tarn, *The Greek in Bactria and India*. London: Cambridge, 1951, p. 443。

11 A. V. W. Jackson, *Persia Past and Present*. MacMillan & Co., New York, 1906, p. 230.

12 見注 1 所引 Iōannēs Schoinas & Dēmētrios G. Koutroumpas 書。

13 E. I. Robson, tr., Arrian, *Anabasis Alexandri, with an English translation*. London and New York, 1929.

14 D. Grene, tr., Herodotus, *The History*. The University of Chicago Press, Chicago & London, 1987.

15 關於塞人，參看余太山《塞種史研究》，中國社會科學出版社，1992 年，pp. 1-23。

16 注 10 所引 W. W. Tarn 書，pp. 54-55。

17 E. H. Warmington, *The Commerce between the Roman Empire and India*. London, 1974, pp. 15, 22, 33, 69, 168.

18 山本弘道"《パルテイア道里記》の史的考察"，《史滴》4（1983 年），pp. 1-21。

19 注 18 所引山本氏文。

20 山本弘道"古代西アジアのシルクロド——アレクサンダの道と《パルテ

イア道里記》",《月刊シルクロード》3～9（1977 年），pp. 42-46。

21 参看余太山"條枝、黎軒和大秦"，載注 15 所引書，pp. 182-209。

22 F. Hirth, *China and the Roman Orient*. Shanghai and Hongkong, 1885, p. 193。

23 参看注 21 所引余太山文。

24 注 18 所引山本氏文，以及山本氏"甘英の西使と'イラン南道'"，《オリエント》23～2（1981 年），pp. 265-266。

四 托勒密《地理志》所見絲綢之路的記載

托勒密（約98—168年）的《地理志》[1]記載了自幼發拉底河流域至 Serica 之經由。一般認爲，Serica 意卽"絲國"，乃指中國。[2]因此，《地理志》所載爲西方有關早期絲綢之路的重要文獻。本文擬在前人研究的基礎上，先考證托勒密所載 Serica 以及與之密切相關的"Imaus 山外側的 Scythia［地區］"的地望，再敍說這一路線。

一

Serica 的地理位置，托勒密有如下描述：

Serica 的西端是 Imaus 山外側的 Scythia［地區］，分界線業已指出；北面是未知之地，與 Thule 緯度相同；東面也是未知之地，分界線兩端落在 180° 63′ 和 180° 35′。南面是恒河外側的印度棄地，作爲分界的緯線兩端落在 173° 35° 及另一點上，此點坐落於 Sinis 外側地區沿同一緯度線延伸直至業已指出的未知之地附近。(VI, 16)

顯然，瞭解 Serica 的地理位置，必須先瞭解托勒密所說的"Imaus 山外側的 Scythia [地區]"。關於這一地區，托勒密有如下描述：

Imaus 山外側的斯基泰 [地區] 西接 Imaus 山脈內側的斯基泰 [地區]，緊鄰 Sacae [地區]，該山脈北走將它隔開。北面是未知之地。東面沿著一直線與 Serica 爲界，直線的終端分別落在 150° 63° 和 160° 35°。南與恒河外側的部分印度爲界，直至聯結已知兩點的線爲止。(VI, 15)

一般認爲，Imaus 山指帕米爾高原及其向東方伸展的山脈。而所謂"Imaus 山外側"，應指阿爾泰山、天山和喜馬拉雅山所包圍的地區。[3] 如果考慮到"Imaus 山外側的 Scythia [地區]"與 Serica 之南同爲"恒河外側的部分印度"，則 Serica 和"Imaus 山外側 Scythia [地區]"事實上共有"Imaus 山外側"。前者在東，後者在西。

旣然 Serica 連同所謂"Imaus 山外側的斯基泰 [地區]"坐落在帕米爾以東、喜馬拉雅山以北，可以認爲其範圍大致相當於今天中國的西部，具體而言，包括新疆、西藏和部分甘肅地區。

至於所謂"Sacae [地區]"的地理位置，托勒密有如下記載：

Sacara 的西界是前述索格底亞那的東界。其北界似與 Scythia 相對，界線沿 Jaxartes 河道伸展，直到 130°49°處爲止。其東面也和 Scythia 鄰接，界線穿越 Ascatancas 山，直到 Imaus 山 140°43°處，復北向穿越 Imaus 山，終止於 145°35°。在南面，Sacara 以 Imaus 山爲界，界線聯結以上兩點。(VI, 13)

其中，Jaxartes 河即錫爾河，可見所謂"Sacae"大致位於索格底亞那以東、錫爾河（Jaxartes）或其上游納林河以南，帕米爾以北。[4]

二

本節考述 Serica 的山脈，據托勒密記載：

Serica 四周羣山環繞。有 Annibi 山（自 153°60°至 171°56°），又有 Auzacis 山之東段（終點在 165°54°），又有 Asmiraei 山脈（位於 167°47°30′與 174°47°30′），又有 Casius 山之東段（終點在 162°44°），又有 Thagurus 山（其中段位於 170°43°），又有 Emodi 山，其東段即所謂 Serici 山（終點在 165°36°），又有 Ottorocoras 山（終點在 169°36°與 176°39°）。(VI, 16)

同時，托勒密也記述了"Imaus 山外側的 Scythia [地區]"的山脈：

> 在這一斯基泰 [地區] 內，有 Auzaciis 山西段的一部分，終點在 149°49′；有所謂 Casii 山的一部分，終點在 152°41′；還有 Emodus 山西段的相等部分，終點在 153°36′。（VI, 15）

顯然，Serica 的 Auzacis 山和 Emodi 山應即"Imaus 山外側的 Scythia [地區]"的 Auzaciis 山和 Emodus 山。Auzacis（或 Auzaciis）山和 Emodi（Emodus）山之西段在"Imaus 山外側的 Scythia [地區]"，其東段則在 Serica。這表明 Auzacis（或 Auzaciis）山和 Emodi（Emodus）山均是緜延數千里的大山脈，貫穿 Serica 和"Imaus 山外側的 Scythia [地區]"。

另外，Serica 的 Casius 山，很可能就是"Imaus 山外側的 Scythia [地區]"的 Casii 山。Casius（或 Casii）山之東段在 Serica，而有一部分（無疑是西部）在"Imaus 山外側的 Scythia [地區]"。這說明這一山脈與 Auzacis（或 Auzaciis）山和 Emodi（或 Emodus）山一樣，也是緜延數千里的大山脈，貫穿 Serica 和"Imaus 山外側的 Scythia [地區]"。

按照托勒密敘述的次序以及提供的經緯度，可以推知此三山的位置自北至南的次序應爲 Auzacis（或 Auzaciis）山、Casius（或 Casii）山和 Emodi（或 Emodus）山。考慮到帕米爾以東恰好有三條自西至東緜延數千里的大山脈：天山（《漢書·西域傳上》所謂

"北山")、昆侖山（包括喀喇昆侖山和阿爾金山，《漢書·西域傳上》所謂"南山"）和喜馬拉雅山，不妨將 Auzacis（或 Auzaciis）山、Casius（或 Casii）山和 Emodi（或 Emodus）山依次比定爲天山、昆侖山和喜馬拉雅山。[5]

托勒密所記山水之名往往與附近之居民有關，或者說多因居民而得名（詳下）。天山被稱爲 Auzacis（或 Auzaciis），可能與塞種部落之一 Asii 人有關，蓋"Auzacis（或 Auzaciis）"可視爲 Asii 一名之異譯。事實上，天山南北有若干與 Asii 同源的部落，如見諸《漢書·西域傳》的烏孫 [a-siuən]、惡師 [a-shei]、烏壘 [a-liuəi]、焉耆 [ian-tjiei]、員渠 [hiuən-gia]、溫宿 [uən-siuət]、烏秅 [a-deai] 等國名與族名均可視爲 Asii 之對譯。

同理，昆侖山被稱爲 Casius（或 Casii）山，可能與塞種部落之一 Gasiani 人有關，蓋"Casius（或 Casii）"可視爲 Gasiani 一名之異譯。事實上，昆侖山南北有與 Gasiani 人同源的部落，如見諸《漢書·西域傳》的莎車（Sacarauli），《魏書·西域傳》稱之爲"渠莎"即 Gasiani 之對譯。

"Emodi（或 Emodus）"亦作"Hemodi（或 Hemodus）"，其名應源自梵語 Himavat（多雪的），指 Himalaya 山脈。至於"其東段即所謂 Serici 山"，應得名於 Serica。

同樣，按之托勒密的敍述次序和提供的經緯度，對於其餘四山之名稱、地望則可作如下說明：

1. Annibi 山，位於 Serica 最北部，尚在 Auzacis（或 Auzaciis）山之北，很可能指今阿爾泰山。Annibi 一名得自 Annibi 人。

2. Asmiraei 山，應爲天山東部支脈之一，很可能指今庫魯克塔格山。Asmiraei 一名或得自"烏襌幕"。據《漢書·匈奴傳上》，"烏襌幕者，本烏孫、康居間小國"。《漢書·匈奴傳上》提及的烏襌幕人無疑在天山西部，但其東部未必就沒有其人的蹤跡。

3. Thagurus 山，應爲昆侖山東部支脈之一，很可能指今祁連山（《漢書·西域傳上》所謂"漢南山"）。Thagurus 一名得自 Thaguri 人卽塞種部落之一 Tochari。昆侖山南北有若干與 Tochari 同源的部落，如見諸《漢書·西域傳》的渠勒［gia-lek］、小宛等國名、族名均與 Tochari 有關。

4. Ottorocoras 山，應爲 Emodi 山（喜馬拉雅山）東部支脈之一，或者指今念青唐古拉山。Ottorocoras 一名得自 Ottorocorae 人。

三

本節討論 Serica 的河流。據托勒密記載：

Serica 大部分地區爲兩條河流流貫。一爲 Oechardes 河，河源一出上述 Auzaciis 山，一出 Asmiraeis 山（174°47′30′）；一水自 Casius 山注入（160°49°30′），其源在此山中（162°44°15′）。另一被稱爲 Bautisus 河，河源一出 Casius 山（160°43°），一出 Ottorocoras 山（176°39°）；一水自 Emodus 山注入（168°39°），其源在此山中（160°37°）。（VI, 16）

以上兩河，Oechardes 河在北，Bautisus 河在南。按之前面所述 Imaus 山外側的形勢，前者應爲塔里木河，後者應爲雅魯藏布江。

Oechardes 河有二源，一源出 Auzaciis 山（托勒密在記述"Imaus 山外側的斯基泰［地區］"時也說"在 Auzaciis 山中，有 Oechardes 河的源頭，位於 153°51′"［VI, 15］），一源出 Asmiraeis 山，復有一水自 Casius 山（即 Casii 東段）注入。Oechardes 河既得視爲葉爾羌河及其下游塔里木河，出自 Auzaciis 山之源應爲托什干河，出自 Asmiraei（Asmiraei）山之源或爲孔雀河，而自 Casius 山東段注入之水應爲車爾臣河。也許在托勒密描述的時代，諸河均注入塔里木河。

Oechardes 河得名於 Oechardae 人。

Bautisus 河亦有二源，一源出 Casius 山，一源出 Ottorocoras 山，復有一水自 Emodus 山注入。Bautisus 河既得視爲雅魯藏布江，出自 Ottorocoras 山之源或爲拉薩河，自 Emodus 山（應爲東段）注入之水或爲年楚河。唯 Casius 山之源難以落實，蓋傳聞之誤。

Bautisus 河可能得名於 Bod，Bod 即後來漢文史籍所見吐蕃。"蕃"［biuan］即 Bod 之漢譯。[6]

四

本節討論 Serica 的居民。據托勒密記載：

> Serica 北部有 Anthropophagi 人牧其牲畜，其下方爲 Annibi 人居於同名山中，Annibi 人與 Auzacios 人間有 Sizyges 人，其下方有 Damnae 人。然後是 Pialae 人，居 Oechardes 河畔，其下方爲與河同名之 Oechardae 人。自 Annibi 居地往東，有 Garinaei 和 Rhabbanae 人，其下方爲 Asmiraea 國，在同名山之上方。Casius 山脈下方有 Issedones 人居住，乃一大族。靠近該山脈起始處，有 Throani 人。Throani 人下方往東有 Thaguri 人，居於同名山脈附近。Issedones 人下方有 Aspacarae 人，Aspacarae 人下方是 Batae 人，再往南，鄰近 Emodi 和 Serici 山爲 Ottorocorae 人。（VI, 16）

以上所記 Serica 居民，大致也是自北而南臚列，具體位置則多難落實。

Serica 最北部的 Anthropophagi 人，旣"牧其牲畜"，亦一遊牧部落。"Anthropophagi"希臘語意爲"食人者"。漢籍沒有類似的記載，托勒密乃得諸傳聞，不必深究。

Anthropophagi 人以南、居於 Annibi 山中的 Annibi 人，可能與《漢書·西域傳》所見依耐［iəi-nə］、尉頭［iuət-do］、尉犂［iuət-lyei］等同源。

Annibi 人與 Auzacios 人之間的 Sizyges 人，或與《漢書·西域傳》所見車師人同源。[7]

一則，"Sizyges"希臘語意爲"馭車人"，與"車師"這一漢名的字面意思相符。儘管車師的前身爲姑師，"車師"和"姑師"

爲同名異譯，也就是說"車師"係音譯，但漢人迻譯西域族名、地名時往往賦予漢名某種意義。何況，車師人事實上擅長駕車也不是沒有可能，漢譯名將"姑師"改爲"車師"，也許正因爲考慮了這一層。

二則，Sizyges 人位於 Annibi 人所居 Annibi 山之南。如前所述，Annibi 山在 Serica 最北部，很可能指阿爾泰山。果然，則無妨位置 Sizyges 人於今天山南北，這與《漢書·西域傳》所載車師前後國位置一致。

至於 Auzacios 人（Auzacis 山因其人得名），或與塞種部落之一 Asii 同源。天山南北有若干與 Asii 同源的部落。

Sizyges 人以南的 Damnae 人，其名或與《漢書·西域傳》所見難兜［nan-to］、內咄［nuət-tuət］同源。

Damnae 人以南、居 Oechardes 河畔的 Pialae 人，或與《漢書·西域傳》所見卑陸［pie-liuk］、蒲類［pa-liuət］、蒲犂［pa-lyei］、無雷［miua-luəi］等同源。

Pialae 人以南、居於 Oechardae 河畔之 Oechardae 人，或與《漢書·西域傳》所見焉耆［ian-giei］、溫宿［uən-siəuk］等同源。

Annibi 居地以東之 Garinaei 人，一說即和闐語文書所見 Gara 人。[8]

與 Garinaei 人同在 Annibi 居地以東之 Rhabbanae 人，或與佉盧文書所見 Remena（Lomina）同源。蓋據佉盧文書，且末與精絕間有地名 Remena，或因居有 Rhabbanae 人得名。不言而喻，Annibi 居地以東的 Rhabbanae 人不可能在且末與精絕間。[9]

Asmiraea（Asmiraei）山北之 Asmiraea 國，或得名於所居烏禪

幕［a-zjian-mak］人。

　　Casius 即昆侖山南麓的 Issedones 人，或爲《漢書・西域傳》所見伊循［iei-ziuən］人。[10]

　　"靠近該山脈（Casius 山）起始處"的 Throani 人，應與塞種部落之一的 Tochari 同源。Casius 山"起始處"指阿爾金山最東端。這則記載可能得諸西行者之口，蓋托勒密所述 Serica 羣山走向均自西向東。

　　Throani 人以南、居於 Thaguri 山的 Thaguri 人，亦係 Tochari 人，因居地不同，與以上 Throani 人誤傳一種爲二種。如前述，塔里木盆地南緣居有 Tochari 人。

　　Issedones 人以南的 Aspacarae 人，可能與亞歷山大東征時在北印度遭遇的 Aspasians 人[11]同源。此處所謂 Aspacarae 人當在昆侖山以南。一說 Aspacarae 人應即《魏略・西戎傳》所見蔥茈羌。"蔥茈"係"蔥芘"之譌，《新唐書・西域傳》所見"蘇毗"即其異譯。[12]案：一般認爲蘇毗應即佉盧文書所見 Supi。[13]

　　Aspacarae 人以南的 Batae 人（Bautisus 河因其人得名），應即吐蕃人，蓋 Batae 得視爲 Bod 之異譯。[14]案：Batae 與前文所見 Pialae 或爲一種，因居地不同誤傳爲二。

　　最後是 Batae 人以南、鄰近 Emodi 和 Serici 山的 Ottorocorae 人。一說"Ottorocorae"即 Uttarakuru（北俱盧洲）之對譯。[15]案：《俱舍論記》卷八："北俱盧，唐言勝處，於四洲中處最勝故。或云勝生，於四洲中生最勝故。"[16]uttara 意爲"北"，雅利安人自中亞南遷印度，其後裔思慕北方鄉土，形成這類傳說。果然，則

Ottorocorae 人乃北俱盧洲人之一支。[17]

托勒密在記載 Serica 居民的同時，還記載了所謂"Imaus 山外側的 Scythia［地區］"的居民：

> 在這一斯基泰［地區］的北部，居住著 Scythian Abii，其下方是 Scythian Hippophagi 人，在後者附近是 Auzacitis 國，其下方是所謂 Casia 國，其下方是 Scythian Chatae 人。然後是 Achassa 國，其下方是 Scythian Chauranaei 人，與 Emodus 山鄰接。（VI, 15）

與記述 Serica 居民一樣，托勒密也是自北而南記述這一地區居民的。

"Imaus 山外側的 Scythia［地區］"最北部的 Scythian Abii，應該與亞歷山大東征時遭遇的"Abian 斯基泰"同源。據阿里安《亞歷山大遠征記》記載，Abian 斯基泰人"定居亞洲，是個自主的民族"。當亞歷山大進軍索格底亞那時，其人曾"派代表來見亞歷山大"。（VI, 1）

Scythian Abii 以南的 Scythian Hippophagi 人，可能與《漢書·西域傳》所見"金附"［kiəm-bio］（《後漢書·耿恭傳》作"金蒲"［kiəm-pha］）人同源。

Scythian Hippophagi 附近的 Auzacitis 國，應該在 Auzaciis 山亦即 Auzacis 山之西段。如前所述，Auzacitis 得名於 Asii 人。在 Auzacis 山（天山）之西段無疑也有 Asii 人活動之地區。

Auzacitis 國南方的 Casia 國，應該在 Casii 山亦即 Casius 山

之西段。如前所述，Casia 得名於 Gasiani 人。在 Casius 山（昆侖山）之西段無疑亦有 Gasiani 人活動之地區。案：Casia 國很可能就是《漢書·西域傳》所見莎車國，蓋據《魏書·西域傳》，莎車一名"渠莎"[gia-sai]，"渠莎"卽 Gasiani 之對譯，而 Casia 得視爲 Gasiani 之對譯。

Casia 國以南的 Scythian Chatae 人，一說應卽《漢書·西域傳》所見于闐國人。[18] 今案：這種可能性不能排除。蓋論其地在昆侖山西段，Chatae 又可視作 Khotan 之對譯。果然，則在托勒密的地圖上，于闐不屬於 Serica，而屬於"Imaus 山外側的 Scythia [地區]"，而兩者在塔里木盆地南緣的分界線正落在于闐也未可知。

至於 Achassa 國，可能指《漢書·西域傳》所見子合國，蓋 Achassa 得視爲子合國王治名"呼犍"[xa-kian] 之對譯。

Achassa 國之南、與 Emodus 山鄰接的 Scythian Chauranaei 人，可能與《漢書·西域傳》所見樓蘭人同源。蓋"樓蘭"乃佉盧文 Kroraimna（Krorayina）之對譯，而 Chauranae 得視爲 Kroraimna 之訛。然 Scythian Chauranaei 人居地在"Imaus 山外側的 Scythia [地區]"，顯然不可能是《漢書·西域傳》所見樓蘭人。來到塔里木盆地南緣的 Kroraimna 人並不僅僅進入樓蘭一地。[19]

五

本節討論 Serica 的城鎮。據托勒密記載：

Serica 的重要城鎮如下[20]：Damna（156°51′40′）、Piale（160°49′40′）、Asmiraea（170°48°20′）、Throana（174°40′47°40′）、Issedon Serica（162°45°）、Aspacarea（162°30′41°40′）、Drosache（167°40′42°30′）、Palliana（162°30′41°）、Thogara（171°20′39°40′）、Abragana（163°30′39°30′）、Daxata（174°39°40′）、Orosana（162°37°30′）、Ottorocora（165°37°15′）、Solana（169°37°30′）和 Sera metropolis（177°15′38°35′）。（VI, 16）

以下依次討論其地望和名稱：

1. Damna（156°51°40′）：Damna 城應爲上述 Damnae 人所居，Damnae 人居地在 Sizyges 人居地東南，後者居地在 Annibi 人與 Auzacios 人居地之間。

如前所述，Serica 之 Annibi 山（相當於今阿爾泰山）乃得名於 Annibi 人，Sizyges 人可能是《漢書·西域傳》所見車師人，而 Auzacios 人居地亦在天山地區。由此可見，Damna 城應在天山地區，很可能在《漢書·西域傳上》所謂"西域北道"。

2. Piale（160°49°40′）：Piale 城應爲上述 Pialae 人所居，Pialae 人居地在 Damnae 人居地之南、Oechardes 河畔。由此可見，Piale 城應在天山以南、塔里木河流域。

3. Asmiraea（170°48°20′）：Asmiraea 城應爲上述 Asmiraea 人所居，Asmiraea 人居地在 Asmiraea（Asmiraei）山北。由此可見，Asmiraea 城應在庫魯克塔格山以北。

4. Throana（174°40′ 47°40′）：Throana城應得名於上述Throani人。Throani人居地接近Casius山脈起始處，而其人可能東向進入該城所在地。案：學界多指Throana城爲敦煌。[21]而如前述，所謂Casius山脈起始處乃指阿爾金山之東端。

5. Issedon Serica（162°45°）：Issedon Serica城應爲上述Issedones人所居，Issedones人居地在Casius即昆侖山南麓。一說Issedon Serica城應即《漢書·西域傳》所見伊循。[22]或是。

6. Aspacarea（162°30′ 41°40′）：Aspacarea城應爲上述Aspacarae（Aspasians）人所居，Aspacarae（Aspasians）人居地在上述Issedones人居地東南。因此，結合托勒密提供的經緯度，Aspacarea城應在昆侖山南。

7. Drosache（167°40′ 42°30′）：一說"Drosache"意指"葡萄酒之泉"，故Drosache城當指酒泉。[23]案：Drosache城果指酒泉，則應在Throana城之東。但托勒密所提供的經緯度表明此城在Throana城之西南。若非托勒密傳聞有誤，則Drosache城必非酒泉，敦煌之西另有因盛產葡萄酒而被商旅稱爲Drosache之城也未可知。Casius山東段終點既在162°44°，Drosache當在昆侖山之東。一說其地乃《後漢書·西羌傳》所見牢姐羌人所居。Drosache於"牢姐"得視爲同名異譯。[24]

8. Palliana（162°30′ 41°）：據托勒密提供的經緯度，Palliana城應在Issedon Serica城東南、Aspacarea城附近。一說其地應爲《後漢書·西南夷傳》所見白狼羌人所居。"白狼"即《晉書·吐谷渾傳》所見"白蘭"，皆同名異譯。[25]

9. Thogara（171°20′ 39°40′）：Thogara 城應爲上述 Thaguri 人所建，Thaguri 人居地在 Throani 人之東南、Thaguri 山附近。Thaguri 山卽 Thagurus 山似指今祁連山。然據托勒密提供的經緯度，Thogara 城應在 Throana 城之西南。

10. Abragana（163°30′ 39°30′）：據托勒密提供的經緯度，此城應在 Palliana 和 Aspacarea 城東南、Casius 山之東。

11. Daxata（174° 39°40′）：據托勒密提供的經緯度，Daxata 城應在 Throana 城西南。[26]

12. Orosana（162° 37°30′）：據托勒密提供的經緯度，Orosana 城應在 Palliana、Aspacarea 和 Abragan 城西南。

13. Ottorocora（165° 37°15′）：Ottorocora 城應爲上述 Ottorocorae 人所居，Ottorocorae 人居地應在 Ottorocoras 山（終點在 169° 36° 與 176° 39°）。如前所述，作爲 Emodi 山東部支脈之一的 Ottorocoras 山得名於 Ottorocorae 人。因此，結合托勒密提供的經緯度，Ottorocorae 城應在 Batae 人居地以南、Emodi 山東段卽所謂 Serici 山（終點在 165° 36°）之北。

14. Solana（169° 37°30′）：Solana 城或因 Solana 人所居而得名，Solana 或係 Soghd 之傳譌。按之托勒密提供的經緯度，此城應在 Ottorocora 城東北。

15. Sera metropolis（177°15′ 38°35′）：Sera metropolis，一般以爲指洛陽。蓋 metropolis 意指"首都"，而 Sera 應卽《大慈恩寺三藏法師傳》卷二所見"沙落迦"[27]，意指洛陽。[28]

托勒密在記載 Serica 城鎮的同時，還記載了所謂"Imaus 山外側的 Scythia［地區］"的城鎮，亦說明如下：

  這一地區內的城鎮有：Auzacia（144°　49°40′）、Issedon Scythia（150°　48°30′）、Chaurana（150°　37°15′）、Sotta（145°　35°20′）。（VI, 15）

其地望和名稱依次討論如下：

1. Auzacia（144°　49°40′）：Auzacia 城應在 Auzacitis 國，Auzacitis 國在 Auzaciis 山西段。該城既在 Auzaciis 山即天山西段，或者可以比定爲《漢書·西域傳下》所見溫宿國王治溫宿城。蓋"Auzacia"得視爲"溫宿"[uən-siuət] 之對譯。

2. Issedon Scythia（150°　48°30′）：Issedon Scythia 城應爲塞種之一支 Issedones 人所建，地在 Auzacia 城之東。Auzacia 城果指溫宿，則無妨指 Issedon Scythia 城爲焉耆。

一則，Issedones 人得視爲 Sakā 之一部 Asii。[29]

二則，據希羅多德《歷史》："波斯人把斯基泰（Scythia）人都稱爲 Sacae。"（VII, 64）可知 Issedones 所建城亦得稱爲 Issedon Scythia。

三則，"焉耆" [ian-tjiei] 及其王治"員渠" [hiuən-gia] 均得視爲 Asii 即 Issedones 之異譯。

或指該城《漢書·西域傳上》所見精絶國王治精絶城。[30] 按之托勒密提供的經緯度，此説似有未安。

3. Chaurana（150°　37°15′）：Chaurana 城應爲上述 Scythian

Chauranaei 人所居，Scythian Chauranaei 人居地在 Achassa 國之南、與 Emodus 山鄰接。[31]

4. Sotta（145°　35°20′）：一說所謂 Sotta 城或卽《漢書·西域傳上》所見莎車國王治莎車城，蓋 Sotta（Σοττα）可能是 Σοκία 或 Σακία（Sakā）之譌。[32] 案：此說之缺陷在於無視托勒密提供的經緯度。按之 Emodus 山西段的經緯度（153°　36°），Sotta 城應在今喜馬拉雅山北麓。當然，Sotta（Σοκία 或 Σακία）城得名於 Sakā 人是完全可能的，因爲 Sakā 人進入這一地區是完全可能的。

由於資料過於簡略，以上諸城鎮的地望難以一一落實，但很可能多數位於交通路線上。根據以上的推斷，Serica 與 "Imaus 山外側的 Scythia[地區]" 一十九城可大致歸入四個地區：

1. 天山南北：自西而東有 Auzacia（144°　49°40′）、Issedon Scythia（150°　48°30′）、Damna（156°　51°40′）、Piale（160°　49°40′）和 Asmiraea（170°　48°20′），凡五城。其中，Auzacia 和 Issedon Scythia 可分別比定爲溫宿國王治溫宿城和焉耆國王治員渠城。

2. 昆侖山南北：自西而東有 Issedon Serica（162°　45°）、Aspacarea（162°30′　41°40′）、Palliana（162°　30′41°）和 Abragana（163°30′　39°30′）、Drosache（167°40′　42°30′）和 Thogara（171°20′　39°40′），凡六城。其中，Issedon Serica 可比定爲鄯善國的伊循城。

3. 喜馬拉雅山南北：自西而東有 Sotta（145°　35°20′）、Chaurana（150°　37°15′）、Orosana（162°　37°30′）、Ottorocora（165°　37°15′）、Solana（169°　37°30′）凡五城。

4. 陽關以東：自西而東有 Daxata（174°39′40′）、Throana（174°40′47°40′）和 Sera metropolis（177°15′38°35′），凡三城。其中，Throana 和 Sera metropolis 可分別比定爲敦煌和洛陽。

六

托勒密所載赴 Serica 路線主要依據馬利努斯（Marinus）的記載而有所修正：自幼發拉底河流域往赴 Serica，必須經由一處名爲"石塔"（Λίθινος Πύργος）之地。（I, 11）從幼發拉底河流域至石塔爲 24000 斯塔狄亞（stadia），復自石塔至 Sera 爲 18100 斯塔狄亞。（I, 12）

據托勒密記載，這條路線"自 Hieropolis（今 Aleppo 東北）附近幼發拉底河渡口發端，穿越 Mesopotamia 至 Tigris 河，復經 Assyria 境內的 Garamantes 人居地（Mesopotamia 北部）和 Media，抵達 Ecbatana（曾爲 Media 首都，在今 Hamadan 附近）和 Caspian Gates（Demawend 東 Elburz 山中的隘口），復自彼處經 Parthia（今 Khorasan）至 Hechatompilum"。（I, 12）其中，Caspian Gates 乃自 Media 赴 Parthia 的必由之途。據阿里安《亞歷山大遠征記》，馬其頓亞歷山大大王就是從 Ecbatana 經由 Caspian Gates 向 Parthia 進軍的。（III, 19-20）Hechatompilum（Hecatompylos）係 Parthia 首府（今德黑蘭東），該城係希臘人所建，亞歷山大抵達 Parthia 時，曾在該處逗留數日。[33] 案：Ecbatana 和 Hecatompylos 可能就是《後漢

書·西域傳》所見阿蠻國和安息首都和櫝城。

托勒密又載："但從 Hechatompilum 至 Hyrcania 之城，道路必須折向北方。"（I, 12）案：此處所謂"Hyrcania 之城"應即阿里安《亞歷山大遠征記》所見 Zadracarta。位於今裏海東南角。據載："亞歷山大把在追擊中落在後邊的部隊接上來帶著，一起開進 Hyrcania。這個地區在通向巴克特利亞的大路的左邊。一邊是一帶林木葱鬱的高山，靠近處這邊是平原，一直伸展到大海（裏海）。……到達一個 Hyrcania 人居住的名叫 Zadracarta 的城市。"（III, 23）在另一處則稱 Zadracarta 是"Hyrcania 最大的城市（也是王宮所在地）"。（III, 25）

托勒密又載：從 Zadracarta 出發，"道路乃經由 Aria（今 Herat）抵達 Antioch Margiana，首先朝南（Aria 與 Caspian Gates 處於同一緯度），繼而向北，蓋 Antioch 所處緯度接近 Hellespont"。（I, 12）案：此處所載 Aria，亦見於《亞歷山大遠征記》，作 Arcia。據載，亞歷山大在 Zadracarta 停留十五天後，"從那裏又進入 Arcia 境內，到達他們的一個城市 Sousia"，並準備從 Sousia 進軍 Bactria。（III, 25）案：此處所謂 Antioch Margiana 在今 Merv，應即《後漢書·西域傳》所見安息國東界木鹿城。由此可見，托勒密描述的路線和亞歷山大進軍的路線若合符契。

托勒密又載："自 Antioch 至 Bactria，道路東向，登 Comedon 山後轉北。山盡處是平原，路乃南折，蓋山脈東北向延伸。"據 Marinus，"至石塔（Stone Tower）50 斯克索伊諾伊（schoeni）"。（I, 12）[34] 案：Bactria 應即《後漢書·西域傳》所見大月氏國王治藍市城。

　　這是說抵達 Bactria 後向東，越過 Comedon 山，便可抵達往赴 Serica 必由之石塔。案：此處所謂 Comedon 山，一般認爲在今 Wakhan 谷地。案：Wakhan 谷地應即《漢書・西域傳》和《後漢書・西域傳》所見大夏國五翕侯之一休密翖侯所在。[35] "休密"與 Comedon 得視爲同名異譯。

　　關於"石塔"的位置，衆說紛紜。但目前多數學者傾向於認爲石塔在今塔什庫爾干附近。[36] 塔什庫爾干爲《漢書・西域傳上》所載蒲犁國王治所在地。

七

　　托勒密所載"石塔"果在漢代西域的蒲犁國，則表明托勒密描述的路線（亦即自石塔至 Sera 凡 18100 斯塔狄亞的路線）在到達 Bactria 後折向南，主要是與所謂西域南道相接。其具體行程，由於托勒密語焉不詳，衹能作一些推測：

　　蓋據《漢書・西域傳上》："從鄯善傍南山北，波河西行至莎車，爲南道；南道西踰葱嶺則出大月氏、安息。"這是說，在漢代中國人看來，往赴安息即 Parthia 波斯，正道是"西域南道"。所謂"西踰葱嶺則出大月氏"，是說自莎車出發越過帕米爾後抵達蒲犁。到蒲犁後，則如《後漢書・西域傳》所載，"莎車國西經蒲犁、無雷至大月氏"。無雷在今大帕米爾，大月氏指貴霜國，時領有 Bactra 即今 Balkh 一帶。自蒲犁經無雷前往大月氏，可能經過休密翕侯治地。當然，這是自東向西的行程。

反過來，東來商旅，到達石塔（蒲犁）後，下一站應該是莎車。如前所述，托勒密所載 Casia 國很可能指莎車。這和《漢書·西域傳上》所載蒲犁國"東至莎車五百四十里"[37]正可參看。

莎車之後，很可能是子合國王治呼犍谷，亦即托勒密所謂 Casia 國南方的 Achassa 國。當然，自石塔即蒲犁，也可不經由莎車，直接抵達呼犍谷。《漢書·西域傳上》載："西夜國，王號子合王，治呼犍谷……北與莎車、西與蒲犁接。"同傳又載：蒲犁國"東至莎車五百四十里……南與西夜子合接。"[38]

呼犍谷以遠，依次應爲于闐國王治西城和鄯善國的伊循城。自呼犍谷（Achassa）赴于闐，應該經由《漢書·西域傳》所載皮山國。《漢書·西域傳上》載于闐"西通皮山三百八十里"，而呼犍谷"東與皮山[接]"。鄯善國的伊循城即托勒密所載 Issedon Serica 城。自于闐國赴伊循，應該經由《漢書·西域傳上》所載扜彌國，傳文載扜彌國"西通于闐三百九十里"。自于闐抵達伊循城之前，還應該經過且末國王治且末城、鄯善國王治扜泥城等地。

自伊循城（Issedon Serica）往赴敦煌（Throana），中間可能經過托勒密所載 Aspacarea、Palliana、Abragana、Drosache、Thogara 和 Daxata 諸地。

當然，東來商旅除了取"西域南道"外，也完全可能取"西域北道"。因爲托勒密同時也列舉了他所知天山南北的部族和城鎮，儘管其數目少於所舉崑崙山南北之部族和城鎮。

東來商旅在到達石塔後，若取北道，則可能經由疏勒、尉頭抵達溫宿國。《漢書·西域傳上》：蒲犂國"北至疏勒五百五十里"；《漢書·西域傳下》又載：溫宿國"西至尉頭三百里"。如前所述，溫宿國及其王治溫宿城可能是托勒密所載 Auzacitis 國和 Auzacia 城。

溫宿城（Auzacia）以遠，應該經過姑墨、龜茲、烏壘到達焉耆國王治員渠城（Issedon Scythia）。《漢書·西域傳下》：溫宿國"東通姑墨二百七十里"，姑墨國"東通龜茲六百七十里"，龜茲國"東至都護治所烏壘城三百五十里"，焉耆國"西南至都護治所四百里"。

此後，東來商旅可能經過托勒密所載 Damna、Piale 和 Aspacarea 等地，抵達河西走廊的敦煌（Throana）。

最後，還應該指出：托勒密有關雅魯藏布江、喜馬拉雅山及其南北城鎮的記載表明當時似乎存在一條沿著喜馬拉雅山麓東進的通道。[39]

■ 注釋

[1] 托勒密《地理志》本文依據 E. L. Stevenson, tr. & ed., *Geography of Claudius Ptolemy*. New York, 1932。案：托勒密的有關記錄主要採自馬利努斯的著作而有所修正。馬利努斯（Marinus, 約 70—130 年），地理學者，其有關記載據說得自一名馬其頓商人 Maes，一名 Titianus of Tyre。

[2] 山下寅次"セレス（Seres）及びセリカ（Serica）に就きての考",《史學雜誌》17～4（1906年），pp. 1-24；17～5（1906年），pp. 21-45；17～6（1906年），pp. 50-69；17～8（1906年），pp. 28-51；17～10（1906年），pp. 1-22；17～11（1906年），pp. 55-79；18～1（1907年），pp. 26-47；18～3（1907年），pp. 22-31；18～4（1907年），pp. 38-49。此文於 Serica 山脈、河川、城鎮等地望均有討論，請參看。

[3] 參見 J. McCrindle, *Ancient India, as descriebed by Ptolemy*. Calcutta, 1927, pp. 294-297。

[4] 參見白鳥庫吉"塞民族考",《白鳥庫吉全集·西域史研究（上）》（第6卷），東京：岩波，1970年，pp. 361-480。

[5] 說本注2所引山下氏文,《史學雜誌》17～5（1906年），pp. 21-45, esp. 25-26。

[6] 同注5。

[7] 說本 C. H. Yule, *Cathay and the Way thither*, vol. 1. London, 1942, p. 195, No.2。

[8] 說本林梅村"公元100年羅馬商團的中國之行",《西域文明——考古、民族、語言和宗教新論》，東方出版社，1995年，pp. 11-32, esp. 27。和闐文書所見 Gara 人，見 H. W. Bailey, *Indo-Scythian Studies, being Khotanes Text*, vol. 7. Combridge, 1985, pp. 108-141。

[9] 此採林梅村說，見注8所引文，esp. 27。有關佉盧文書，見 T. Burrow, *A Translation of the Kharoṣṭhī Documents from Chinese Turkestan*. London, 1940, pp. 40 (No. 214), 46 (No. 251)。

[10] 此採榎一雄"プトレマイオスに見えるイセドーネスについて",《山本博士還曆記念東洋史論叢》，東京：山川出版社，1972年，pp. 69-80。

[11] 見阿里安《亞歷山大遠征記》(IV, 23-25)，李活譯，商務印書館，1985 年。

[12] 山下氏說，見注 2 所引文，《史學雜誌》18～1（1907 年），pp. 26-47。

[13] 見注 9 所引 T. Burrow 書，p. 49 (No. 272)。

[14] 此採山下氏說，見注 2 所引文，《史學雜誌》17～5（1906 年），pp. 21-45。

[15] 此採山下氏說，見注 2 所引文，《史學雜誌》18～4（1907 年），pp. 38-49。

[16]《大正新脩大藏經》T41, No. 1821, p. 148。

[17] Ottorocorae（Uttarakuru）與《漢書·西域傳》所見"烏貪訾離"[a-thəm-tzie-liai] 可能是同一來源。塔里木盆地乃至天山以北受印度影響並非無蹟可循。參見余太山"《漢書·西域傳》所見塞種——兼說有關車師的若干問題"，《塞種史研究》，中國社會科學出版社，1992 年，pp. 210-227。

[18] 此採山下氏說，見注 2 所引文，《史學雜誌》17～10（1906 年），pp. 1-22, esp. 4-7。

[19] 說詳余太山"樓蘭、鄯善、精絕等的名義——兼說玄奘自于闐東歸路線"，《兩漢魏晉南北朝正史西域傳研究》，中華書局，2003 年，pp. 477-485。

[20] 可能囿於體例，托勒密往往標明經緯度，當時顯然不可能有如此精確的測量結果。

[21] H. Reichelt, *Die Soghdischen Handschriftenreste des Britischen Museums*, II. Heidelberg, 1931, p. 48; H. W. Bailey; "Ttaugara." *Bulletin of the School of Oriental Studies* 8 (1937), pp. 883-921, esp. 893; A. Herrmann, *Das Land der Seide und Tibet im Lichte der Antike*. Leipzig, 1938, p. 141; E. G. Pulleyblank; "The Consonantal System of Old Chinese (Part II)." *Asia Major* 9 (1962), pp. 206-265, esp. 228.

[22] 採榎一雄說，見注 10 所引文。岑仲勉"托烈美所述'絲路'考略"，

《漢書西域傳地里考釋》，中華書局，1981年，pp. 557-563，亦持此說。Issedon Serica 比定有多說，詳見榎氏文注11。

[23] W. Tomaschek, "Kritik der ältesten Nachrichten über den skythischen Norden." *Sitzungsberichte der Österreichischen Akademie der Wissenschaften* 116 (1888), pp.715-780, esp. 743.

[24] 山下氏說，見注2所引文，《史學雜誌》18～3（1907年），pp. 22-31。

[25] 同注12。

[26] 注22所引岑仲勉文指 Daxata 爲狄道，未安。蓋狄道在敦煌之東。

[27] 《大正新脩大藏經》T50, No. 2053, p. 228。

[28] 說見夏鼐"中巴友誼歷史"，《考古》1965年第7期，pp. 357-364，引向達說。桑山正進《大乘佛典・大唐西域記》，東京都：中央公論社，1987年，p. 73。

[29] 注17所引余太山書，pp. 1-23。

[30] 榎一雄說，見注10所引文。E. H. Minns, *Scythians and Greeks*. Cambridge, 1913, pp. 110-111，以爲指溫宿，亦未安。其餘尚有龜茲、姑墨等說，茲不一一。

[31] 注10所引榎一雄文以爲 Chaurana（Χαύρανα）係 Χαύτανα 之譌，乃 Khotan 之對譯。今案：說者指 Issedon Scythia（150°48′30′）爲精絕，則不能指 Chaurana 爲于闐。兩城經度全同，一也；Chauran 遠在 Issedon Scythia 之南，二也。另說指 Chaurana 爲樓蘭，見 W. Samolin, "Historical Ethnography of the Tarim Basin before the Turks." *Palaeologia* 4 (1955), 33-40。案：此說亦誤。

[32] 榎一雄說，見注 10 所引文。

[33] Quintus Curtius, *Historiae Alexandri Magni*, with an English translation by John C. Rolfe (VI, 2, 15). London, William Heinemann Ltd, Harvard University Press, 1956，亦見 Diodorus of Sicily, *Bibliotheca Historica*, with an English translation by C. H. Oldfather (XVII, 75, I). London, William Heinemann Ltd, New York, G. P. Putnam's Sons, 1933，然不見於阿里安《亞歷山大遠征記》。

[34] 托勒密在另一處（I, 17）引用其他旅行者的話說："不僅有道自 Seres 經石塔往赴 Bactriana，且可自彼處經 Palimbothra 抵達印度。"或者能夠說明石塔作爲往返 Seres 的必由之途在當時廣爲人知。

[35] 斯坦因首先指出 Comedon 應即《大唐西域記》卷一所見"拘謎陁"，見 M. A. Stein, *Ancient Khotan: Detailed Report of Archaeological Explorations in Chinese Turkestan*, 2nd ed. New York, 1975, p. 54 with n. 14。

[36] 此採白鳥氏說，見"プトレマイオスに見えたる葱嶺通過路に就いて"，《白鳥庫吉全集・西域史研究（下）》（第 7 卷），東京：岩波，1971 年，pp. 1-41。另請參看注 22 所引岑仲勉文。東西方學者爲確定石塔位置進行了大量的研究，主要提出了 Tashkend、Osh、Irkeshtam、Kashgar 諸說，有關批判見白鳥氏、岑氏文。

[37]《漢書・西域傳上》在另一處稱莎車國"西南至蒲犁七百四十里"，未知孰是。

[38]《漢書・西域傳上》所謂"西夜"或"西夜子合"應即《後漢書・西域傳》所見子合國，王治爲呼犍谷。

[39] J. D. Lerner, "Ptolemy and the Silk Road: from Baktra Basileion to Sera

Metropolis." *East and West* 48 (1998), pp. 9-25，以爲：羅馬商旅自石塔東行，經由 Chaurana 和 Orosana 等地，至 Orosana 後，道分南北：北道經由 Abragana、Paliana、Aspakora、Thogara 和 Daxta 諸城，南道經由 Ottorokora 和 Solana 城，復穿越 Ottorokoras 山口，兩道終點均爲 Sera Metropolis。今案：其說未安。

附卷

一 《水經注》卷二（河水）所見西域水道考釋

《水經注》卷二（河水）[1]所見西域水道，近半個世紀以來國外時有研究者[2]，在國内，雖也不斷有人發表與此有關的論文，但作全面探討者似乎罕見。兹擬兼採諸家，參以己見，作一儘可能系統的考釋，力求將這項工作推進一步。

一

[河水]又南入蔥嶺山，又從蔥嶺出而東北流。[1]

河水重源有三，非惟二也。[2]一源西出捐毒之國，蔥嶺之上，西去休循二百餘里，皆故塞種也。南屬蔥嶺，高千里。[3]《西河舊事》曰：蔥嶺在敦煌西八千里，其山高大，上生蔥，故曰蔥嶺也。[4]河源潛發其嶺，分爲二水，一水西逕休循國南，在蔥嶺西。郭義恭《廣志》曰：休循國居蔥嶺，其山多大蔥。[5]又逕難兜國北，北接休循，西南去罽賓國三百四十里。[6]河水又西逕罽賓國北。月氏之破，塞王南君罽賓，治循鮮城。土地平和，無所不有，金銀珍寶，異畜奇物，踰于中夏，大國也。山險，有大頭痛、小頭痛之山，赤土、身熱之阪，人畜同然。[7] 河水又西逕月氏國南，治監氏城，其俗與安息同。匈奴冒頓單于破月氏，殺其王，以頭爲飲器。國遂分，遠過大宛，西居大夏，爲大月氏；其餘小衆不能去者，共保南山羌中，號小月氏。故有大月氏、小月氏之名也。[8] 又西逕安息國南，城臨嬀水，地方數千里，最大國也。有商賈、車船行旁國，畫革旁行爲書記也。[9] 河水與蜺羅跂禘水同注雷翥海。[10] 釋氏《西域記》曰：蜺羅跂禘出阿耨達山之北[11]，西逕于闐國。《漢書·西域傳》曰：于闐之西，水皆西流，注西海。[12] 又西逕四大塔北。釋法顯所謂糺尸羅國。漢言截頭也。佛爲菩薩時，以頭施人，故因名國。國東有投身飼餓虎處，皆起塔。[13] 又西逕捷陀衛國北，是阿育王子法益所治邑。佛爲菩薩時，亦于此國以眼施人，其處亦起大塔。又有弗樓沙國，天帝釋變爲牧牛小兒，聚土爲佛塔，法王因而成大塔，所謂四大塔也。[14]《法顯傳》曰：國有佛鉢，月氏王大興兵衆，來伐此國，欲持鉢去，置鉢象上，象不能進，更作四輪車載鉢，八象共牽，復不進，王知鉢緣未至，于是起塔留鉢供養。鉢容二斗，雜色而黑多，四際分明，厚可二分，甚光澤。貧人以少花投中便滿，富人以多花供養，正復百千萬斛，終亦不滿。[15] 佛圖調曰：佛鉢，青玉也，受三斗許，彼國寶之。供養時，願終日香花不滿，則如言；願一把滿，則亦便如言。[16] 又按道人竺法維所說，佛鉢在大月支國，起浮圖，高三十丈，七層，鉢處第二層，金絡絡鎖縣鉢，鉢是青石。[17] 或云懸鉢虛空，須菩提置鉢在金机上。佛一足跡與鉢共在一處，國王、臣民悉持梵香、七寶、璧玉供養。[18]塔跡、佛牙、袈裟、頂相舍利，悉在弗樓沙國。[19]釋氏《西域記》曰：揵陀越王城西北有鉢吐羅越城，佛袈裟王城也。東有寺。重復尋川水，西北十里有河步羅龍淵，佛到淵上浣衣處，浣石尚存。[20]其水至安息，注雷翥海。[21]又曰：揵陀越西，西海中有安息國。[22]竺枝《扶南記》曰：安息國去私訶條國二萬里，國土臨海上[23]，即《漢書》（天竺）安息國也。戶近百萬，最大國也。[24]《漢書·西域傳》又云：黎軒、條支臨西海。長老傳聞，條支有弱水、西王母，亦未嘗見。自條支乘水西行，可百餘日，近日所入也。[25]或河水所通西海矣。故《涼土異物志》曰：蔥嶺之水，分流東西，西入大海，東爲河源，《禹記》所云崑崙者焉。[26]張騫使大宛而窮河源，謂極于此而（不）達于崑崙也。[27]河水自蔥嶺分源，東逕迦舍羅國。[28]釋氏《西域記》曰：有國名迦舍羅逝。此國狹小，而總萬國之要道無不由。[29]城南有水，東北流，出羅逝西山，山即蔥嶺也，逕岐沙谷，出谷分爲二水。[30]一水東流，逕無雷國北[31]，治盧城，其俗與西夜、子合同。又東流逕依耐國北，去無雷五百四十里，俗同子合。河水又東逕蒲犁國北，治蒲犁谷，北去疏勒五百五十里，俗與子合同。河水又東逕皮山國北，治皮山城，西北去莎車三百八十里。

[1] "從蔥嶺出而東北流"，指蔥嶺河，合下文"出于闐國南山"者（于闐河），即《水經》所謂"河水重源"。

[2] 歷來認爲蔥嶺河、于闐河外，酈氏以爲自蔥嶺西流之水亦河水之一

源,卽所謂"重源有三"。今案:此說非是。在酈氏心目中,"重源有三",除蔥嶺河、于闐河外,第三源爲阿耨達大水卽且末河(詳下)。

[3]"蔥嶺之上"以下關於捐毒國的敍述採自《漢書・西域傳上》,爲前文"捐毒國"作注。³

[4]引《西河舊事》之文,爲前文"蔥嶺"作注。今案:《新唐書・藝文志二》著錄《西河舊事》一卷,未詳撰人。又,《後漢書・班梁列傳》章懷太子注引《西河舊事》此則作:"蔥領山,其上多蔥,因以爲名。"

[5]引《廣志》之文,爲前文"休循國"作注。今案:郭義恭《廣志》二卷,《隋書・經籍志三》著錄。

[6]"北接休循"以下關於難兜國的敍述採自《漢書・西域傳上》,爲前文"難兜國"作注。今案:"三百四十里",《漢書・西域傳上》作"三百三十里"。此處里數蓋承前文"至無雷三百四十里"致誤。

[7]"月氏之破"以下關於罽賓國的敍述採自《漢書・西域傳上》,爲前文"罽賓國"作注。今案:"月氏之破"後,一本有"西君大夏"四字。或以爲:"《漢書・西域傳》'昔匈奴破大月氏,大月氏西君大夏,而塞王南君罽賓'。酈氏雖鈔略其辭,然'月氏之破'下,當有'西君大夏',句乃明瞭。"⁴ 今案:《漢書・西域傳上》另載:"大月氏西破走塞王,塞王南越縣度。"知此處"月氏之破"乃指"破走塞王",下接"塞王南君罽賓",雖省略"塞王"二字,語義卻並不含糊。《注》文敍事往往如此。若增添"西君大夏",反而割裂了月氏與塞王兩者活動之因果關係,蓋"塞王南君罽賓"並非月氏"西君大夏"的結果。⁵

[8]"治監氏城"以下關於月氏國的敍述採自《漢書・西域傳上》,爲前文"月氏國"作注。

[9]"城臨媯水"以下關於安息國的敍述採自《漢書·西域傳上》,爲前文"安息國"作注。今案:"畫革"今本《漢書·西域傳》作"書革",應據改。《太平御覽》七九三引《漢書》正作"畫革",《史記·大宛列傳》亦作"畫革"。

[10] 以上敍述源出捐毒自葱嶺西流之水。

[11] 引釋氏《西域記》之文,爲"蜺羅跂禘水"作注。"釋氏"指釋道安(314—385年),《高僧傳》卷五有傳。《西域記》,亦稱《西域志》。

[12] 引《漢書·西域傳》之文爲蜺羅跂禘水"西逕于闐國"作注。"西逕于闐國"五字係酈注;一般指爲釋氏《西域記》之文,疑非是。

[13]"釋法顯"以下採自《法顯傳》,爲"四大塔"作注,蓋虬尸羅國有二大塔。今案:"虬尸羅國",今本《法顯傳》作"竺剎尸羅國"。[6]

[14] 本節採自《法顯傳》,爲"四大塔"作注。揵陀衛國北,阿育王子法益所治邑有第三大塔。

[15] 本節採自《法顯傳》,爲"四大塔"作注,弗樓沙國有第四大塔。"又有弗樓沙國"以下,復引《法顯傳》爲弗樓沙國作注。今案:《法顯傳》所謂"四大塔"不數弗樓沙之塔,而數宿呵多之塔。[7]

[16] 本節引佛圖調,爲前引《法顯傳》"佛鉢"作注。今案:佛圖調即竺佛調。《藝文類聚》卷七三:"西域傳曰:《諸國志》曰:佛鉢在乾陁越國,青玉也,受三斗許,彼國寶之。供養願終日花香不滿,則如言也,願一把滿,亦隨言也。"或以爲據此可知佛圖調書名《西域諸國志》。[8]

[17] 本節引竺法維,亦爲"佛鉢"作注。竺法維,或以爲應係"竺法雅"之訛,竺法雅,《高僧傳》卷四有傳,其事蹟亦見該書卷九"竺佛圖澄傳",與道安、佛調爲同時人。[9]另說竺法維應爲宋、齊間人,《高僧傳》卷二之末有載:"竺法維、釋僧表並經往佛國",而《通典·邊防九·西戎五》、《太平

寰宇記・四夷一二・西戎四》均曾引竺法維《佛國記》，《注》文所引竺法維應出《佛國記》。今案：後說近是。[10]

[18] "或云"以下引以爲"佛鉢"作注。

[19] 本節結束前文弗樓沙國事蹟。

[20] 引釋氏《西域記》補充揵陀衛卽揵陀越國佛跡，亦爲下文蜺羅跋禘水流經安息國鋪墊。"鉢吐羅越"，《洛陽伽藍記》卷五作"鉢盧勒"。[11] "河步羅龍淵"，應卽《大唐西域記》卷三所見"阿波邏羅龍泉"。[12]

[21] "其水"指蜺羅跋禘水。或以爲"其水"以下九字亦釋氏《西域記》之文。[13] 今案：其說未安。酈氏雖然很可能是從釋氏《西域記》獲悉蜺羅跋禘水"至安息，注雷翥海"的，但此處九字不應視作釋氏之文。蓋釋氏這段文字並非敍述蜺羅跋禘水，而酈注關於蜺羅跋禘水的敍述如缺少了這九字就沒有了結尾。

[22] 復引釋氏《西域記》爲"安息國"作注，亦與前引釋氏關於揵陀越國的記載呼應。

[23] 以下引竺枝《扶南記》，爲"安息國"作注。今案：竺枝《扶南記》，《太平御覽》卷七九〇引作竹芝《扶南記》（卷七八八引作竺芝《扶南記》或《扶南史紀》）。《扶南記》，一說成書於三世紀，與朱應、康泰之書大致同時。[14] 另說成於五世紀中葉至六世紀初。[15] 今案：前說近是。又，私訶條國，《法顯傳》所見"師子國"，亦卽《大唐西域記》卷一一所見"僧伽羅國"。[16]

[24] 引《漢書・西域傳》爲前文"安息國"作注。今案："卽《漢書》天竺安息國也"，一說"天竺"二字衍。[17] 然更可能是"所云"兩字毀壞而成。又，今本《漢書・西域傳上》無"戶近百萬"四字。

[25] 又引《漢書・西域傳》爲安息國所臨之海亦卽以上兩水所注海作注。

今案：據《漢書·西域傳上》，"臨西海"者僅條支一國。酈注或因傳文稱烏弋山離國"西與犂軒、條支接"而增"犂軒"。

[26] 引《涼土異物志》總結前文。今案：《涼土異物志》，《隋書·經籍志二》著錄一卷，《新唐書·藝文志二》則著錄二卷。兩書"涼土"均作"涼州"，皆不載撰人姓名，或者便是酈氏所引。又，或以爲："據下稱張騫窮河源，謂極于此而不達于崑崙，則酈氏不以蔥嶺爲崑崙，安得指爲《禹記》所云之崑崙？《禹記》上當脫非字。"[18] 今案：其說未安。一則，《水經注》卷一明載河出崑崙，此卷又稱河源出諸蔥嶺，知在酈氏心目中崑崙卽蔥嶺。二則，"《禹記》"云云疑爲酈注，並非《涼州異物志》之文。三則，《漢書·張騫李廣利傳》稱："漢使窮河源，其山多玉石，采來，天子案古圖書，名河所出曰崑崙云。"酈氏在在遵從《漢書》，不可能唯獨此處違悖之。由此可見，下文"極于此而不達于崑崙"句或衍"不"字。

[27] 無論《史記·大宛列傳》還是《漢書·張騫李廣利傳》均未稱張騫窮河源，窮河源者張騫以後之漢使，所窮者乃于闐河之源，非蔥嶺河之源。又，以上敍述蜺羅跂禘水。

[28] 以下敍述自蔥嶺東流之水。今案："迦舍羅國"應卽下文引釋氏《西域記》之"迦舍羅逝"國。又案："迦舍"[keai-sjya] 與下文之"岐沙"[ngye-shea] 應爲同名異譯，"羅逝"[lai-zjiat] 應卽梵文 raja 之音譯。"迦舍羅逝"猶言"迦舍王"。

[29] 引釋氏《西域記》之文，爲前文迦舍羅國作注。今案：迦舍羅國或迦舍羅逝，應卽《魏書·西域傳》所見"渴槃陁"、《大唐西域記》卷一二所見揭盤陀。[19]《梁書·西北諸戎傳》稱渴盤陁國"王姓葛沙氏"。"葛沙"[kat-shea] 與"迦舍"乃同名異譯。

[30]"羅逝"山應即"迦舍羅逝"山。又,"岐沙"與"莎車"的另一稱呼"渠莎"[gia-sai]或是同名異譯,均得名於 Gasiani。[20]《通典·邊防九·西戎五》引宋膺《異物志》:"大頭痛、小頭痛山,皆在渠搜之東,疎勒之西。"所謂"渠搜"[gia-su]或許也是"岐沙"之異譯。又,一說"城南有水"以下十二字均係釋氏之文。[21] 今案:其說非是。

[31]以下關於無雷國、依耐國、蒲犂國和莎車國的敍述均採自《漢書·西域傳上》。

二

其一源出于闐國南山,北流與蔥嶺所出河合,又東注蒲昌海。[32] 河水又東與于闐河合。[33] 南源導于闐南山,俗謂之仇摩置。自[仇摩]置北流[34],逕于闐國西,治西城。土多玉石。西去皮山三百八十里,東去陽關五千餘里。[35] 釋法顯自烏帝西南行,路中無人民,沙行艱難,所逕之苦,人理莫比。在道一月五日,得達于闐。其國殷庶,民篤信,多大乘學,威儀齊整,器鉢無聲。[36] 城南十五里有利刹寺,中有石鞾,石上有足跡,彼俗言是辟支佛跡。法顯所不傳,疑非佛跡也。[37] 又西北流,注于河。即《經》所謂北注蔥嶺河也。[38] 南河又東逕于闐國北。[39] 釋氏《西域記》曰:河水東流三千里,至于闐,屈東北流者也。《漢書·西域傳》曰:于闐已東,水皆東流。[40] 南河又東北逕扜彌國北,治扜彌城,西去于闐三百九十里。[41] 南河又東逕精絕國北,西去扜彌四百六十里。[42]南河又東逕且末國北，又東，右會阿耨達大水。[43]釋氏《西域記》曰：阿耨達山西北有大水，北流注牢蘭海者也。[44]其水北流逕且末南山，又北逕且末城西，國治且末城，西通精絕二千里，東去鄯善七百二十里，種五穀，其俗略與漢同。[45]又曰：且末河東北流逕且末北，又流而左會南河，會流東逝，通爲注濱河。[46]注濱河又東逕鄯善國北，治扜泥城，其俗謂之東故城，去陽關千六百里，西北去烏壘千七百八十五里，至墨山國千八百六十五里，西北去車師千八百九十里。土地沙鹵少田，仰穀旁國。國出玉，多葭葦、檉柳、胡桐、白草。國在東垂，當白龍堆，乏水草，常主發導，負水擔糧，迎送漢使。[47]伊循城，故樓蘭之地也。樓蘭王不恭于漢，元鳳四年，霍光遣平樂監傅介子刺殺之，更立後王。漢又立其前王質子尉屠耆爲王，更名其國爲鄯善。百官祖道橫門，王自請天子曰：身在漢久，恐爲前王子所害，國有伊循城，土地肥美，願遣將屯田積粟，令得依威重，遂置田以鎮撫之。[48]敦煌索勱，字彥義，有才略，刺史毛奕表行貳師將軍，將酒泉、敦煌兵千人，至樓蘭屯田。起白屋，召鄯善、焉耆、龜茲三國兵各千，橫斷注濱河，河斷之日，水奮勢激，波陵冒堤。勱厲聲曰：王尊建節，河堤不溢，王霸精誠，呼沱不流，水德神明，古今一也。勱躬禱祀，水猶未減，乃列陣被杖，鼓譟讙叫，且刺且射，大戰三日，水乃迴減，灌浸沃衍，胡人稱神。大田三年，積粟百萬，威服外國。[49]其水東注澤。澤在樓蘭國北，故彼俗謂是澤爲牢蘭海也。[50]釋氏《西域記》曰：南河自于闐東於北三千里，至鄯善入牢蘭海者也。[51]北河自岐沙東分南河，即釋氏《西域記》所謂二支北流，逕屈茨、烏夷、禪善，入牢蘭海者也。[52]北河又東北流，分爲二水，枝流出焉。[53]北河自疏勒逕流南河之北。《漢書·西域傳》曰：蔥嶺以東，南北有山，相距千餘里，東西六千里，河出其中。[54]暨于溫宿之南，左合枝水。枝水上承北河于疏勒之東，西北流逕疏勒國南，又東北與疏勒北山水合。[55]水出北溪，東南流逕疏勒城下，南去莎車五百六十里，有市列，西當大月氏、大宛、康居道。[56]釋氏《西域記》曰：國有佛浴牀，赤真檀木作之，方四尺，王于宮中供養。[57]漢永平十八年，耿恭以戊己校尉爲匈奴左鹿蠡王所逼，恭以此城側澗傍水，自金蒲遷居此城，匈奴又來攻之，壅絕澗水。恭于城中穿井，深一十五丈，不得水，吏士渴乏，笮馬糞汁飲之。恭乃仰天歎曰：昔貳師拔佩刀刺山，飛泉湧出，今漢德神明，豈有窮哉？整衣服，向井再拜，爲吏士禱之。有頃，水泉奔出，衆稱萬歲。乃揚水以示之，虜以爲神，遂即引去。後車師叛，與匈奴攻恭，食盡窮困，乃煮鎧弩，食其筋革。恭與士卒同生死，咸無二心。圍恭不能下，關寵上書求救，建初元年，章帝納司徒鮑昱之言，遣兵救之。至柳中，以校尉關寵分兵入高昌壁，攻交河城，車師降，遣恭軍吏范羌，將兵二千人迎恭。遇大雪丈餘，僅能至。城中夜聞兵馬，大恐，羌遙呼曰：我范羌也。城中皆稱萬歲，開門相持涕泣。尚有二十六人，衣履穿決，形容枯槁，相依而還。[58]枝河又東逕莎車國南，治莎車城，西南去蒲犁七百四十里。漢武帝開西域，屯田于此。有鐵山，出青玉。[59]枝河又東逕溫宿國南，治溫宿城，土地物類，與鄯善同。北至烏孫赤谷六百一十里，東通姑墨二百七十里。[60]于此，枝河右入北河。[61]北河又東逕姑墨國南，姑墨川水注之，水導姑墨西北，歷赤沙山，東南流逕姑墨國西，治南城。南至于闐，馬行十五日，土出銅鐵及雌黃。其水又東南流，右注北河。[62]北河又東逕龜茲國南。又東，左合龜茲川水，有二源，西源出北大山南。釋氏《西域記》曰：屈茨北二百里有山，夜則火光，晝日但煙，人取此山石炭，冶此山鐵，恒充三十六國用。故郭義恭《廣志》云：龜茲能鑄冶。[63]其水南流逕赤沙山，釋氏《西域記》曰：國北四十里，山上有寺，名雀離大清淨。[64]又出山東南流，枝水左派焉。又東南，水流三分，右二水俱東南流，注北河。[65]東川水出龜茲東北，歷赤沙、積梨南流，枝水右出，西南入龜茲城。音屈茨也，故延城矣。西去姑墨六百七十里。[66]川水又東南流逕于輪臺之東也。昔漢武帝初通西域，置校尉，屯田于此。搜粟都尉桑弘羊奏言：故輪臺以東，地廣，饒水草，可溉田五千頃以上，其處溫和，田美，可益通溝渠，種五穀，收穫與中國同。時匈奴弱，不敢近西域，於是徙莎車，相去千餘里，即是臺也。[67]其水又東南流，右會西川枝水，水有二源，俱受西川，東流逕龜茲城南，合爲一水，水間有故城，蓋屯校所守也。其水東南注東川。[68]東川水又東南逕烏壘國南，治烏壘城，西去龜茲三百五十里，東去玉門、陽關二千七百三十八里，與渠犂田官相近，土地肥饒，於西域爲中，故都護治焉。漢使持節鄭吉，并護北道，故號都護，都護之起，自吉置也。[69]其水又東南注大河。[70]大河又東，右會敦薨之水，其水出焉耆之北敦薨之山，在匈奴之西，烏孫之東。[71]《山海經》曰：敦薨之山，敦薨之水出焉，而西流注于泑澤。出于崑崙之東北隅，實惟河源者也。二源俱道，西源東流，分爲二水，左水西南流，出于焉耆之西，逕流焉耆之野，屈而東南流，注于敦薨之渚。[72] 右水東南流，又分爲二，左右焉耆之國，城居四水之中，在河水之洲，治員渠城，西去烏壘四百里。[73] 南會兩水，同注敦薨之浦。東源東南流，分爲二水，潤瀾雙引，洪湍濬發，俱東南流，逕出焉耆之東，導于危須國西。國治危須城，西去焉耆百里。[74] 又東南注，流于敦薨之藪。川流所積，潭水斯漲，溢而爲海。《史記》曰：焉耆近海多魚鳥。東北隔大山與車師接。[75] 敦薨之水自西海逕尉犂國，國治尉犂城，西去都護治所三百里，北去焉耆百里。[76] 其水又西出沙山鐵關谷，又西南流，逕連城別注，裂以爲田。桑弘羊曰：臣愚以爲連城以西，可遣屯田，以威西國，卽此處也。[77] 其水又屈而南，逕渠犂國西。故《史記》曰：西有大河，卽斯水也。[78] 又東南流，逕渠犂國[南]，治渠犂城，西北去烏壘三百三十里。漢武帝通西域，屯渠犂，卽此處也。南與精絕接，東北與尉犂接。[79] 又南流注于河。《山海經》曰：敦薨之水，西流注于泑澤。蓋亂河流自西南注也。[80] 河水又東逕墨山國南，治墨山城，西至尉犂二百四十里。[81] 河水又東逕注賓城南。[82] 又東逕樓蘭城南（而東注）。蓋墢田士所屯，故城禪國名耳。[83] 河水又東注于泑澤，卽《經》所謂蒲昌海也。[84] 水積鄯善之東北[85]，龍城之西南。龍城，故姜賴之虛，胡之大國也。蒲昌海溢，盪覆其國，城基尚存而至大，晨發西門，暮達東門。滄其崖岸，餘溜風吹，稍成龍形，西面向海，因名龍城。[86] 地廣千里，皆爲鹽而剛堅也。行人所逕，畜産皆布氈臥之，掘發其下，有大鹽，方如巨枕，以次相累，類霧起雲浮，寡見星日，少禽，多鬼怪。西接鄯善，東連三沙，爲海之北隩矣。故蒲昌亦有鹽澤之稱也。[87]《山海經》曰：不周之山，北望諸毗之山，臨彼岳崇之山，東望泑澤，河水之所潛也。其源渾渾泡泡者也。[88] 東去玉門、陽關千三百里，廣輪四百里，其水澄渟，冬夏不減。[89] 其中洄湍電轉，爲隱淪之脈。當其澴流之上，飛禽奮翮于霄中者，無不墜于淵波矣。卽河水之所潛，而出于積石也。[90]

[32] 或以爲 "其一源出于闐國南山，北流與蔥嶺河合"，緊應前文 "又從蔥嶺出而東北流" 句，蓋蔥嶺河從蔥嶺東北流，于闐河北流，始能與之合也。[22] 今案：《經》文乃本《漢書·西域傳上》。出于闐國南山者爲于闐河，蔥嶺所出者爲蔥嶺河。

[33] "河水" 指蔥嶺河，卽上文所言自蔥嶺東流之水。

[34] "南源" 云云或指于闐河由南向北流出。或以爲 "南源者，應卽和闐河上游之南枝"，指樹枝水。[23] 又，"仇末置"，于闐南山之俗稱。其語原似乎歷來無說。今案："仇末置" [giu-muat-tjik]，可能是 Comediae 的對譯。Comediae 是蔥嶺以西塞種小部落之一，或者有部分東入塔里木盆地，定居南道若干綠洲，以致南道若干綠洲（如且末）乃至于闐南山均得名 Comediae。[24]

[35] "治西城" 以下關於于闐國的敘述採自《漢書·西域傳上》，爲前文 "于闐國" 作注。今案："土多玉石"，一本作 "山多玉石"，一說應以後者爲是。蓋《漢書·張騫李廣利傳》和《史記·大宛列傳》均作 "其山多玉石"。[25]

[36] 本節引自《法顯傳》，爲前文 "于闐國" 作注。"烏帝"，一本作 "烏

夷"。今案：作"烏夷"是，"烏夷"即焉耆。[26]

[37]《酉陽雜俎》前集卷之一〇："于闐國刹利寺有石鞾。"今案：《注》文誤作"利刹"，應乙正。"刹利"應即 kṣatriya。又，"辟支佛"應即 Pratyekabuddha。《周書·異域傳》："城南五十里有贊摩寺，即昔羅漢比丘比盧旃爲其王造覆盆浮圖之所，石上有辟支佛趺處，雙跡猶存。"《酉陽雜俎》前集卷之一〇："于闐國贊摩寺有辟支佛鞾，非皮非綵，歲久不爛。"數者均可以參看。

[38] 與前文"河水又東與于闐河合"呼應。"西北流"或衍"西"字。一說《注》與《經》所記流向不同，有可能下游及會口處往西北擺動。[27] 另說此乃于闐人方位觀念與衆不同所致。[28]

[39] 以下所述應爲自葱嶺東流之水匯合于闐河以後之流程，事實上所謂"南河"之全程均酈氏據《漢書·西域傳》想象。蓋酈氏泥於《漢書·西域傳上》關於南道波河西行之記載，又不知釋氏所謂"南河"即于闐河（詳下）。

[40] 引釋氏《西域記》與《漢書·西域傳》，爲"南河"經于闐東流作注。

[41] "治扜彌城"以下關於扜彌國的記載採自《漢書·西域傳上》，爲前文"扜彌國"作注。

[42] "西去扜彌四百六十里"一句採自《漢書·西域傳上》，爲前文"精絕國"作注。

[43] 此處所謂"南河"其實是釋氏之南河，亦即以于闐河爲主源之塔里木河。由此可見酈注混淆之蹟。

[44] 引釋氏《西域記》爲阿耨達大水作注。

[45] "其水北流"以下一十六字應爲酈注。一說係釋氏之文。[29] 今案：其說非是。又，"國治且末城"以下關於且末國的敍述採自《漢書·西域傳上》，

爲前文且末國作注。

[46]"又曰"以下續引釋氏《西域記》之文。蓋酈氏以爲《西域記》所謂"阿耨達大水"與"且末河"祇是一水，故引來作注。又，一說："北河下有注賓城，蓋南北河自此合流矣。"或以爲非是，蓋"酈氏言通爲注濱河者，謂南河至此有注濱河之通稱耳，非爲南北河合流通爲一水也"。[30]今案：前說以爲北河至注賓城始合流，固然有欠考慮，蓋合流未必得名於"注賓城"。但是，"通爲注濱河"祇能理解爲合流通爲一水，否則焉能有注濱河之通稱。又，"注濱"[tjio-pien]與"且末"[tzia-muat]必爲同名異譯。因此，所謂"通爲注濱河"，其實就是兩河合流後一并稱爲且末河，如此而已。

[47]"治扜泥城"以下採自《漢書·西域傳上》，爲前文"鄯善國"作注。今案："扜泥城"以下直至"迎送漢使"一段原在"澤在樓蘭國北"下，係錯簡，今移正。[31]

[48]本節續採《漢書·西域傳上》之記事說明注濱河所經"鄯善國"之來歷，亦爲下文注濱河所注牢蘭海作注。

[49]復以索勱屯田事爲下文位於"樓蘭國"北之"牢蘭海"作注。今案：索勱事不見載於他書，然大致在東漢和帝時。[32]又，王尊，《漢書》卷七六有傳，其事蹟亦見《水經注》卷五。王霸，《後漢書》二〇有傳。

[50]"其水"即注濱河（匯合且末河後的釋氏南河）最後注入牢蘭海。"故彼俗"云云乃爲澤名"牢蘭"作注。

[51]引釋氏《西域記》之文，爲前文關於南河注入牢蘭海作注。今案："南河自于闐東於北三千里"，或改作"南河自于闐於東北三千里"。[33]今案：不如認爲衍"於"字。一說"東於北"乃"東北流"之訛，[34]亦可通。又，"鄯善"，釋氏原文當作"禪善"。

[52] 以下開始關於北河的敍述，引釋氏《西域記》之文作證：所謂"二支北流"意爲南河與北河於岐沙東分流。亦與前文"逕岐沙谷，出谷分爲二水"云云相銜接。今案："屈茨、烏夷、禪善"應即《漢書·西域傳》所見龜茲、焉耆、鄯善。

[53] "二水"，一爲北河主流，一爲枝流。

[54] 節略《漢書·西域傳上》之文，爲前文"北河"、"南河"作注。

[55] 一説"上承北河于疏勒之東，西北流逕疏勒國南"，一本作"上承北河于疏勒之西，東北流逕疏勒國南"，乃傳抄者將東西二字互倒。[35] 今案：原文似應作："上承北河于疏勒之東，東北流逕疏勒國南。"

[56] "南去"以下採自《漢書·西域傳上》，爲疏勒北山水所經"疏勒城"作注。

[57] 引釋氏《西域記》之文，爲前文"疏勒國"作注。

[58] 以上兩節採自《後漢書·耿恭列傳》，爲前文"疏勒國"作注。今案：耿恭所守疏勒城在今吐魯番地區，與疏勒國王治疏勒城無涉。其中提到高昌壁、柳中、交河城，可以爲證。

[59] "治莎車城"以下採自《漢書·西域傳上》，爲前文"莎車國"作注。今案：漢武帝並未屯田於莎車國。酈氏誤解傳文。又，"枝河又東逕莎車國南"，"南"字顯係"北"字之誤。[36]

[60] "治溫宿城"以下採自《漢書·西域傳下》，爲前文"溫宿國"作注。

[61] 以上敍述北河枝水。

[62] 此節言姑墨水。"赤沙山"，似即下文龜茲西川水所經。[37] 又，"治南城"以下採自《漢書·西域傳下》，爲前文"姑墨國"作注。

[63] 引釋氏《西域記》以及郭義恭《廣志》之文，爲龜茲西川所出"北

大山"作注。

[64] 引釋氏《西域記》之文，爲龜茲西川水所經"赤沙山"作注。

[65] 以上敍述龜茲西川水。

[66] "故延城"以下採自《漢書·西域傳下》，爲前文"龜茲城"作注。

[67] "昔漢武帝"以下採自《漢書·西域傳下》，爲前文"輪臺"作注。

[68] 以上敍說西川枝水。一說"水有二源"，一源卽西川水，枝水左派者，一源卽西川水三分中之一水。³⁸

[69] "治烏壘城"以下採自《漢書·西域傳下》，爲前文"烏壘城"作注。今案："持節"應依一本作"侍郎"，乃形近致訛。³⁹

[70] 以上敍說龜茲東川水。

[71] "右會"當作"左會"。⁴⁰

[72] 引《山海經·北山經》之文，爲前文"敦薨之水"和"敦薨之山"作注。今案：《山海經》所謂"敦薨之水"、"敦薨之山"分別指今黨河、祁連山。敦薨之水所注"泑澤"指今黨河、疏勒河所注哈拉湖。顯然是由於古人昧於實際地理，一度將哈拉湖與羅布泊混爲一談，或誤以爲疏勒河注入羅布泊，使羅布泊也得名"泑澤"。⁴¹

[73] "治員渠城"兩句採自《漢書·西域傳下》，爲前文"焉耆國"作注。

[74] "國治危須城"兩句採自《漢書·西域傳下》，爲前文"危須國"作注。

[75] 引《史記》亦卽《漢書·西域傳下》之文⁴²，爲前文"焉耆國"作注。今案：今本《漢書·西域傳》無"鳥"字。

[76] "國治尉犂城"以下採自《漢書·西域傳下》，爲前文"尉犂國"作注。"西海"，指前文"敦薨之藪"，所謂"川流所積，潭水斯漲，溢而爲海"。

[77] 引桑弘羊語（採自《漢書·西域傳下》），爲敦薨之水所經"連城"

作注。今案：所謂"連城"，其實並非專名，在桑弘羊奏言中，乃指自張掖、酒泉迆邐而西至輪臺之謂。[43]

[78] 引《史記》亦即《漢書·西域傳下》之文，爲敦薨之水南經渠犁國西作注。今案："西有大河"，今本《漢書·西域傳下》作"西有河"。一說"此處'渠犁'應爲'尉犁'之訛"。[44] 今案：果如所言，則此誤並非自酈注始。蓋酈氏所據資料將"逕尉犁國西"、"逕尉犁國南"均誤作"逕渠犁國西"、"逕渠犁國南"，酈氏按例引《漢書·西域傳》作注，遂有"西有大河"等文字。但是，另一種可能性不能排除：在酈注所據資料描述的時代，孔雀河出鐵關谷後的流程與今日有很大不同。質言之，當時該河確實流經渠犁國之西和南。

[79] "渠犁國"下，一說應有"南"字，茲據補。[45] 今案："治渠犁城"以下採自《漢書·西域傳下》，爲前文"渠犁國"作注，然後者並無"治渠犁城"之文。又，《漢書·西域傳下》稱烏壘城"其南三百三十里至渠犁"，注文本此。或以爲據此《漢書·西域傳下》"南"前應有"東"字。[46]

[80] 引《山海經·北山經》之文，爲敦薨之水注於北河後入泑澤作注。以上敍說敦薨之水。

[81] "治墨山城"以下採自《漢書·西域傳下》，爲前文"墨山國"作注。今案：今本《漢書·西域傳下》："山國，王去長安七千一百七十里。""山國"前應奪"墨"字。蓋《漢紀》作"三山國"，知"山"前奪一字，"三"乃"墨"字毀壞而成。又，"王"字後似奪"治墨山城"四字，可據補。

[82] "注賓城"，蓋以"注濱河"得名，城當在墨山東。[47]

[83] "而東注"三字乃涉下文"河水又東注于泑澤"句而衍。[48]"城禪國名"，意謂該處原來並無"樓蘭"之名，因"樓蘭國"改名"鄯善國"，始得

名"樓蘭"。[49]

[84] 以上敍說北河。

[85] 與前文"澤在樓蘭國北"句相照應。

[86] 龍城即姜賴之虛，一說應即《三國志·魏書·烏丸鮮卑東夷傳》裴注引《魏略·西戎傳》所見車師後部所治"于賴城"。[50] 今案：此說疑誤。"龍城"乃指現已乾涸了的羅布泊北部和東北部的雅丹地貌。[51]

[87] 此述鹽澤之得名。"三沙"，應即"三隴沙"。《三國志·魏書·烏丸鮮卑東夷傳》裴注引《魏略·西戎傳》："從玉門關西出，發都護井，回三隴沙北頭，經居盧倉，從沙西井轉西北，過龍堆，到故樓蘭。"《太平御覽》卷七四引《廣志》："流沙在玉門關外，南北二千[里]，東西數百里，有三斷，名曰三隴。"

[88] 引《山海經·西山經》之文，爲"泑澤"作注。[52]

[89] 引《漢書·西域傳上》之文，爲蒲昌海作注。"四百里"，一本作"三百里"。今案：今本《漢書·西域傳上》作："蒲昌海，一名鹽澤者也，去玉門、陽關三百餘里，廣袤三百里。"《後漢書·西域傳》同。今案："千三百里"應從《漢書·西域傳上》、《後漢書·西域傳》作"三百餘里"。[53] 又，"冬夏不減"，"減"字上當據《漢書·西域傳上》補"增"字。[54]

[90] 末二句採自《漢書·西域傳上》，爲河源作注。積石山在今青海省東部。

三

據以上所引《水經注》卷二的文字，知酈氏以爲河水之源有三：一爲葱嶺河，二爲于闐河，三爲阿耨達大水即且末河。歷來認爲酈氏所謂"河水重源有三"，除葱嶺河、于闐河外，第三源爲自葱嶺西流之水。[55] 今案：舊說未安。《注》文明明說"一源西出捐毒之國"，捐毒國在"葱嶺之上"，"河水潛發其嶺，分爲二水"，一水西流，另一水東流即葱嶺河。西流之水與東流之水同出一源，無疑不得視爲河水之二源。《注》文所引《涼土異物志》："葱嶺之水，分流東西，西入大海，東爲河源"，亦可爲證。即使可以認爲酈注並不表明自葱嶺西流之水與東流之水同出一源，亦不能指前者爲河水之另一源，該水既西流注西海，便與河水無涉。另一方面，阿耨達大水即且末河所注牢蘭海即泑澤乃"河水之所潛也"，知在酈氏心目中阿耨達大水即且末河亦爲河水初源之一。

以河水初源爲中心，酈氏所述西域諸水可以大致分爲三個系統：

其一：源出自捐毒之國、葱嶺之上，分爲二水，一水西流，一水東流。

自葱嶺西流之水：西出捐毒國，經休循國南、難兜國北、罽賓國北、月氏國南、安息國南，最後與蜺羅跂禘水同注雷翥海。

蜺羅跂禘水：出阿耨達山之北，西經于闐國、四大塔北（乳尸羅國、揵陀衛國、弗樓沙國），至安息，注雷翥海。

自葱嶺東流之水：自迦舍羅國南，東北流出羅逝西山，經岐沙谷，出谷分爲二水。

一水東流，經無雷國北，又東經依耐國北、蒲犂國北、皮山國北、于闐國北，又東北流經扜彌國北，又東流經精絕國北，又東流經且末國北，又東流，右會阿耨達大水。是爲南河。

另一水自岐沙谷東與南河分流，東北流，分爲二水，其一爲枝水。主流復自疏勒流經南河之北，暨於溫宿之南，左合枝水，又東經姑墨國南，姑墨川水注之，又東經龜茲國南，又東流，左合龜茲川，又東流，左會敦薨之水，又東流，經墨山國南、注賓城南、樓蘭城南，注於泑澤卽蒲昌海。是爲北河。

枝水上承北河於疏勒之東，東北流經疏勒國南，又東北與疏勒北山水（水出北溪，東南流經疏勒城下）合，復東流經莎車國北、溫宿國南，右入北河。

姑墨水：出姑墨西北，歷赤沙山，東南流經姑墨西，又東南流，右注北河。

龜茲水有二源。西源卽龜茲西川水：出北大山南，南流經赤沙山，出山東南流，左側有枝水分出，主流復東南流，分爲二水，東南流，注北河。

龜茲西川枝水：水有二源，均受諸西川，東流經龜茲城南時，合爲一水，復東南注龜茲東川。

龜茲東川水：出龜茲東北，經赤沙、積黎南流，有枝水右出，西南入龜茲城。主流又東南流經輪臺之東，又東南流，右會西川枝水，又東南經烏壘國南，復東南注北河。

敦薨之水：出自焉耆近海亦卽敦薨之渚亦稱敦薨之浦卽敦薨之藪，西經尉犂國，又西出沙山鐵關谷西南流，經連城別注，又東南流經渠犂國西、渠犂國南，南向流於北河。

敦薨之水有二源：西源東流，分爲二水，左水西南流，出焉耆之西，流經焉耆之野，屈而東南流，注於敦薨之渚。右水東南流，亦分爲二，左右流經焉耆之國，二水南會，同注敦薨之浦。

東源東南流，分爲二水，俱東南流，出焉耆國東，經危須國西，又東南流，注於敦薨之藪。

其二：于闐河，自于闐南山北流，經于闐國西，又北流注入葱嶺河。

其三：阿耨達大水亦即且末河，出阿耨達山西北，北流，經且末南山，又北流，經且末城西，經且末國北，左會南河。

且末河與南河會流東逝，稱"注濱河"。注濱河又東，經鄯善國北，東注牢蘭海。

四

以上諸水，後人反復研究，作了種種比定，迄今尚有不少問題未能很好解決。其中，最難落實者似爲源出捐毒自葱嶺西流之水、蜺羅跂禘水與所謂"南河"。

在此，爲敍述方便起見，先考所謂"阿耨達大水"。

大概自吠陀時代起，印度人就有一種諸大河同出一源、向四方分流的觀念，繼承吠陀文明的佛教經典發展並神話化了這種地理觀念。佛經中最早編輯的四《阿含經》之中的《長阿含經》和《增壹阿含經》都有四大河水同出阿耨達池而四向分流之敍述。例如《長阿含經》卷一八稱：

> 雪山中間有寶山，高二十由旬。雪山埵出，高百由旬。其山頂上有阿耨達池，縱廣五十由旬。其水清冷，澄淨無穢。七寶砌壘，七重欄楯，七重羅網，七重行樹，種種異色，七寶合成。……阿耨達池底，金沙充滿。……阿耨達池東有恒伽河，從牛口出，從五百河入于東海。阿耨達池南有新頭河，從師子口出，從五百河入于南海。阿耨達池西有婆叉河，從馬口出，從五百河入于西海。阿耨達池北有斯陀河，從象口中出，從五百河入于北海。阿耨達宮中有五柱堂，阿耨達龍王恒於中止。[56]

佛教傳入蔥嶺東西之後，東來的佛教徒根據在張騫首次西使後不久就流傳的河水重源說，很自然地將黃河納入阿耨達池所出諸水系統之內。[57] 按之現有資料，最早試圖將阿耨達池所出諸水之一與河水初源聯繫起來的似乎是東漢康孟詳譯《佛說興起行經序》：

> 所謂崑崙山者，則閻浮利地之中心也。山皆寶石，周匝有五百窟，窟皆黃金，常五百羅漢居之。阿耨大泉，外周圍山，山內平地，泉處其中。泉岸皆黃金，以四獸頭，出水其口，各繞一匝已，還復其方，出投四海。象口所出者，則黃河是也。……[58]

這裏阿耨達池所在雪山被改爲崑崙山，顯然是因爲考慮到中國原有的"河出昆侖"之說。而"象口所出"云云，說明河水初源被比附爲流入北海的斯陀河了。

更明確的證據見於《大唐西域記》卷一：

> 則贍部州之中地者，阿那婆答多池也（唐言無熱惱。舊曰阿耨達池，訛也）。在香山之南，大雪山之北，周八百里矣。……是以池東面銀牛口，流出殑（巨勝反）伽河（舊曰恒河，又曰恒伽，訛也）。繞池一匝，入東南海。池南面金象口，流出信度河（舊曰辛頭河，訛也）。繞池一匝，入西南海。池西面琉璃馬口，流出縛芻河（舊曰博叉河，訛也）。繞池一匝，入西北海。池北面頗胝師子口，流出徙多河（舊曰私陀河，訛也）。繞池一匝，入東北海。或曰潛流地下出積石山，即徙多河之流，爲中國之河源云。[59]

其中"徙多河"雖出自"師子口"，且流入"東北海"，與《長阿含經》所載"斯陀河"出自象口，流入北海有別，但這不過是流傳過程中產生的差異，兩者乃指同一條河可以無疑。[60]既稱爲"中國之河源"，客觀上應指以《漢書·西域傳》和《水經》所載以葱嶺河、于闐河爲源頭的塔里木河。[61]果然，《大唐西域記》卷一所謂"東北海"也就相當於蒲昌海或鹽澤了。蓋據《漢書·西域傳上》，西域南北有大山，中央有河，"其河有兩原：一出葱嶺山，一出于闐。于闐在南山下，其河北流，與葱嶺河合，東注蒲昌海。蒲昌海，一名鹽澤者也……其水亭居，冬夏不增減，皆以爲潛行地下，南出於積石，爲中國河云"。

由此可見，酈道元《水經注》引釋氏《西域記》所載出自阿耨達山西北，"北流注牢蘭海（即蒲昌海或鹽澤）"的大水，似乎亦應指斯陀河或徙多河即塔里木河。但是，酈氏續引其文：

> 且末河東北流逕且末北，又流而左會南河，會流東逝，通爲注濱河。

這表明酈氏將釋氏《西域記》所謂"阿耨達大水"誤指爲同書所載且末河了。蓋酈氏所引釋氏之文並不足以證明阿耨達大水便是且末河，且阿耨達大水直接注牢蘭海，而且末河經且末北後"左會南河"，並非直接入海。釋氏所載兩條不同的河被混爲一談，很可能是因爲酈氏雖然接受了河水源出崑崙即阿耨達山的觀念，但並不確知河源究竟是阿耨達山所出何水。既然釋氏稱"阿耨達大水"北流所注牢蘭海即泑澤，亦即且末河匯合釋氏《西域記》載"南河"所注，便將兩者勘同。

大概酈氏一方面從中國史料中得知河水重源有二，另一方面信從中國佛教徒附會印度傳說得出的河水源出阿耨達山說，便提出"重源有三"之說。在指葱嶺河、于闐河爲河源的同時，將阿耨達大水比附爲且末河即今車爾臣河，並指爲河水初源之一。殊不知，若且末河得視作河源，則姑墨水、龜茲水均得視作河源了。蓋且末河亦非直接注入牢蘭海者。

當然，由於釋氏《西域記》已佚，原貌不得而知，另一種可能性也不能完全排除：如酈注所表明，釋氏有關見解與其前後佛教徒均不相同，確指阿耨達大水爲且末河。果然，則酈氏"河水重源有三"之說乃基於釋氏之誤。

五

以下討論酈氏所述自捐毒西流之水與蜺羅跂禘水。

客觀上，可以大致認爲發源於葱嶺卽帕米爾高原、又西向流入同一個海的二條大河衹能是阿姆河與錫爾河。這也許就是一般指兩水所注雷翥海爲鹹海的緣故。[62]

一說"蜺羅跂禘"[ngye-lai-gie-tiek]，可以視作 Yaxartes 之對譯[63]，果然，則《注》文所謂源出捐毒、自葱嶺西流、與之同注一海者不妨比定爲阿姆河。

然而，酈氏所述自葱嶺西流之水和蜺羅跂禘水之流程與阿姆河、錫爾河之實際流程並不相合，這衹能認爲是酈氏並沒有掌握詳實資料的緣故。

大概酈氏雖然通過《涼州異物志》等知道有二條大河自葱嶺西流入海，但是沒有得到有關具體流程的報告，於是衹能在文獻中尋找答案。既然《漢書·西域傳》中已有"于闐之西，水皆西流，注西海"的記載，他便根據該傳關於捐毒、休循、難兜、罽賓、月氏、安息諸國以次在西，以及安息國臨嬀水、近西海等記載來記述其中之一的流程。[64]

而由於第二條西流之水的名稱酈氏是從釋氏《西域記》中發

現的，他根據《法顯傳》等佛教徒著作來記述其流程也就不難理解了。具體而言，蜺羅跂禘水出于闐國西，經四大塔北（乞尸羅國、揵陀衛國、弗樓沙國）一段，儘管略有出入，主要以《法顯傳》爲依據。[65] 殊不知《漢書·西域傳》所載罽賓國與《法顯傳》所載健陀衛國地望其實是相同的。[66]

蜺羅跂禘水最後流經安息國，則很可能是因爲釋氏《西域記》提到揵陀越國之西有安息國，該國臨西海的緣故。今阿姆河與錫爾河均注入鹹海，但在酈氏描述的時代以前，阿姆河一度注入裏海。酈氏不僅對裏海與鹹海不加區分，均稱之爲"雷翥海"或"西海"，而且將二水所注與條支、安息國所臨"西海"即地中海也混爲一談。可見對於二水所注之海，在酈氏心目中也是十分模糊的，所記亦無非是照搬書本。[67]

或以爲：客觀上酈氏所描述的對象應是印度河（自捐毒西流之水）與斯瓦特河（蜺羅跂禘水）。[68] 今案：此說未安。不僅流向、流程完全不符，而且無法解釋兩河同注"西海"。

值得注意的是，據《水經注》卷一，阿耨達山流出的大水有六。同卷記述了其中四條：一爲新頭河，二爲恒水，第三和第四條爲注入恒水的遙奴水和薩罕水。卷二則記述了另外兩條：蜺羅跂禘水和阿耨達大水。由於遙奴和薩罕兩水與恒水分源合流，祇是一水，因此酈氏所記其實也祇是四水。其中，新頭河與恒水，無疑相當於《長阿含經》的新頭河與恒伽河，亦卽《大唐西域記》的信度河與殑伽河。既然如此，蜺羅跂禘水和阿耨達大水就應該分別相當於《長阿含經》的婆叉河與斯陀河，亦卽《大唐西域記》

的縛芻河與徙多河。⁶⁹ 根據比較可靠的說法，婆叉河或縛芻河可比定爲阿姆河，斯陀河或徙多河可比定爲錫爾河。⁷⁰

而如前所述，結合《大唐西域記》的記載，釋氏《西域記》指爲河源的"阿耨達大水"應該相當於《長阿含經》的斯陀河。果然，則釋氏所載"出阿耨達山之北"的蜺羅跂禘水應該相當於婆叉河或縛芻河。這似乎與前文的推定不合。

今案：這很可能是釋氏並不確知自阿耨達山西北和西面流出之水的名稱，因而犯了張冠李戴的錯誤。這也就是說，出阿耨達山西北者應爲蜺羅跂禘水。酈氏所引釋氏關於蜺羅跂禘水的記載一本作："蜺羅跂禘出阿耨達山西"⁷¹，似可爲證。蓋"出阿耨達山西"者應爲婆叉河或縛芻河。若上引釋氏之文稱蜺羅跂禘水"出阿耨達山之北"不誤⁷²，則可能釋氏指爲河源者係縛芻河而非徙多河。

質言之，酈氏所載蜺羅跂禘水似應相當於《長阿含經》的斯陀河或《大唐西域記》的徙多河。"斯陀"或"徙多"不妨看作"[蜺羅]跂禘"的省譯，亦堪佐證。⁷³

又，酈氏既肯定"河出崑崙，崑崙即阿耨達山"，又認定河出葱嶺，可見在酈氏看來葱嶺即崑崙亦即阿耨達山，也就是說無論自葱嶺西流或東流之水均應出自阿耨達池。這樣，酈氏在卷二所記出自阿耨達山者實際上就不是二水而是三水了，顯然與卷一阿耨達山"出六大水"之說自相矛盾。這是酈氏將來源不同的資料機械疊加必然導致的結果。

六

　　本節討論所謂酈氏關於"南河"和于闐河、且末河的記述。
　　酈氏所述"南河"是研究者最感困惑的問題，雖然有人指出所謂"南河"純屬向壁虛構，卻未能找到原因。[74] 今案：癥結在於酈氏不知釋氏《西域記》的"南河"之上游就是他採自《漢書·西域傳》的于闐河，而在記述于闐河的同時，又要記述南河，於是憑空多出了一條河。蓋據酈注所引釋氏《西域記》：

　　　　南河自于闐東（於）北三千里，至鄯善入牢蘭海者也。

可知釋氏所謂南河乃自于闐東北流經三千里入海者，這明明說的是以于闐河爲主源的塔里木河。[75] 酈注：

　　　　北河自岐沙東分南河，卽釋氏《西域記》所謂二支北流，
　　　　逕屈茨、烏夷、禪善，入牢蘭海者也。

亦可爲證。"二支北流"云云，意謂于闐河與葱嶺河北流匯合後，經屈茨、烏夷、禪善，注入牢蘭海。酈氏所引釋氏《西域記》：

　　　　河水東流三千里，至于闐，屈東北流者也。

也是說的于闐河及其下游塔里木河，酈注卻引來爲其無中生有的

"南河"流經于闐國北作注,顯然非是。

《水經》所謂"蔥嶺河"應指今葉爾羌河,而非喀什噶爾河,不僅"從蔥嶺出而東北流",流向與葉爾羌河相符,而且喀什噶爾河並不與于闐河匯合。[76]一般認爲,酈氏既將《水經》所謂"蔥嶺河"分爲南、北兩河敍述,又稱與于闐河注入"南河",則"南河"祇能是葉爾羌河,而"北河"祇能是喀什噶爾河。今案:其實不然。

一則,南河與北河同源,而喀什噶爾河與葉爾羌河並非同源。

二則,南河與北河分別入海,而喀什噶爾河與葉爾羌河匯成一河後入海。尤其應該指出的是,在《水經注》卷一中,酈氏曾說:

> 水有大小,有遠近,水出山而流入海者,命曰經水;引佗水入于大水及海者,命曰枝水。

可見他對河流的幹枝關係分得比較清楚。《水經》所謂蔥嶺河卽葉爾羌河應爲"經河",喀什噶爾河則爲該河枝水。酈氏顯然不可能將一條經水和一條枝水視作二條經水。事實上,酈氏也並未將"北河"說成"南河"之枝水。

三則,酈注祇是籠統地稱于闐河"注于河",不僅未明言此河爲"南河",而且在下文接著說,"卽《經》所謂蔥嶺河也"。這說明酈氏對于闐河所注毫無把握。

《水經注》的"南河"既屬子虛,又載有于闐河,則酈氏所謂"北河"祇能視作葉爾羌河及其下游。祇有這樣理解,才能落實所謂"北河"的"枝水"(今克孜勒河、喀什噶爾河)。至於釋氏所謂且末河"左會南河"乃指車爾成河左會以于闐河爲主源的塔里木河。要之,釋氏將于闐河連同其下游塔里木河稱爲"南河",酈氏則將葱嶺河連同其下游稱爲"北河"。

爲了描述並不存在的"南河"的流程,酈氏祇能求助於《漢書·西域傳》。所謂"南河"流經依耐國北、蒲犁國北、皮山國北、于闐國北,扜彌國北、精絕國北、且末國北,根據便是《漢書·西域傳上》所謂"從鄯善傍南山北,波河西行至莎車,爲南道",以及鄯善、且末、精絕、扜彌、于闐、皮山、蒲犁以及依耐諸國以次在西的記載。[77] 既然從釋氏《西域記》的記載中不難窺見在釋氏描述的時代並不存在酈氏所說的"南河",即使能夠證明在《漢書·西域傳》描述的時代,確實存在這樣一條"南河",也依然祇能認爲酈氏關於"南河"的描述是向壁虛構。[78]

或以爲:今喀什噶爾河即酈注之葱嶺河北派,今葉爾羌河即酈注之葱嶺河南派,二河東流至阿克蘇東南會和闐河後,合爲塔里木河,東流入羅布淖爾。酈注分敍葱嶺河南、北派,前者東合于闐河爲南河,入牢蘭海,後者則爲北河,入蒲昌海,雖分言南、北,合于闐河後,實通爲一河。此互受通稱之例。[79] 今案:此說未安。果如所言,則酈氏所述南、北河匯于闐河之後的流程應該一致。然而酈氏明明稱"南河"流經扜彌國北、精絕國北、且末國北,與北河完全不同。這恐怕很難用"互受通稱"解釋。質言之,酈氏對所謂"南河"的描述確實是在錯誤理解釋氏記載的基礎上,抄襲《漢書·西域傳》的結果。

總之,酈氏不知釋氏所謂"南河"便是以于闐河爲主源的塔里木河，種種誤解由此而生。

至於酈氏所述于闐河，雖如前述，實即釋氏所述"南河"之上游，但必須指出，由於酈氏與釋氏所據資料不同，兩者可比部分的流程並不完全相同。前者稱于闐河流"逕于闐國西"，後者則強調于闐河自于闐東北流過。這似乎表明酈氏所述于闐河以今喀拉喀什河爲主源，釋氏所述南河以今玉瓏喀什河爲主源。[80] 從衛星影像上可以看出有一條古河道從和闐西部的墨玉縣向北穿過麻扎塔格和乔喀塔格兩山地之間，其流向與《水經注》中"南源"的流向大致脗合。[81]

最後，釋氏所謂"且末河東北流逕且末北，又流而左會南河，會流東逝，通爲注濱河"，結合酈氏所謂"其水東注澤，澤在樓蘭國北"的陳述，似乎可以理解爲且末河北上，與經墨山國南南下的塔里木河下游支流之一匯合後，繼續東流，注入羅布泊，自兩河接合處直至羅布泊一段水道便是所謂注濱河。蓋此處釋氏所謂"南河"便是以于闐河爲主源的塔里木河之下游。酈氏敘其南河流程至"且末國北"後，稱該河"右會阿耨達大水"，不過是從釋氏"且末河左會南河"句推出，並無事實或文獻的依據。[82] 又如前述，"注濱"與"且末"很可能是同名異譯。在這個意義上，注濱河不妨視作且末河的延伸。

一說注濱河應即今若羌東米蘭河，該河與且末河下游水道一度相連。近年於該河古道發現保存完整的灌溉系統痕蹟，也表明《注》文所記敦煌索氏横斷之注濱河正是此河。[83] 今案：此說似與《注》文原意不合，姑錄以備考。

七

以下討論"北河"諸問題。

1. 首先應該說明的是,"北河"這個概念,酈氏可能亦得諸釋氏《西域記》,雖然酈氏所引釋氏之文並未直接提到"北河"。蓋釋氏《西域記》既有"南河",必有"北河"。釋氏《西域記》所謂"北河"與"南河"均指塔里木河。祇是前者以葉爾羌河爲主源,後者以于闐河爲主源。葱嶺河、于闐河南北合流後,通爲一河,這纔是"互受通稱"之例。酈氏所謂"北河"則指以葉爾羌河爲主源的塔里木河,乃相對於其虛構的"南河"而言。

2. 一般指酈氏所謂"北河"爲今克孜勒河、喀什喀爾河。[84] 今案:此說有所未安。

一則,雖然今克孜勒河、喀什噶爾河流經疏勒城南,似乎與注文"自疏勒逕流"云云相符,但如果注意到酈注又稱北河之枝水"東北流逕疏勒國南",便可見北河決不會像今喀什噶爾河那樣緊靠著喀什流過,而應該考慮在酈氏描述的時代,北河河道可能較今葉爾羌河的河道偏西[85],以致無妨認爲該河流經疏勒國。

二則,《注》文所謂"暨于溫宿之南,左合枝水",與葉爾羌河的情況亦無不符,卻與喀什噶爾河的形勢不合。蓋托什干河自西而來流經溫宿卽今烏什之南,與克孜爾河、喀什噶爾河流向相同,被酈氏誤以爲一條河。[86]

三則,如果指"北河"爲今克孜勒河、喀什喀爾河,則"北河"的"枝水",以及"枝水"的枝水卽所謂"疏勒北山水"均無法很妥當地落實。

四則，今克孜爾河、喀什噶爾河正自疏勒城下流過，不僅與《注》文所謂"東北流逕疏勒國南"相符，而且確實匯合"北河"卽葉爾羌河"于疏勒之東"。

3. 北河的"枝水"旣可比定爲克孜爾河、喀什噶爾河、托什干河，則所謂"疏勒北山水"似應指今喀什噶爾河北恰克瑪克等河。[87]

4. 北河之流程：其主源出岐沙谷東，自疏勒東北流，至溫宿國南匯合枝水後，又東流經姑墨國南、龜茲國南、墨山國南、注賓城南、樓蘭城南，最後注於泑澤卽蒲昌海。溫宿國南以下至墨山國南之流程與今塔里木河大致相符。[88]

一說酈注"河水又東逕注賓城南，又東逕樓蘭城南而東注"乃本釋氏《西域記》，祇是由於後者寫本文字之訛，原應在南河之北的注賓城、樓蘭城被誤置於北河之北。否則，便是當時北河確實流經樓蘭遺址之南。[89]今案：所謂釋氏《西域記》文字之訛無法落實。其實，孔雀河乾河床在去今樓蘭遺址北方約二十公里附近東流入羅布泊，一度在近泊處分散成許多支流，其中亦有流經樓蘭城南注入羅布泊者。因此，似乎不能認爲河水"東逕樓蘭城南"的記載有誤。換言之，在酈氏所據資料描述的時代，北河卽匯合孔雀河以後的塔里木河的主要河道確有可能是經由樓蘭城南入泊的。酈注解釋《山海經》"敦薨之水西流注于泑澤"句時所說"蓋亂河流自西南注也"，也許正是描述了當時孔雀河下游支流網絡交錯、縱橫貫通，自西南方向流注羅布泊的情景。蓋酈氏所謂"敦薨之水"即今孔雀河。⁹⁰當然，下述可能也是存在的：東經樓蘭城南的河水就是釋氏所謂注濱河。蓋酈氏所謂"北河"與釋氏所謂"南河"兩者之下游其實是一致的。這就是說，"河水又東逕"云云，正是指車爾臣河與塔里木河下游之一支匯合後東流，先經注賓城南，復經樓蘭城南，最後注入羅布泊。⁹¹

至於北河中下游的支流，均已有前人考證，概括如下：

1. 姑墨水：一般認爲即今阿克蘇河，所出赤沙山即今阿克蘇西北之鹽山，水經此山之東南流。⁹² 今案：《注》文所述姑墨水如果以發源於今伊塞克湖東南的庫瑪拉克河爲主源，則所謂"赤沙山"也可能是《漢書·西域傳》所載烏孫國王治赤谷城所在。⁹³

2. 龜茲水：由東、西兩川組成，因分經龜茲城東西而得名。兩河主流在城南匯合，東南流，注於北河。

龜茲西川水：一說即今木札提河及渭干河。在酈氏描述的時代，西川水出山東南流，左側有枝水分出（今鄂根河）。主流東南流，再分爲二水，東南流，經龜茲城南，合爲一水，左匯東川水，注塔里木河。後因下游水少，漸成散流，無復舊觀。⁹⁴

龜茲東川水：一說即今庫車河，亦名銅廠河。庫車河一度出山分爲三支，自西向東依次爲密爾特彥河、烏恰爾薩依河、葉斯巴什河。密爾特彥河亦稱城上河，流經庫車城東側。《注》文所謂"枝水右出，西南入龜茲城"者，或即此河；右會西川枝水者或即葉斯巴什河。古今水道有變動，酈氏所記已不能一一指實。⁹⁵ 東川水所經"積黎"[tzyek-liei]，既與"赤沙"並列，或係山名。⁹⁶

3. 敦薨之水，一般認爲即今開都河、孔雀河，所出敦薨之山卽焉耆北之汗騰格里山。

敦薨之水有東西二源，一般認爲西源卽今開都河，西源左水爲小裕勒都斯河，右水爲大裕勒都斯河。東源卽哈布齊垓河。[97]東源亦有指爲烏蘭烏蘇水卽今黃水溝者。[98]

今案：舊說未安。敦薨之水西源左水應爲開都河，右水應爲哈布齊垓河。東源應爲清水河。[99]

東西兩源所注敦薨之渚、敦薨之浦以及下文東源所注敦薨之藪均指今博斯騰湖。[100]

至於敦薨之水西出沙山鐵關谷會北河的流程，一般認爲古今變化不大。沙山卽今庫魯克山，鐵關谷卽今哈滿溝，此處敦薨之水，乃指自博斯騰湖西南溢出之水，卽孔雀河。河水溢出後西流，轉西南流，經行哈滿溝中，出鐵門關，至庫爾勒，與酈注所述基本符合。[101]

八

《水經注》卷一："阿耨達六水，蔥嶺、于闐二水之限，與經史諸書，全相乖異"云云，說明酈氏確曾爲以正史爲主的中原王朝官方記載和佛教徒爲主的私人記載之間的矛盾而困惑。由此可見，他力圖加以調和是必然的。遺憾的是，就卷二所載西域水道而言，他這番努力並不很成功。客觀上，酈氏所載西域水道不過是上述各種記載的機械疊加而已。[102]

■ 注釋

1 本文《水經注》文字、標點基本按照陳橋驛校釋本（杭州大學出版社，1999年）。酈氏引文未必完整，古人引書往往隨意節略，不如今日之嚴謹。

2 L. Petech, *Northern India According to the Shui-Ching-Chu*. Roma, 1950. 森鹿三、日比野丈夫等譯注《水經注》,《中國古典文學大系》21，東京：平凡社，1985年。長澤和俊"《水經注》卷二の西域地理"，《史觀》119（1988年），pp. 2-15 等。另外，如森鹿三"《水經注》に引用せる《法顯傳》"，《東方學報》1（1931年），pp. 183-212，榎一雄"法顯の通過した鄯善國について"，《東方學》34（1967年），pp. 12-31，對這一問題亦有所涉及。研究這方面問題的我國學者主要有黃文弼、章巽等。

3 酈注引《漢書・西域傳》所見諸國以及有關山水之地望，凡與本文主題關係不太密切者，均略而不考。讀者可參看注2所引森鹿三、日比野丈夫書之譯注。

4 見楊守敬、熊會貞《水經註疏》卷二（段熙仲點校、陳橋驛復校本，江蘇古籍出版社，1989年）。

5 參看余太山《塞種史研究》，中國社會科學出版社，1995年，pp. 144-167。

6 以下所引《法顯傳》地名之考釋，均見章巽《法顯傳校注》，上海古籍出版社，1985年，pp. 36-46。

7 參看楊守敬、熊會貞《水經註疏》卷二以及注6所引章巽書，p. 39。

8 見楊守敬、熊會貞《水經註疏》卷二。

9 見楊守敬、熊會貞《水經註疏》卷二。

10 注2所引森鹿三、日比野丈夫書，pp. 138-139, n. 107。另參看向達"漢唐間西域及海南諸國古地理書敘錄"，《唐代長安與西域文明》，生活・讀書·新知三聯書店，1987年，pp. 565-578，esp. 577。

11 "鉢盧勒"，見沙畹"宋雲行紀箋注"，馮承鈞譯，《西域南海史地考證譯叢六編》，中華書局，1956年，pp. 1-68。

12 "阿波邏羅龍泉"，季羨林等《大唐西域記校注》，中華書局，1985年，pp. 274-277（《大正新脩大藏經》T51, No. 2087, p. 882）。

13 松田壽男"釋氏《西域記》集注"，東京：岩井博士古稀記念事業會編《岩井博士古稀記念論文集》，東京，1963年，pp. 635-644，以及注2所引長澤和俊文。

14 注2所引森鹿三、日比野丈夫書，p. 136, n. 70。

15 注10所引向達文，esp. 577。

16 "師子國"見注6所引章巽書，p. 149。"僧伽羅國"，見注12所引季羨林等書，pp. 866-887（《大正新脩大藏經》T51, No. 2087, pp. 932-934）。

17 見楊守敬、熊會貞《水經註疏》卷二。

18 見楊守敬、熊會貞《水經註疏》卷二。

19 "渴槃陁"、"揭盤陀"即迦舍羅逝，參見白鳥庫吉"西域史上の新研究·大月氏考"，《白鳥庫吉全集·西域史研究（上）》（第6卷），東京：岩波，1970年，pp. 97-227，esp. 133-134, 150-151，以及注12所引季羨林等書，pp. 983-984（《大正新脩大藏經》T51, No. 2087, pp. 941-942）。

20 參看注5所引余太山書，p. 213。

21 注13所引松田壽男文。注2所引榎一雄文以爲直至"逕無雷國北"均係釋氏之文。今案：榎氏說亦誤。

22 見楊守敬、熊會貞《水經註疏》卷二。

23 說見黃文弼"古代于闐國都之研究"，《黃文弼歷史考古論集》，文物出版社，

1989 年，pp. 210-215。

24 參看注 5 所引余太山書，pp. 210-215。

25 見楊守敬、熊會貞《水經註疏》卷二。

26 章巽"《水經注》和《法顯傳》"，《章巽文集》，海洋出版社，1986 年，pp. 162-172，esp. 163-164。

27 中國科學院《中國自然地理》編輯委員會《中國自然地理（歷史自然地理）》，科學出版社，1982 年，p. 197。

28 見注 23 所引黃文弼文。

29 注 2 所引榎一雄文。

30 見楊守敬、熊會貞《水經註疏》卷二。

31 章巽"《水經注》中的扜泥城和伊循城"，《中亞學刊》第 3 輯，中華書局，1990 年，pp. 71-76。《水經注》這段錯簡曾引起種種誤解，典型例子見注 2 所引榎一雄文以及長澤和俊"鄯善王國歷史地理（上）"，《早稻田大學・院・文學研究科紀要（哲學・史學）》37（1992 年），pp. 129-143 等。凡此，移正後均可廓清。至墨山國"千八百六十五里"，應依《漢書・西域傳下》作"千三百六十五里"。

32 參看劉光華《漢代西北屯田研究》，蘭州大學出版社，1988 年，pp. 167-170，以及余太山《兩漢魏晉南北朝與西域關係史研究》，中國社會科學出版社，1995 年，p. 85。

33 見楊守敬、熊會貞《水經註疏》卷二。

34 注 13 所引松田壽男文。

35 見楊守敬、熊會貞《水經註疏》卷二。

36 見楊守敬、熊會貞《水經註疏》卷二。

37 見楊守敬、熊會貞《水經註疏》卷二。

38 見楊守敬、熊會貞《水經註疏》卷二。

39 見楊守敬、熊會貞《水經註疏》卷二。

40 見楊守敬、熊會貞《水經註疏》卷二。

41 參見注 5 所引余太山書,pp. 213-215。

42 見楊守敬、熊會貞《水經註疏》卷二。

43 參看岑仲勉《漢書西域傳地里校釋》,中華書局,1981 年,p. 411。黃文弼"輪臺考古調查簡記",注 23 所引書,pp. 231-236,以爲"連城"在今庫爾楚之南,該處適當古渠犁國地,相傳有七座古城,或即漢武置校尉、屯田之處。今案:後說未安。即使敦薨之水所經確有"連城"其地,亦不可能在今庫爾楚之南。

44 徐松《漢書西域傳補注》,《二十五史三編》(第三分冊),嶽麓書社,1994 年,p. 849。

45 見楊守敬、熊會貞《水經註疏》卷二。

46 徐松《漢書西域傳補注》,注 44 所引書,p. 848。

47 見楊守敬、熊會貞《水經註疏》卷二。

48 參看注 2 所引榎一雄文。

49 說見注 31 所引章巽文。

50 注 2 所引森鹿三、日比野丈夫書,p. 175, n. 126。

51 參看王守春"《水經注》塔里木盆地'南河'考辨",《地理研究》第 6 卷第 4 期(1987 年),pp. 36-44。"姜賴"[kiang-lan],或與"樓蘭"爲同名異譯。

52 不周之山,見注 2 所引森鹿三、日比野丈夫書,p. 144, n. 184。諸毗之山、嶽崇之山,見同書,p. 175, n. 129, 130。

53 說見本書上卷第二篇。

54 見楊守敬、熊會貞《水經註疏》卷二。

55 見楊守敬、熊會貞《水經註疏》卷二。

56 《大正新脩大藏經》T1, No. 1, p. 116。又，類似的說法也見於《大樓炭經》卷一（《大正新脩大藏經》T1, No. 23, p. 278）、《起世經》卷一（《大正新脩大藏經》T1, No. 24, p. 313）和《阿毗曇毗婆沙論》卷二（《大正新脩大藏經》T28, No. 1546, pp. 14-15）等。

57 詳見章巽"論河水重源說的產生"，注 26 所引書，pp. 177-186, esp. 181-184。

58 《大正新脩大藏經》T4, No. 197, p. 163。

59 見注 12 所引季羨林等書，p. 39（《大正新脩大藏經》T51, No. 2087, p. 869）。類似的說法也見於慧琳《一切經音義》卷一（《大正新脩大藏經》T54, No. 2128, p. 313）等。

60 各經四河所出獸口均有不同。例如：《阿毗曇毗婆沙論》與《起世經》載辛頭河出牛口，《長阿含經》載新頭河出師子口，《大唐西域記》則載信度河出象口。雖然並不確知《興起行經》師子口所出是哪一條河，但其象口所出顯然不可能如《阿毗曇毗婆沙論》與《起世經》爲恒伽河，或如《大唐西域記》爲信度河。又，各經所載斯陀（或斯頭、私陀）河皆入北海，唯《大唐西域記》不同。後者稱殑伽河入東南海，信度河入西南海，縛芻河入西北海，徙多河入東北海，將《長阿含經》等載四河所注諸海的位置（各經所載與《長阿含經》大致相同。唯《大樓炭經》載信陀河與和叉河所注有誤，方位詞應互換）均沿順時針方向旋轉了 45 度，也許是爲了便於使徙多河與黃河聯繫起來。參看劉迎勝《西北民族史與察合台汗國史研究》，南京大學出版社，1994年，pp. 219-220。

61 見注 12 所引季羨林等書，pp. 42, 984。

62 注家多指雷翥海爲鹹海，如沙畹《西突厥史料》，馮承鈞漢譯本，中華書局，1958年，p. 25，以及注 2 所引森鹿三、日比野丈夫書，p. 166, n. 20。但是，鮮有指出其原語者。唯一的例外是內田吟風《北アジア史研究・鮮卑柔然突厥篇》，同朋舍，1988年，p. 488, n. 42。內田吟風以爲"雷翥"[luci-tjia] 也許是（Oxianus）Lacus 之音譯。此說主要根據其實在於將《水經注》所載自葱嶺西流之水和蜺羅跂禘水比定爲阿姆河與錫爾河（當然亦有將蜺羅跂禘水比定爲阿姆河者，如注 57 所引章巽文，esp. 183）。今案：雖然在《水經注》或所引資料描述的時代，阿姆河流入裏海，且當時人將兩海誤以爲一海的可能性很小，但祇要上述比定的主要依據成立，在未能確定其原語的情況下，將雷翥海比定爲鹹海是可以的。另外，"雷翥海"一名又見於《舊唐書·突厥傳下》："西突厥，本與北突厥同祖。初，木杆與沙鉢略可汗有隙，因分爲二。其國卽烏孫之故地。東至突厥國，西至雷翥海，南至疏勒，北至瀚海，在長安北七千里，自焉耆國西北七日行，至其南庭，又正北八日行，至其北庭。"以及《新唐書·西突厥傳》："西突厥，其先訥都陸之孫吐務，號大葉護。長子曰土門伊利可汗，次子曰室點蜜。亦曰瑟帝米，瑟帝米之子曰達頭可汗，亦曰步迦可汗，始與東突厥分烏孫故地有之。東卽突厥，西雷翥海，南疏勒，北瀚海，直京師北七千里，由焉耆西北七日行得南庭，北八日行得北庭。"如沙畹、內田吟風等均以爲兩傳所見"雷翥海"應卽《水經注》卷二所見"雷翥海"，均指鹹海。但蘇北海"唐代中亞條支、條支海考"，《西域歷史地理》，新疆大學出版社，1988年，pp. 209-220, esp. 210-212，以爲前者應卽《隋書·北狄傳·鐵勒傳》所見"得嶷海"，指 Balkhash 湖。今案：蘇北海說或是，但蘇氏並未提到兩《唐書》所見雷翥海與《水經注》所見同名海的關係。這就是說，兩《唐書》所見與《水經注》所見雖然同名但並非一海。當然，也可能是後者將鹹海誤以爲是雷翥海了。

63 說見 E. G. Pulleyblank, "The Consonantal System of Old Chinese (Part I)." *Asia Major*, 9 (1962), pp. 58-144, esp. 95。注 13 所引松田壽男文以爲"蜺羅跂禘"河應卽《大唐西域記》卷六所見 Siranyavati（尸賴拏伐底河）之對譯。今案：此說非是。松田壽男所見本《水經注》"岐"字作"跛"，或由此致誤。W. B. Henning, "The First Indo-Europeans in History." G. Ulmen, ed., *Society and History Essays in Honor of Karl August Wittfogel*. The Hague, Paris, New York, 1978, pp. 215-230, n. 25, 以爲應指吉爾吉特（Gilgit）河。

64 據《漢書·西域傳上》，捐毒國"西上蔥嶺，則休循也"，難兜國"北與休循接"，罽賓國"東北至難兜國九日行"，大月氏國"西至安息四十九日行，南與罽賓接"。又載：安息國"臨嬀水"，"西與條支接"，而條支"臨西海"。參看注 2 所引長澤和俊文。

65 參看注 2 所引長澤和俊文。長澤氏以爲酈氏所述蜺羅跂禘水流程尚包括鉢吐羅越城、阿步羅龍淵，並據以爲此處蜺羅跂禘水乃指斯瓦特河。今案：此說未安。又，注 2 所引 L. Petech 書，p. 57, 以爲：蜺羅跂禘水流程的敍述似乎是有關于闐河、阿姆河水系的零碎資料拼湊而成，還好像被莫名其妙地和戈爾班德（Ghorband）、潘傑希爾（Panjshir）、喀布爾（Kabul）水系聯繫在一起。今案：類似的分析祇能說明酈氏實際上並沒有關於蜺羅跂禘水流程的資料。

66 參看注 5 所引余太山書，pp. 144-146。

67 如注 2 所引 L. Petech 書，p. 62, 曾指出：酈注的敍述不僅將裏海和波斯灣，甚至將地中海和黑海也聯繫起來，形成了一個圍繞伊朗的大洋。今案：條枝所臨"西海"應卽地中海而非一般所說波斯灣，說見注 5 所引余太山書，pp. 182-209。

68 見注 2 所引長澤和俊文。

69 一說酈注以爲出葱嶺西流之水卽縛芻河，出于闐南山之水卽徙多河（見注 4 所引書卷一）。今案：此說未安。

70 參看注 60 所引劉迎勝書，pp. 214-223。

71 見楊守敬、熊會貞《水經註疏》卷二。

72《水經注》卷一旣稱阿耨達"山西有大水，名新頭河"，似乎蜺羅跂禘水應出自山北。

73 "蜺羅"或卽錫爾河上游得名 Naryn 之由來。

74 例如注 2 所引長澤和俊文。

75《史記·大宛列傳》稱："漢使窮河源，河源出于寘。"在這裏于闐河被認爲是塔里木河主源。《漢書·西域傳上》則稱："河有兩源，一出葱嶺山，一出于闐，于闐在南山下，其河北流，與葱嶺河合，東注蒲昌海。"在這裏葱嶺河被認爲是塔里木河主源。釋氏《西域記》與《史記》可歸入一類，《水經》、酈注與《漢書》可歸入一類。

76 注 27 所引書，p. 197。

77 據《漢書·西域傳上》，鄯善國"西通且末"，且末國"西通精絕"，精絕國"西通扞彌"，扞彌國"西通于闐"，于闐國"西通皮山"，皮山國"西南至烏秅國"，烏秅國"北與子合、蒲犂接"，依耐國"南與子合接"。

78 參看黃文弼"談古代塔里木河及其變遷"，注 23 所引書，pp. 43-51；"羅布淖爾水道之變遷及歷史上的河源問題"，注 23 所引書，pp. 299-315，esp.

303-304。注27所引書，p. 194，以爲：洪積扇前緣地下水溢出爲泉水河，這種泉水河水量大時，彼此有可能聯接起來，從衛星照片上過去泉水河連續的蹟象還比較清晰可見。《水經注》中有一條所謂葱嶺南河，經皮山、于闐、扞彌、精絕、且末等國之北注羅布泊，可能即此種泉水河的誤解。今案：果如說者所言，則毋寧說是《水經注》承襲了《漢書・西域傳》的誤解。事實上，漢代不可能存在沿著塔克拉瑪干沙漠南緣橫穿沙漠腹地自西向東流動的南河。說詳注51所引王守春文，esp. 40。

79 見楊守敬、熊會貞《水經註疏》卷二。

80 《周書・異域傳下》載：于闐"城東二十里有大水北流，號樹枝水，卽黃河也，一名計戍水。城西十五里亦有大水，名達利水，與樹枝[水]俱北流，同會於計戍"。後者指喀拉喀什河，前者則既指玉瓏喀什河，又指塔里木河。這說明《周書》亦以玉瓏喀什河爲于闐河主源，又以于闐河爲塔里木河主源，與釋氏《西域記》同。今本《魏書・西域傳》亦有類似文字，乃《北史》編者錄自《周書》者；參看本書上卷第四篇。

81 注51所引王守春文。

82 從衛星照片（見注27所引書，p. 212，圖4-7-6）分析，塔里木河下游古河道有若干條。河水除了從最東一條即所謂庫魯克河流入羅布泊外，亦曾從其他各條南下，與且末河匯合後東流入羅布泊。在《水經注》描述的時代，類似的情況是完全可能發生的。參看注2所引榎一雄文。

83 說見注27所引書，p. 205。

84 例如：黃文弼"談古代塔里木河及其變遷"，注23所引書，pp. 43-51，esp. 45-47。

85 塔里木盆地南北流向的河流變遷的主要方式是東西擺動。參看注27所引書，

pp. 213-214。

86 參看注 43 所引岑仲勉書，pp. 388-391。

87 注 2 所引長澤和俊文以葉爾羌河爲北河枝水。今案：此說未安。蓋指葉爾羌河爲北河枝水雖與《注》文"又東逕莎車國南"相符，但至少有以下三處不合：一、北河於溫宿之南左合枝水，二、枝水流經疏勒國之南，三、枝水東北與疏勒北山水合。

88 參看注 27 所引書，pp. 199-203。

89 注 2 所引榎一雄文。又，黃文弼"羅布淖爾考古簡記"，注 23 所引書，pp. 357-374，esp. 373，亦以爲"注賓城南"因上下文誤爲"注賓城北"。

90 樓蘭遺址周圍古河道分佈情況，見侯燦"樓蘭遺蹟考察簡報"一文（《歷史地理》創刊號，上海人民出版社，1981 年，pp. 195-202）提供的"樓蘭古遺蹟分佈示意圖"。

91 注 2 所引長澤和俊文以爲：《水經注》的這一部分正在敍述北河，故流經樓蘭遺址之南的不可能是南河。何況，據《漢書·西域傳》，以 LA 遺址爲中心的鄯善國戶口盈盛，其附近沒有水是不堪設想的。今案：其說未安。在《水經注》所據描述的時代，很可能由於塔里木河下游改道，位於今 LA 遺址的樓蘭城之生存已經受到威脅。酈氏引述的索勱橫斷注濱河的故事，也許正反映了當時人力圖回天的嘗試。

92 見楊守敬、熊會貞《水經註疏》卷二，以及注 27 所引書，p. 209。

93 《漢書·西域傳》所載烏孫國赤谷城的位置，見注 5 所引余太山書，pp. 137-138。

94 參看黃文弼"略述龜茲都城問題"，注 23 所引書，pp. 205-209；以及注 27 所引書，p. 210。據前者，"木札提河卽《水經注》之西源，亦卽西川水。

出山口後之鄂根河即《水經注》西川枝水左派。不過現鄂根河爲新河，西川枝水之舊河牀尚在稍南與鄂根河駢比東趨，至輪臺而合。然皆流於庫車城南，與《水經注》所說徑於龜茲城南完全相合"。另外，前者在另處指出：西川水即渭干河，"現長興巴雜南之乾河，東流分爲二水：一東南流於哈拉黑炭巴雜之西，東流於窮沁之北；一東流於托卜沁之南，即《水經注》之西川枝水，分爲兩源者是也。而窮沁適在乾河之旁，疑即屯校所守之故址也"，見前引書，p. 250。今案：據此，則《注》所謂"水流三分"包括前述左派枝水，並非分出一枝水後，再一分爲三。又，後者以爲："西川水即今渭干河，《水經注》時，出山後水流三分，右二條枝水東南流注大河，左分一枝水徑龜茲城南，會東川入城枝水入東川，同注大河。"今案：此說有所未安。會東川水之"西川枝水"應有二源。

95 參看注 27 所引書，p. 209。注 94 所引黃文弼文則以爲"如以《水經注》東川水的主流是葉蘇巴什河，則烏恰河亦即東川水之枝水右出者"。另外，後者一度主張："按枝水右出，即今城上河，西南入龜茲城，即今之庫車城。右會西川枝水，是古時城上河流於輪臺之東，右會渭干河，即古西川水，直至野雲溝之南入塔里木河。現在流至輪臺之東，入塔里木河爲渭干河，城上河流至庫車與輪臺間草湖即止，此古今易勢也。此外東流者有兩河：一爲葉蘇巴什色依，自出山口後，東流至克內什灌地後，南流入城上河。中間尚有一小河，不知名（疑即《西域水道記》之烏恰爾薩依河），東南流，亦入城上河。"見前引書，p. 252。

96 一說紅山"東自克內什，西至克衣，綿延數十里，土石皆作紅色故名。《水經注》稱爲赤沙山，或赤沙積梨，實爲一山，皆指克子爾塔格也"，見黃文弼"庫車考古調查簡記"，注 23 所引書，pp. 237-267, esp. 256。徐松《漢書西域傳補注》以爲"積黎"應卽《漢書·西域傳下》所見"捷枝"（注44所引書，p. 849），注43所引岑仲勉書，p. 410，以爲非是。今案："積黎" [tzyek-liei]，或與"輪臺"[liu n-d] 爲同名異譯。

97 參看黃文弼"焉耆博思騰湖周圍三個古國考"，注23所引書，pp. 216-221。今案：說本徐松《西域水道記》卷二。

98 見注27所引書，p. 210。今案：說本徐松，出處見注96。

99 詳見陳戈"焉耆尉犁危須都城考"，《西北史地》1985年第2期，pp. 22-31。

100 注4所引書卷二熊會貞按："敦薨之渚、敦薨之浦、敦薨之藪，一也。酈氏故意錯出，以示變化耳。"今案：注27所引書，p. 212，則以爲酈注分別稱敦薨之水東西源所注爲渚、浦及藪，乃因當時博斯騰湖湖水淹沒之區可分三等：水陸相間者爲渚，淺水沼澤地爲浦，中心較深處爲藪。今案：此說似有未安。

101 黃文弼"焉耆考古調查簡記"，注23所引書，pp. 222-230，esp. 222，229。

102 酈氏使各種資料接軌亦有成功之處，整理關於羅布泊的資料便是一例。《水經》稱于闐河與葱嶺河匯合後注入蒲昌海，酈注不僅指出敦薨之水所注泑澤，"卽經所謂蒲昌海也"，蒲昌海"亦有鹽澤之稱"，而且在據釋氏《西域記》載入且末水所注"牢蘭海"後指出："澤在樓蘭國北，故彼俗謂是澤爲牢蘭海也"，則蒲昌海或泑澤或鹽澤亦卽牢蘭海不難推出。蓋據《注》文可知所謂"樓蘭國"乃鄯善國之前身，《注》文又明載蒲昌海"水積鄯善之東北"。參看注5所引余太山書，pp. 228-241。

二　宋雲行紀[1]要注

《洛陽伽藍記》卷五所載北魏使臣宋雲等西使行紀是研究東西交通史和西域史的重要資料,歷來受到研究者重視。本文旨在吸收前人的研究成果[1],參以己意,爲這部分文字作一簡注。簡注擬突出重點,一般不臚列異說,與東西交通史和西域史無直接聯繫者從略,尤其注意宋雲等西使所經路線。除非必需,不注語辭。銜之原注,與正文一視同仁。其他可資參考的材料,亦擇要錄入,有時也略予解釋。凡有所本,標明出處。文字、標點從周祖謨《洛陽伽藍記校釋》本,指出區別。

聞義里[2]有燉煌[3]人宋雲[4]宅,雲與惠生俱使西域也[5]。

[1] 考慮到《洛陽伽藍記》卷五有關宋雲等西使的文字主要依據《宋雲家紀》,而又含有其他內容(《道榮傳》),本文按約定俗成稱之爲《宋雲行紀》。[2]

[2] 聞義里,據《伽藍記》卷五,位於洛陽城東北。銜之在卷五插入"宋雲行紀"主要是因爲敍事至聞義里,而"聞義里有燉煌人宋雲宅"。提及惠

生,是因爲"雲與惠生俱使西域"。

[3] 燉煌,郡名。北魏太武帝(424—452年)改郡爲鎮,治今甘肅敦煌西。

[4] 宋雲,生平事蹟不詳。《魏書·西域傳》載宋雲官居"王伏子統"。一說"王伏子統"乃"主衣子統"之譌。³

[5] 宋雲和惠生雖然同行,卻是分別受詔,分屬兩個不同的使團。惠生一行乃奉太后之名"向西域取經"。宋雲既非沙門,使命主要是政治性的。但這無妨兩人及其所屬使團啓程時間相同、行程也大致相符。

神龜元年十一月冬[6],太后遣崇立寺比丘惠生向西域取經[7],凡得一百七十部,皆是大乘妙典[8]。

[6] 宋雲、惠生西使啓程的日期,史料所載不一致。《魏書·釋老志》稱:"熙平元年(516年),詔遣沙門惠生使西域採諸經律。"不妨認爲熙平元年乃朝廷頒詔之年。使臣延遲至神龜元年(518年)啓程,可能爲了等待時機。蓋據《魏書·蠕蠕傳》,熙平元年,蠕蠕大破高車。交通樞紐既爲蠕蠕控制,於北魏使臣西行不利。而據《魏書·肅宗紀》,至神龜元年宋雲等發足之前,蠕蠕、嚈噠、吐谷渾和高昌已先後朝魏,西行之路當已暢通。

[7] 太后,指北魏靈太后胡氏(?—528年)。宣武帝初,入爲妃。明帝卽位,尊爲太后,臨朝執政,好佛。《北史》卷一三有傳。《魏書·釋老志》:"魏先建國於玄朔,風俗淳一,無爲以自守,與西域殊絕,莫能往來。故浮圖之教,未得之聞,或聞而未信也。"遷都洛陽後,北魏皇室佛教信仰盛極一時。宋雲、慧生西使求法則與永寧寺塔之建立有關。《洛陽伽藍記》卷一:"永寧寺,熙平元年靈太后胡氏所立也。"《魏書·釋老志》亦載:"肅宗熙平

中，於城內太社西，起永寧寺。"由此可知永寧寺動工於熙平元年。[4]

[8] 惠生等行蹤在西北印度，大乘佛教流行之地，故所得多"大乘妙典"。[5]

初發京師[9]，西行四十日[10]，至赤嶺[11]，卽國之西疆也。皇魏關防，正在於此。[12]

[9] 京師，指洛陽。北魏於高祖太和十九年（495年）遷都洛陽。

[10]《資治通鑒·梁紀五》作："自洛陽西行四千里，至赤嶺，乃出魏境。"稱"四千里"，蓋以日行百里換算"四十日"。

[11] 赤嶺，今日月山，在青海西寧之西。

[12] "皇魏關防，正在於此"，說明赤嶺是當時北魏與吐谷渾之邊界。《新唐書·地理四》載："又西二十里至赤嶺，其西吐蕃，有開元中（開元二十二年[734年]）分界碑。"

赤嶺者，不生草木，因以爲名。其山有鳥鼠同穴。異種共類，鳥雄鼠雌，共爲陰陽，卽所謂鳥鼠同穴。[13]

[13]《爾雅·釋鳥》："鳥鼠同穴，其鳥爲鵌，其鼠爲鼵。"《宋書·吐谷渾傳》："甘谷嶺北有雀鼠同穴，或在山嶺，或在平地，雀色白，鼠色黃，地生黃紫花草，便有雀鼠穴。"案：其鳥不能築巢，寄居鼠穴而已。"異種共類"云云，傳說而已。[6]

發赤嶺，西行二十三日，渡流沙[14]，至吐谷渾國[15]。路中甚寒，多饒風雪，飛沙走礫，舉目皆滿，唯吐谷渾城[16]左右煖於餘處。其國有文字，況同魏。[17]風俗政治，多爲夷法。[18]

[14] 流沙，柴達木盆地東端之沙漠。

[15] 吐谷渾國，源自遼東慕容鮮卑，後西遷甘南、川西北和青海，建立政權。《北史》卷九六有傳。宋雲等西使時，王伏連籌在位（490—529年）。

[16] 吐谷渾城，指吐谷渾國王治伏俟城。其位置，一說在今鐵卜卡古城遺址。⁷

[17] 吐谷渾文字：《晉書·吐谷渾傳》稱其人"頗識文字"，《梁書·西北諸戎傳》"河南王條"則稱其統治者"頗識書記"，"乃用書契"。結合此處"其國有文字，況同魏"，似乎其人採用漢文，而有所變化。祇是迄未發現有關證據。但其語言當爲鮮卑語。⁸

[18] 所謂"夷法"，《魏書·吐谷渾傳》有載："其俗：丈夫衣服略同於華夏，多以羅冪爲冠，亦以繒爲帽；婦人皆貫珠貝，束髮，以多爲貴。兵器有弓刀甲矟。國無常賦，須則稅富室商人以充用焉。其刑罰：殺人及盜馬者死，餘則徵物以贖罪，亦量事決杖；刑人，必以氈蒙頭，持石從高擊之。父兄死，妻後母及嫂等，與突厥俗同。至于婚，貧不能備財者，輒盜女去。死者亦皆埋殯。其服制，葬訖則除之。性貪婪，忍於殺害。好射獵，以肉酪爲糧。"⁹

從吐谷渾西行三千五百里，至鄯善城[19]。其城自立王，爲吐谷渾所吞。[20]今城是土谷渾第二息寧西將軍[21]，總部落三千，以禦西胡[22]。

[19] 鄯善城，最可能位於羅布泊西南、今若羌縣治附近之且爾乞都克古城。

[20]《魏書·吐谷渾傳》："地兼鄯善、且末。"吐谷渾兼并鄯善、且末最遲當在六世紀初。[10]

[21]《魏書·吐谷渾傳》："官有王公、僕射、尚書及郎將、將軍之號。"

[22] 西胡，應即下文所見嚈噠，時稱霸中亞。

從鄯善西行一千六百四十里[23]，至左末城[24]。城中居民可有百家，土地無雨，決水種麥，不知用牛，耒耜而田。城中圖佛與菩薩，乃無胡貌，訪古老，云是呂光[25]伐胡[26]時所作。

[23] 一千六百四十里，應是北魏時代自鄯善國王治至且末國王治的實際行程。[11]

[24] 左末城，應即《魏書·西域傳》所見且末國王治且末城。據《魏書·西域傳》，且末城"去代八千三百二十里"。這"八千三百二十里"表示自且末城經鄯善國王治赴代的行程，亦即且末城去鄯善國王治720里（《漢書·西域傳上》），與鄯善國王治去代7600里（《魏書·西域傳》）之和。宋雲所記這一段行程遠遠超過前史所載鄯善國王治至且末國王治之里數，很可能是因爲塔克拉瑪干沙漠南移，宋雲等不得不沿著沙漠南緣繞道而行的結果。

[25] 呂光（338—399年），氐人，後涼創始人。《晉書》卷一二二有傳。

[26] 伐胡，指東晉孝武帝太元八年（383年）呂光西征焉耆、龜茲等。[12]

從左末城西行一千二百七十五里[27]，至末城[28]。城傍花果似洛陽，唯土屋平頭爲異也。

[27] 一千二百七十五里,且末國王治且末城至末城的行程。

[28] 末城,不見他書著錄,今地不詳,當在 Uzun Tati 附近。今案:末城未見前史著錄,顯然是因爲該城過去並不當道的緣故。此亦表明宋雲等取道已非《漢書·西域傳上》所載"西域南道"。

從末城西行二十二里[29],至捍䕗城[30]。[城]南十五里有一大寺,三百餘僧衆。有金像一軀,舉高丈六,儀容超絕,相好炳然,面恆東立,不肯西顧。父老傳云:此像本從南方騰空而來,于闐國王親見禮拜,載像歸,中路夜宿,忽然不見,遣人尋之,還來本處。王即起塔,封四百戶以供灑掃。戶人有患,以金箔貼像所患處,即得陰愈。[31] 後人於此像邊造丈六像者及諸像塔,乃至數千,懸綵幡蓋,亦有萬計。魏國之幡過半矣。幡上隸書,多云太和十九年、景明二年、延昌二年。[32] 唯有一幡,觀其年號是姚興[33]時幡。[34]

[29] 二十二里,末城至捍䕗城的行程。宋雲等自左末城至捍䕗城所歷爲 1297 里(左末城至末城 1275 里,末城至捍䕗城 22 里)。而據《大唐西域記》卷一二,自媲摩城至折摩馱那(一般認爲即且末)爲 1200 里(媲摩至尼壤 200 里,尼壤至覩貨羅故國 400 里,覩貨羅故國至折摩馱那 600 里),兩者差可比擬。這就是說,宋雲等所取路線和後來玄奘所取約略相同。[13]

[30] 捍䕗城,今 Uzun Tati,與《大唐西域記》卷一二所見媲摩城同在一地,西漢時當是渠勒國王治,但宋雲等西使時可能已成爲扜彌國王治。扜彌是南道大國,戶口衆多,完全有可能控制其南小國渠勒。[14]

[31]《大唐西域記》卷一二載:"戰地東行三十餘里,至媲摩城,有彫檀立佛像,高二丈餘,甚多靈應,時燭光明。凡有疾病,隨其痛處,金薄帖像,即時痊復。虛心請願,多亦遂求。"

[32] 北魏遷都洛陽之後,帝王的佛教信仰盛極一時。太和十九年(495年),北魏孝文帝年號。景明二年(501年)、延昌二年(513年),係北魏宣武帝年號。

[33] 姚興:羌人,後秦創建者,曾迎奉鳩摩羅什至長安,多建寺塔,大事譯經。《晉書》卷一一七、一一八有傳。

[34] 宋雲所見姚興時幡,一說當爲法顯所奉納。[15]

從捍麼城西行八百七十八里[35],至于闐國[36]。王頭著金冠,似雞幘,頭後垂二尺生絹,廣五寸,以爲飾。威儀有鼓角金鉦,弓箭一具,戟二枝,槊五張。左右帶刀,不過百人。其俗婦人袴衫束帶,乘馬馳走,與丈夫無異,死者以火焚燒,收骨葬之,上起浮圖[37]。居喪者,翦髮剺面,以爲哀戚。髮長四寸,即就平常。唯王死不燒,置之棺中,遠葬於野,立廟祭祀,以時思之。

[35] 八百七十八里,當時扜彌國王治捍麼城至于闐國王治的行程。據《漢書·西域傳上》,扜彌國"西通于闐三百九十里"。宋雲等的行程遠遠超過漢代自扜彌國往赴于闐國的行程。按照宋雲等的記述,自且末經末城、捍麼城至于闐爲 2175 里。這説明宋雲等這一段行程取道不僅與漢晉時代不同,亦較據《魏書·西域傳》有關記載可以推知的且末去于闐路程(1480 里)[16]爲遠。而據《大唐西域記》卷一二,瞿薩旦那(于闐)至媲摩城約 330 餘里

（王城至戰地300餘里，復自戰地至媲摩城30餘里），遠短於宋雲等所歷878里。這可能是因爲前者乃穿越沙漠的直線距離，後者係沿沙漠邊緣迂回的距離。[17]

[36] 于闐國，一般認爲其王治位於今和闐附近。

[37] 浮圖，此處指窣堵波（stūpa）。

于闐王不信佛法。[38] 有商胡將一比丘名毗盧旃[39]在城南杏樹下，向王伏罪云：今輒將異國沙門來在城南杏樹下。王聞忽怒，即往看毗盧旃。旃語王曰：如來[40]遣我來，令王造覆盆浮圖一所，使王祚永隆。王言：令我見佛，當即從命。毗盧旃鳴鍾告佛，即遣羅睺羅[41]變形爲佛，從空而現真容。王五體投地[42]，即於杏樹下置立寺舍，畫作羅睺羅像。忽然自滅，于闐王更作精舍籠之。今覆瓮之影，恆出屋外，見之者無不回向。其中有辟支佛[43]靴，於今不爛，非皮非綵，莫能審之。[44]

案于闐國境，東西不過三千餘里。[45]

[38] 于闐國佛事：據《魏書·西域傳》載，該國"俗重佛法，寺塔僧尼甚衆，王尤信尚，每設齋日，必親自灑掃饋食焉。城南五十里有贊摩寺，即昔羅漢比丘盧旃爲其王造覆盆浮圖之所，石上有辟支佛跣處，雙跡猶存"。類似記載亦見《大唐西域記》卷一二。

[39] 毗盧旃（Vairocana），羅漢名。《周書·異域傳下》作"比盧旃"，《大唐西域記》卷一二作"毘盧折那"。

[40] 如來（Tathāgata Buddha），佛之通號。

[41] 羅睺羅（Rāhula），佛弟子名。

[42] 五體投地，佛教頂禮儀式。

[43] 辟支佛，即 Pratyekabudaha。

[44]《酉陽雜俎·物異篇》（前集卷一〇）："于闐國贊摩寺有辟支佛靴，非皮非綵，歲久不爛。"《水經注·河水二》則稱："城南十五里有利刹寺，中有石靴，石上有足跡，彼俗言是辟支佛跡。法顯所不傳，疑非佛跡也。"

[45]《魏書·西域傳》載于闐國："其地方亘千里，連山相次。"

神龜二年七月二十九日入朱駒波國[46]。人民山居，五穀甚豐，食則麵麥，不立屠煞。食肉者以自死肉。[47] 風俗言音與于闐相似[48]，文字與婆羅門[49]同。其國疆界可五日行遍。

[46] 朱駒波，《魏書·西域傳》作"悉居半"，亦作"朱居"。據載："悉居半國，故西夜國也，一名子合。其王號子[合王]，治呼犍[谷]。在于闐西，去代萬二千九百七十里。"其位置似應求諸 Karghalik 之西 Asgan-sal 河谷，更確切地說應在葉爾羌河與 Asgan-sal 河匯合地點以上 Kosrāb 附近的河谷。[18]

[47]《魏書·西域傳》稱："朱居國，在于闐西。其人山居。有麥，多林果。咸事佛。""不立屠煞。食肉者以自死肉"者，事佛故也。

[48]《魏書·西域傳》稱朱居國"語與于闐相類"。

[49] 婆羅門（Brāhmaṇa），印度四種姓之一，此處借指印度。

八月初入漢盤陀國[50]界。西行六日，登蔥嶺山[51]。復西行三日，至鉢孟城[52]。三日至不可依山[53]。其處甚寒，冬夏積雪。

[50] 漢盤陀國，應即《魏書·西域傳》所見渴盤陀國，一般認爲位於今 Tāshkurghān。

[51] 葱嶺山，指帕米爾高原。

[52] 鉢盂城，一本作"鉢盃城"，地望不詳。[19]

[53] 不可依山，具體地點不詳。[20]

　　山中有池，毒龍居之。昔有三百商人止宿池側，值龍忿怒，汎殺商人。盤陀王聞之，捨位與子，向烏塲國[54]學婆羅門呪，四年之中，盡得其術。[55]還復王位，就池呪龍。龍變爲人，悔過向王。王卽徙之葱嶺山，去此池二千餘里。[56]今日國王十三世祖[也]。

[54] 烏塲（Uḍḍiyāna），《魏書·西域傳》作"烏萇"，一般認爲其王治位於以 Manglaor 爲中心的 Swāt 河流域。烏塲即《大唐西域記》卷三所見烏仗那國。

[55] 一說此婆羅門謂婆羅門教，奉梵王爲主，佛教徒視爲外道。[21]案：據下文所載烏塲國事蹟，可知其國事佛。《大唐西域記》卷三記烏仗那國以"禁呪爲藝業"。"禁呪"，梵文 dhāraṇī 意譯，音譯作"陀羅尼"，指能持善法而不使惡法有所起。《洛陽伽藍記》卷四："法雲寺，西域烏塲國胡沙門曇摩羅所立也。在寶光寺西，隔牆並門。摩羅聰慧利根，學窮釋氏。……戒行真苦，難可揄揚。祕呪神驗，閻浮所無。呪枯樹能生枝葉，呪人變爲驢馬，見之莫不忻怖。西域所齎舍利骨及佛牙經像皆在此寺。"沙門曇摩羅精於呪術，知善呪者未必婆羅門教徒。

[56]《法顯傳》："葱嶺冬夏有雪。又有毒龍，若失其意，則吐毒風，雨

雪，飛沙礫石，遇此難者，萬無一全。"

自此以西，山路欹側，長坂千里，懸崖萬仞，極天之阻，實在於斯。太行孟門，匹茲非險，崤關隴坂，方此則夷。自發葱嶺，步步漸高，如此四日，乃得至嶺。依約中下，實半天矣。漢盤陀國正在山頂。

自葱嶺已西，水皆西流[57]，世人云是天地之中。人民決水以種，聞中國田待雨而種，笑曰：天何由可共期也？城東有孟津河[58]，東北流向沙勒[59]。葱嶺高峻，不生草木。是時八月，天氣已冷，北風驅雁，飛雪千里。

[57] 西流之水指阿姆河、錫爾河。
[58] 孟津河，指葉爾羌河上游。²²
[59] 沙勒，應即《魏書·西域傳》所見疏勒，王治在今喀什附近。

九月中旬入鉢和國[60]，高山深谷，嶮道如常。國王所住，因山爲城。人民服飾，惟有氈衣。地土甚寒，窟穴而居。風雪勁切，人畜相依。國之南界有大雪山[61]，朝融夕結，望若玉峰。

[60] 鉢和國，應即《魏書·西域傳》所載伽倍國，在今 Wakhan。
[61] 大雪山，指興都庫什山。

十月之初，至嚈噠國[62]。土田庶衍，山澤彌望，居無城郭，遊軍而治。以氈爲屋，隨逐水草，夏則遷涼，冬則就溫。[63]鄉土不識文字，禮教俱闕。陰陽運轉，莫知其度，年無盈閏，月無大小，周十二月爲一歲。[64]受諸國貢獻，南至牒羅[65]，北盡勅勒[66]，東被于闐，西及波斯[67]，四十餘國皆來朝賀。[68]王居大氈帳，方四十步，周廻以氍毹爲壁。王著錦衣，坐金牀，以四金鳳凰爲牀脚。見大魏使人，再拜跪受詔書。至於設會，一人唱，則客前，後唱則罷會。唯有此法，不見音樂。

[62] 嚈噠，即《魏書·西域傳》所見嚈噠、《周書·異域傳》所見囐噠、《梁書·西北諸戎傳》所見滑國，亦即西史所見 Ephthalites 或 Hephthalites。[23] 原係塞北遊牧部族，後西遷中亞，時領有索格底亞那和吐火羅斯坦等地。宋雲會晤嚈噠王之地，一般認爲在 Kunduz 附近。[24]

[63] 嚈噠原係遊牧部族，直至六世紀初尚未建都。《魏書·西域傳》載：其人"無城邑，依隨水草，以氈爲屋，夏遷涼土，冬逐暖處。分其諸妻，各在別所，相去或二百、三百里。其王巡歷而行，每月一處，冬寒之時，三月不徙"。"其王巡歷而行"云云，應即此處所謂"遊軍而治"。

[64]《魏書·西域傳》載嚈噠習俗稱："其國無車有輿。多駝馬。用刑嚴急，偷盜無多少皆腰斬，盜一責十。死者，富者累石爲藏，貧者掘地而埋，隨身諸物，皆置冢內。"可以與宋雲的記錄互補。

[65] "牒羅"，應即《魏書·西域傳》所見"疊伏羅"之異譯。"疊伏羅" [dyap-biuək-la]，乃 Zabulistan 之對譯，亦即 Gazna。五世紀七十年代末，嚈噠人最終滅亡了侷促於乾陀羅等地的寄多羅貴霜殘餘勢力，立特勤爲王，統治興都庫什山以南地區，故其勢力"南至牒羅"，當在此時。

[66] 敕勒，此處指高車。高車，塞北遊牧部族。《魏書》一〇三有傳。在向塔里木盆地發展的同時，嚈噠又北上同高車爭奪準噶爾盆地及其以西。可能在六世紀初，嚈噠殺死副伏羅部所建高車國之儲主窮奇，擄其子彌俄突。嗣後，高車國主阿伏至羅殘暴失衆，部人殺之，立其宗人跋利延爲主。嚈噠聞訊，再伐高車，納彌俄突爲高車主。516 年左右，彌俄突爲柔然所殺，餘衆悉入嚈噠；嚈噠又納彌俄突弟伊匐爲高車主，有效地控制了高車國。[25]

[67] 波斯，爲 Persia 之漢譯，此處指薩珊朝波斯。伊嗣俟二世（Yazdgird II, 438—457 年）卽位之初，嚈噠人自吐火羅斯坦西侵薩珊波斯，從此揭開長達一個多世紀的嚈噠、波斯戰爭的序幕。[26]《洛陽伽藍記》卷三載："永橋南道東有白象獅子二坊。……獅子者，波斯國胡王所獻也。"獻獅子之"波斯國胡王"似爲薩珊朝波斯居和多一世（Kavād I, 488—496，498—531 年在位）。

[68] 宋雲西使，正值嚈噠勢力臻於極盛之際。《周書‧異域傳下》"嚈噠國條"亦稱："其人兇悍，能戰鬭。于闐、安息等大小二十餘國，皆役屬之。"

嚈噠國王妃亦著錦衣，長八尺奇，垂地三尺，使人擎之，頭帶一角[69]，長三尺，以玫瑰五色珠[70]裝飾其上。王妃出則輿之，入坐金牀，以六牙白象四獅子爲牀，自餘大臣妻皆隨。[71] 傘頭亦似有角，團圓下垂，狀似寶蓋。觀其貴賤，亦有服章。

[69]《周書‧異域傳下》"嚈噠國條"稱："其俗又兄弟共娶一妻。夫無兄弟者，其妻戴一角帽；若有兄弟者，依其多少之數，更加帽角焉。"婦人多夫以及以帽角表示丈夫之數之類很可能不是其人原有風習，不過入鄉隨俗而已。值得注意的是，宋雲僅載其人戴角帽，並未涉及一妻多夫制。[27]

[70]《魏書·波斯傳》:"飾以金銀花,仍貫五色珠,絡之於膊。"嚈噠國王妃飾"玫瑰五色珠",或爲伊朗之風。《魏書·西域傳》載嚈噠人"衣服類[胡],加以纓絡"。

[71]《梁書·西北諸戎傳》"滑國條":"王坐金牀,隨太歲轉,與妻並坐接客。"

四夷之中,最爲強大。[72] 不信佛法,多事外神。[73] 殺生血食,器用七寶[74]。諸國奉獻,甚饒珍異。[75]

[72]《梁書·西北諸戎傳》:"元魏之居桑乾也,滑猶爲小國,屬芮芮。後稍強大,征其旁國波斯、盤盤、罽賓、焉耆、龜茲、疏勒、姑墨、于闐、句盤等國,開地千餘里。"其中,盤盤應即漢盤陀,而焉耆、龜茲、疏勒、姑墨是西域北道綠洲國,于闐、句盤(即朱駒波)爲西域南道綠洲國。《梁書·西北諸戎傳》所述足以說明滑國即嚈噠人在當時中國人心目中確實是"四夷之中,最爲強大"者。28

[73]《梁書·西北諸戎傳》載滑國人"事天神、火神,每日則出戶祀神而後食"。知宋雲所謂"外神"乃指天神和火神。天神可能是祆教的宇宙創造神 Ahuā Mazdā。果然,事火神則應是祆教特有的拜火儀式。但嚈噠人的喪葬習俗似與正統祆教徒不同,後者務將屍體剖陳山頭,以委鷹鷟;而《梁書·西北諸戎傳》卻載滑國人:"葬以木爲槨。父母死,其子截一耳,葬訖卽吉。"這也許暗示滑國卽嚈噠人原來不是祆教徒。

[74]七寶,佛教名詞,見《翻譯名義集》卷三。29 此處泛指珍寶。

[75]在經由鉢和後,依次抵達嚈噠、波知、賒彌三國。嚈噠國"不信佛

法",波知國"風俗凶慢",賒彌國也"不信佛法"(《魏書·西域傳》),均非
嚮善之國。對於僅以訪求佛經爲目的的惠生使團而言,這三國並不是非去不
可的地方。作爲取經僧,正道應自鉢和西南行赴烏場。由此可以推測:選擇
這一路線主要出於政治上的考慮,這是負有政治使命的宋雲使團必由之途。
嚈噠是當時西域舉足輕重的大國,且在神龜元年亦即宋雲等啓程當年的二月
遣使北魏,宋雲理應受命報聘。嚈噠使臣則很可能隨同宋雲歸國,因而宋雲
得以謁見"遊軍而治"的嚈噠王。

　　按嚈噠國去京師二萬餘里。[76]

　[76]《魏書·西域傳》不載嚈噠卽嚈噠國去代里數,僅載吐呼羅國"去代
一萬二千里"。吐呼羅國位於吐火羅斯坦,時嚈噠統治中心在此,故嚈噠去代
里數應與吐呼羅國去代里數大致相符。《洛陽伽藍記》所載嚈噠去代里數大於
《魏書·西域傳》所載吐呼羅國去代里數,乃因二者(宋雲等與《魏書·西域
傳》資料提供者)取道不同。[30]

　　十一月初入波知國[77]。境土甚狹,七日行過,人民山居,資
業窮煎,風俗凶慢,見王無禮。國王出入,從者數人。其國有水,
昔日甚淺,後山崩截流,變爲二池。毒龍居之,多有災異。夏喜
暴雨,冬則積雪,行人由之,多致艱難。雪有白光,照耀人眼,
令人閉目,茫然無見。祭祀龍王,然後平復。[78]

　[77] 波知國,名義待考,其位置大致在今 Wakhan 西南、Zēbak 和 Chitrāl

之間。³¹

[78]《魏書·西域傳》:"波知國,在鉢和西南。土狹人貧,依託山谷,其王不能總攝。有三池,傳云大池有龍王(Nāgarāja),次者有龍婦,小者有龍子,行人經之,設祭乃得過,不祭多遇風雨之困。"所據乃宋雲等行紀,但文字稍異。

十一月中旬入賒彌國[79]。此國漸出葱嶺,土田嶢崅,民多貧困。峻路危道,人馬僅通,一直一道。[80] [東有鉢盧勒國[81]。] 從鉢盧勒國向烏塲國,鐵鎖爲橋,懸虛而度,下不見底,旁無挽捉,倏忽之間,投軀萬仞[82],是以行者望風謝路耳。[83]

[79] 賒彌,可能就是《漢書·西域傳》所見雙靡,位置應在 Chitrāl 和 Mastuj 之間。³²

[80] "一直一道"句各標點本均屬下,作"一直一道,從鉢盧勒國向烏塲國"云云。案:此四字應屬上。而"從鉢盧勒國"至"是以行者望風謝路耳"一段與上下文均脫節,應據《魏書·西域傳》補"東有鉢盧勒國"一句。蓋宋雲一行乃自賒彌國、並非自鉢盧勒入烏塲國。³³

[81] 鉢盧勒國,應即《魏書·西域傳》所見波路(Bolor),在今 Gilgit 附近。

[82] "鐵鎖爲橋,懸虛而度"一段所描述者即《漢書·西域傳上》所謂"縣度",位於 Darel 至 Gilgit 之間印度河上游河谷。

[83]《魏書·西域傳》稱:鉢盧勒國因"路嶮","宋雲等竟不能達"。《太平寰宇記·西夷一五·西戎七》"賒彌國條"亦載:"《宋雲行記》云:語音諸國同,不解書筭,不知陰陽,國人剪髮,婦人爲團髮,亦附㗬嚑。東有鉢盧

勒國，路險，緣鐵鎖而度，下不見底。後魏時，遣于宋雲等使于彼，不達。"

十二月初入烏塲國。北接葱嶺[84]，南連天竺[85]，土氣和暖，地方數千里，民物殷阜，匹臨淄之神州，原田膴膴，等咸陽之上土。鞞羅施兒之所[86]，薩埵投身之地[87]，舊俗雖遠，土風猶存。國王精進，菜食長齋，晨夜禮佛，擊鼓吹貝，琵琶箜篌，笙簫備有。日中已後，始治國事。假有死罪，不立殺刑，唯徙空山[88]，任其飲啄。事涉疑似，以藥服之，清濁則驗。隨事輕重，當時即決。[89] 土地肥美，人物豐饒。五穀盡登，百果繁熟。夜聞鐘聲，遍滿世界。土饒異花，冬夏相接，道俗採之，上佛供養。[90]

[84] 此處"葱嶺"指興都庫什山。

[85] 天竺，即印度。《大唐西域記》卷二："天竺之稱，異議糾紛，舊云身毒，或曰賢豆，今從正音，宜云印度。""北接葱嶺，南連天竺"，說明烏塲正處在印度的北界。

[86] 鞞羅施兒之所，即下文所見"善特山"。鞞羅，即 Viśvantara。故事見《大唐西域記》卷二。

[87] 薩埵投身之地，即下文"如來苦行投身飼餓虎之處"。"薩埵"，亦作"菩薩"，均 Bodhisattva 之略譯。故事見《大唐西域記》卷三。

[88] 空山，《魏書‧西域傳》"烏萇國條"作"靈山"。按：當作"空山"。

[89] 服藥以驗清濁，即所謂"神判"，早就流行於南亞。《新唐書‧西域傳上》載烏茶（即烏塲）"國無殺刑，抵死者放之窮山。罪有疑，飲以藥，視溲清濁而決輕重"。《大唐西域記》卷二載印度刑法，有四條裁判對證法，其

四曰:"毒則以一殺羊,剖其右髀,隨被訟人所食之分,雜諸毒藥置右髀中,實則毒發而死,虛則毒歇而蘇。"[34]

[90]《太平寰宇記·四夷一二·西戎四》"烏萇國條":"《宋雲行記》云:人皆美白,多作羅剎(Rākṣasa)鬼法,食噉人肉,晝日與羅剎雜于市朝,善惡難別。"案:兩則《太平寰宇記》所引《宋雲行紀》與《伽藍記》所引不同,或者衍之採錄時,於宋雲原文有所刪節使然。

國王見宋雲,云大魏使來,膜拜[91]受詔書。聞太后崇奉佛法,卽面東合掌,遙心頂禮。遣解魏語人問宋雲曰:卿是日出人[92]也?宋雲答曰:我國東界有大海水,日出其中,實如來旨。王又問曰:彼國出聖人否?宋雲具說周孔莊老之德;次序蓬萊山上銀闕金堂,神儒聖人並在其上;說管輅善卜,華陀治病,左慈方術;如此之事,分別說之。王曰:若如卿言,卽是佛國,我當命終,願生彼國。

[91]膜拜:《穆天子傳》卷二:"乃膜拜而受。"郭注:"今之胡人禮佛,舉手加頭,稱南膜拜者,卽此類也。"

[92]日出人,《翻譯名義集》卷三引《樓炭經》曰:"蔥河以東,名爲震旦(Cīna-sthāna),以日初出,耀於東隅,故得名也。"[35]

宋雲於是與惠生出城[93]外,尋如來教跡。水東有佛晒衣處[94]。初,如來在烏場國行化,龍王瞋怒,興大風雨,佛僧迦梨[95]表裏通濕。雨止,佛在石下,東面而坐,晒袈裟[96]。年歲雖久,彪炳若新。非直條縫明見，至於細縷亦彰。乍往觀之，如似未徹，假令刮削，其文轉明。佛坐處及晒衣所[97]，並有塔記。

[93] 城，指烏塲國都城。《大唐西域記》卷三稱爲瞢揭釐（Maṅgalapura）。亦即下文所謂"王城"。

[94] 佛晒衣處，《法顯傳》記烏萇國有"灑衣石，度惡龍處，亦悉現在，石高丈四，闊二丈許，一邊平"。《大唐西域記》卷三稱：自阿波邏羅龍泉西南如來足所履跡"順流而下三十餘里，至如來濯衣石，袈裟之文煥焉如鏤"。

[95] "僧袈梨（saṅghāṭī）"，《翻譯名義集》卷七："僧伽梨，《西域記》云僧迦胝，舊訛云僧伽梨。此云合，又云重，謂割之合成。義淨云：僧迦胝，唐言重複衣。"[36]

[96] 袈裟（kaṣāya），原意爲"不正色"，佛教僧尼法衣之總名，見《翻譯名義集》卷七。[37]

[97] "佛坐處及晒衣所"在今 Swāt 河下游赴 Tirat 道之右岸。[38]

水西有池，龍王居之，池邊有一寺，五十餘僧。龍王每作神變，國王祈請，以金玉珍寶投之池中，在後涌出，令僧取之。此寺衣食，待龍而濟，世人名曰龍王寺。

王城北八十里，有如來履石之跡，起塔籠之。履石之處，若踐水泥，量之不定，或長或短。[98]今立寺，可七十餘僧。塔南二十步，有泉石。佛本清净，嚼楊枝[99]，植地即生，今成大樹，胡名曰婆樓[100]。

[98]《法顯傳》稱:"傳言佛至北天竺,卽到此國(烏萇國)已。佛遺足跡於此。跡或長或短,在人心念,至今猶爾。"《大唐西域記》卷三:"阿波邏羅龍泉西南三十餘里,水北岸大磐石上有如來足所履迹,隨人福力,量有短長。是如來伏此龍已,留迹而去,後人於上積石爲室,遐邇相趣,花香供養。"遺址在 Swāt 斯瓦特河上游西岸 Tirāt 村,石高1米,寬0.87米,厚1.3米。足跡下部刻有佉盧文題銘:"釋迦牟尼足跡"。[39]

[99] 楊枝,此處指"齒木"(Khadira),潔齒之用,見《南海寄歸內法傳・朝嚼齒木》(卷一)。[40]

[100] 婆樓,一說乃"鞞鐸佉(piṇḍaka)"之異譯。[41]《大唐西域記》卷一:"象堅(Pīlusāra)窣堵波北山巖下有一龍泉。是如來受神飯已,及阿羅漢於中漱口嚼楊枝。因卽種根,今爲茂林。後人於此建立伽藍名鞞鐸佉(唐言嚼楊枝)。"

城北有陀羅寺,佛事最多。浮圖高大,僧房逼側,周匝金像六千軀。王年常大會[101],皆在此寺。國內沙門,咸來雲集。宋雲、惠生見彼比丘戒行精苦,觀其風範,特加恭敬。遂捨奴婢二人,以供灑掃。

[101] 年常大會,或卽《法顯傳》所謂"般遮越師(pañcapariṣad),漢言五年大會也"。[42]

去王城東南,山行八日,[至]如來苦行投身飼餓虎之處。[102]高山巃嵸,危岫入雲。嘉木靈芝,叢生其上。林泉婉麗,花綵曜目。宋雲與惠生割捨行資，於山頂造浮圖一所，刻石隸書，銘魏功德。山有收骨寺[103]，三百餘僧。

[102] 如來苦行投身飼餓虎之處，亦見《大唐西域記》卷三："從此復還呾叉始羅國（Takṣaśilā）北界，渡信度河（Indus），東南行二百餘里，度大石門，昔摩訶薩埵王子於此投身飤餓烏檡。其南百四五十步有石窣堵波，摩訶薩埵愍餓獸之無力也，行至此地，乾竹自刺，以血啗之，於是乎獸乃噉焉。其中地土洎諸草木。微帶絳色，猶血染也。人履其地，若負芒刺，無云疑信，莫不悲愴。"

[103] 收骨寺，似即《大唐西域記》卷二所見醯羅山。[43]

王城南一百餘里，有如來昔在摩休國[104]剝皮爲紙，折骨爲筆處。[105]阿育王[106]起塔籠之，舉高十丈。折骨之處，髓流著石，觀其脂色，肥膩若新。

[104] 摩休，指摩愉伽藍（Masūra-Saṃghārāma）。《大唐西域記》卷三："曹揭釐城南二百餘里大山側，至摩訶伐那（唐言大林 [mahāvana]）伽藍。……摩訶伐那伽藍西北，下山三四十里，至摩愉（摩言豆）伽藍。有窣堵波高百餘尺。……其窣堵波基下有石，色帶黃白，常有津膩。是如來在昔修菩薩行，爲聞正法，於此析骨書寫經典。"[44]

[105] 此本生故事又見《賢愚經》卷一[45]等。

[106] 阿育王（Aśoka，前？—前232年），亦意譯爲無憂王，孔雀王朝第三代國王，旃陀羅笈多（Candra Gupta）之孫，賓頭沙羅（Bindusāra）之

子。公元前 273 年卽位，一統印度全境。公元前 261 年，阿育王攻佔羯餕伽（Kaliṅga）後，皈依佛教，以佛教爲國教。

王城西南五百里，有善持山[107]，甘泉美果，見於經記。山谷和暖，草木冬青。當時太簇[108]御辰，溫燠已扇，鳥鳴春樹，蝶舞花叢。宋雲遠在絕域，因矚此芳景，歸懷之思，獨軫中腸，遂動舊疹，纏綿經月，得婆羅門呪，然後平善。

[107] 善持山，《魏書·西域傳》作"檀特山"，"持"，乃"特"字之譌。一般認爲此山位於 Mekha-Sanda，今 Shahbaz Garhi 東北。《大唐西域記》卷二記作"彈多落迦山"。據載："昔蘇達拏（Sudāna）太子擯在彈多落迦山（舊曰壇特山，訛也），婆羅門乞其男女，於此鬻賣。跋虜沙城（Varṣapura）東北二十餘里至彈多落迦山。嶺上有窣堵波，無憂王所建。蘇達拏太子於此棲隱。其側不遠有窣堵波，太子於此以男女施婆羅門，婆羅門捶其男女，流血染地。今諸草木猶帶絳色。"

[108] 《禮記·月令》："孟春之月……其音角，律中大簇。"鄭注："孟春氣至，則大簇之律應。""太簇御辰"云云，說明宋雲等自烏塲國王治至善特山（Daṇḍaloka）時屆正光元年初春。

山頂東南，有太子石室[109]，一口兩房。太子室前十步，有大方石。云太子常坐其上，阿育王起塔記之。塔南一里，[有]太子草菴處。去塔一里，東北下山五十步，有太子男女遶樹不去，婆羅門以杖鞭之流血灑地處，其樹猶存。灑血之地，今爲泉水。室西三里，天帝釋[110]化爲師子，當路蹲坐遮嫚妵[111]之處。石上毛尾爪跡，今悉炳然。阿周陀[112]窟及閃子供養盲父母處[113]，皆有塔記。

[109] 太子石室：據《大唐西域記》卷二，彈多落迦山"巖間石室，太子及妃習定之處。谷中林樹，垂條若帷。並是太子昔所遊止"。

[110] 天帝釋（Śakra），卽印度神話中的因陀羅（Indra）。

[111] 嫚妵 Mandi（Madri），太子妃名。

[112] 阿周陀（Adjuta），古仙人名。《大唐西域記》卷二：太子石室之側，"不遠，有一石廬，卽古仙人之所居也"。46

[113] 閃子供養盲父母處：據《大唐西域記》卷二，"化鬼子母（Hārī）北行五十餘里，有窣堵波，是商莫迦菩薩（舊曰睒摩菩薩，訛也）恭行鞠養，侍盲父母，於此採菓，遇王遊獵，毒矢誤中。至誠感靈，天帝傅藥，德動明聖，尋卽復蘇"。"閃子"一本作"睒子"，乃"睒摩迦"之略，卽商莫迦（Śyāmaka）菩薩。47

山中有昔五百羅漢[114]狀，南北兩行，相向坐處，其次第相對。有大寺，僧徒二百人。太子所食泉水北有寺，恆以驢數頭運糧上山，無人驅逐，自然往還。寅發午至，每及中飡。[115]此是護塔神濕婆儸[116]使之然。

[114] 羅漢（arhat），又譯阿羅漢，佛教所謂修得小乘果的人。

[115] 《法苑珠林》卷三九："《西域志》云：烏萇國西南有檀特山，山

中有寺，大有衆僧。日日有驢運食，無控御者，自來留食還去，莫知所在。"《酉陽雜俎·支動篇》（續集卷八）："西域厭達國有寺戶，以數頭驢運糧上山，無人驅逐，自能往返，寅發午至，不差晷刻。"

[116] 濕婆僊（Śiva），《大唐西域記》卷二記作"大自在天"。婆羅門教和印度教主神之一。

此寺昔日有沙彌[117]，常除灰，因入神定。維那[118]輓之，不覺皮連骨離[119]，濕婆僊代沙彌除灰處，國王與濕婆僊立廟，圖其形像，以金傅之。

[117] 沙彌（Śramaṇera），受戒僧。《魏書·釋老志》："其爲沙門者，初修十誡，曰沙彌。"

[118] 維那（karmadāna），管事僧。《南海寄歸内法傳·灌沐尊儀》卷四："授事者，梵云羯磨陁那。陁那是授，羯磨是事，意道以衆雜事指授於人。舊云維那者非也。維是周語，意道綱維。那是梵音，略去羯磨陁字也。"

[119] 皮連骨離，指達到一切感覺滅寂、身心脫離的禪定三昧境界。[48]

隔山嶺有婆奸寺[120]，夜叉[121]所造。僧徒八十人。云羅漢夜叉常來供養，灑掃取薪，凡俗比丘，不得在寺。大魏沙門道榮[122]至此禮拜而去，不敢留停。

[120] 婆奸寺，無考。

[121] 夜叉（yakṣas），《翻譯名義集》卷二："夜叉，此云勇健，亦云暴

惡，舊云閱叉。《西域記》云藥叉，舊訛曰夜叉，能飛騰空中。"[49]

[122] 道榮，北魏僧人。道宣《釋迦方志》卷下："後魏太武末年（424—452年），沙門道藥從疏勒道入經懸度，到僧伽施國（Samkasya），及返，還尋故道。著傳一卷。"[50] "道藥"應即"道榮"。[51] 果然，則道榮與宋雲、惠生並非同時人，而衒之引《道榮傳》不過是爲了充實宋雲、惠生行紀的内容。將文中的"《道榮傳》云"視作衒之自注，亦無不可。因衒之所錄《道榮傳》，雖游離於宋雲、惠生行紀之外，但經傳有別，並不干擾今天對宋雲、惠生西使行程的判斷。

至正光元年四月中旬，入乾陀羅國[123]。土地亦與烏塲國相似，本名業波羅國[124]，爲嚈噠所滅，遂立勅懃[125]爲王。治國以來，已經二世。[126] 立性兇暴，多行殺戮，不信佛法，好祀鬼神。[127] 國中人民，悉是婆羅門種，崇奉佛教，好讀經典，忽得此王，深非情願。自持勇力，與罽賓[128]爭境，連兵戰鬥，已歷三年。[129] 王有鬥象七百頭，一負十人，手持刀楂，象鼻縛刀，與敵相擊。王常停境上，終日不歸，師老民勞，百姓嗟怨。

[123] 乾陀羅（Gandhāra）國，在今喀布爾河中下游。結合下文可知，北魏使臣見乾陀羅王處西去 Taxila 五日行程。[52]《洛陽伽藍記》卷三載："永橋南道東有白象獅子二坊。白象者，永平二年（509年）乾陀羅國胡王所獻。"按之年代。獻白象之"乾陀羅國胡王"已是嚈噠王。

[124] 業波羅國，"業波羅"[ngiap-puai-lai]，似可視爲 Zabul 之對音。蓋乾陀羅在漢代被稱爲罽賓，宋雲時代 Zabul 地區也被稱爲罽賓，因而誤以爲

乾陀"本名業波羅國"。

[125] "勅懃",一般認爲係"特勤"之訛。特勤（Tegin）是北方遊牧部族常見的官號，往往授予可汗之近親。

[126] 已經二世，說明宋雲所見之王是第三代。若一世以三十年計，嚈噠入侵西北次大陸應在 450—460 年。[53]

[127] 嚈噠人雖然"不信佛法"，卻沒有證據表明其人打擊、迫害佛教，宋雲等所到處，如于闐、朱駒波、烏塲，甚至乾陀，多在嚈噠勢力範圍之内，而佛教寺院設施等均完好無損，可以爲證。

[128] 罽賓，此處指 Kāshmīra。

[129] 嚈噠人曾於 517—520 年間與罽賓發生邊境衝突。[54]

宋雲詣軍，通詔書，王凶慢無禮，坐受詔書。宋雲見其遠夷不可制，任其倨傲，莫能責之。王遣傳事謂宋雲曰：卿涉諸國，經過險路，得無勞苦也？宋雲答曰：我皇帝深味大乘，遠求經典，道路雖險，未敢言疲。大王親總三軍，遠臨邊境，寒暑驟移，不無頓弊？王答曰：不能降服小國，愧卿此問。宋雲初謂王是夷人，不可以禮責，任其坐受詔書，及親往復，乃有人情，遂責之曰：山有高下，水有大小，人處世間，亦有尊卑，嚈噠、烏塲王並拜受詔書，大王何獨不拜？王答曰：我見魏主即拜，得書坐讀，有何可怪？世人得父母書，猶自坐讀，大魏如我父母，我亦坐讀書，於理無失。雲無以屈之。[130]遂將雲至一寺，供給甚薄。時跋提國[131]送獅子兒兩頭與乾陀羅王[132]，雲等見之，觀其意氣雄猛，中國所畫，莫參其儀。

[130] 宋雲遇見的"凶慢無禮"的乾陀羅統治者應是見諸印度碑銘的噠王摩醯邏矩羅（Mihirakula）。[55]

[131] 跋提國，當即《梁書·西北諸戎傳》所見白題國，位於今 Balkh。宋雲西使之際，白題當役屬噠。宋雲等歸國後不久，噠始定都 Balkh。

[132] 前引《洛陽伽藍記》卷三所載波斯國獻獅子事情，亦獅子爲貢物之例。

於是西行五日，至如來捨頭施人處。[133]亦有塔寺，二十餘僧。復西行三日，至辛頭大河[134]。河西岸上，有如來作摩竭大魚，從河而出，十二年中以肉濟人處。[135]起塔爲記，石上猶有魚鱗紋。[136]

[133] 如來捨頭施人處，據《法顯傳》，當在竺刹尸羅國（Takṣaśilā）。《大唐西域記》卷三："城北十二三里有窣堵波，無憂王之所建也。……斯勝地也，是如來在昔修菩薩行，爲大國王。號戰達羅鉢剌婆（唐言月光[Candraprabha]）。志求菩提，斷頭惠施。若此之捨，凡歷千生。"遺址在 Taxila 以北，今 Bhallar Stūpa。本生故事亦見《賢愚經》卷六[56]等。

[134] 辛頭（Sindhu）大河，指印度河。

[135] 摩竭，"摩竭羅"（Mākarā）之略。本生故事見《菩薩本行經》卷下[57]等。

[136] 宋雲負有政治使命，必須謁見乾陀羅王，故迳至罽賓國境，復自該處東歸，先抵 Taxila。北魏使臣謁見乾陀羅王後，始西行尋訪佛跡。這似乎表明有關記事出諸《宋雲家紀》。

復西行三日，至佛沙伏城[137]。川原沃壤，城郭端直，民戶殷多，林泉茂盛。土饒珍寶，風俗淳善。其城內外，凡有古寺。名僧德衆，道行高奇。城北一里有白象宮[138]，寺內佛事，皆是石像，莊嚴極麗，頭數甚多，通身金箔，眩耀人目。寺前［有］繫白象樹，此寺之興，實由茲焉。花葉似棗，季冬始熟。父老傳云：此樹滅，佛法亦滅。[139]寺內圖太子夫妻以男女乞婆羅門像，胡人見之，莫不悲泣。

[137] 佛沙伏（Varṣapura），應即《大唐西域記》卷二所見健馱邏國（Gandhāra）跋虜沙城，今白沙瓦東北之 Shahbaz Garhi。

[138] 白象宮：《大唐西域記》卷二："［跋虜沙城］城北有窣堵波，是蘇達拏太子（唐言善牙）。以父王大象施婆羅門，蒙譴被擯，顧謝國人。既出郭門，於此告別。"

[139]《酉陽雜俎·貝編篇》（前集卷三）："乾陀國頭河岸有繫白象樹，花葉似棗，季冬方熟。相傳此樹滅，佛法亦滅。"

復西行一日，至如來挑眼施人處。[140]亦有塔寺，寺石上有迦葉佛跡[141]。

[140] 如來挑眼施人處：據《法顯傳》，"到犍陀衛國。是阿育王子法益所治處。佛爲菩薩時，亦於此國以眼施人。其處亦起大塔，金銀校餝"。據《大唐西域記》卷二，健馱邏國"［布色羯邏伐底（Puṣkalāvatī）］城北四五里有故伽藍……伽藍側有窣堵波高數百尺，無憂王之所建也，彫木文石，頗異人工。

是釋迦佛昔爲國王，修菩薩行，從衆生欲，惠施不倦，喪身若遺，於此國土千生爲王，即斯勝地千生捨眼"。本生故事亦見《彌勒菩薩所問本願經》卷一[58]等。布色羯邏伐底城，在今白沙瓦東北之 Chārsadda。[59]

[141] 迦葉（Kaśyapa），佛陀弟子之一。事蹟見道宣《釋迦氏譜》等。[60]

復西行一日，乘船渡一深水，三百餘步，復西南行六十里，至乾陀羅城[142]。

[142] "乾陀羅城"，應即《魏書·西域傳》所見富樓沙（Puraṣapura）、《大唐西域記》卷二所見布路沙布邏，位於今白沙瓦（Peshāwar）。《洛陽伽藍記》卷五所載自佛伏沙至富樓沙的行程似乎表明，宋雲一行沒有經過《大唐西域記》卷二所載布色羯邏伐底城。

東南七里，有雀離浮圖[143]。【《道榮傳》云：城東四里。】[144]推其本緣，乃是如來在世之時，與弟子遊化此土，指城東曰：我入涅槃[145]後二百年，有國王名迦尼色迦[146]在此處起浮圖。佛入涅槃後二百年，果有國王字迦尼色迦，出游城東，見四童子累牛糞爲塔，可高三尺，俄然即失。【《道榮傳》云：童子在虛空中向王說偈[147]。】王怪此童子，即作塔籠之，糞塔漸高，挺出於外，去地四百尺然後止。王更廣塔基三百餘步，【《道榮傳》云：三百九十步。】從地構木，始得齊等。【《道榮傳》云：其高三丈，悉用文石爲階砌櫨栱，上構衆木，凡十三級。】上有鐵柱，高三百尺，金盤十三重，合去地七百尺。【《道榮傳》云：鐵柱八十八尺，八十圍,金盤十五重,去地六十三丈二尺。】[148]施工旣訖,糞塔如初,在大塔南三百步。時有婆羅門不信是糞,以手探看,遂作一孔,年歲雖久,糞猶不爛,以香泥塡孔,不可充滿。今有天宮籠蓋之。[149]

[143]雀離浮圖,應卽《魏書·西域傳》所載小月氏國的"百丈佛圖",兩者形制大致仿佛。同傳本宋雲等記述又載乾陀國"所都城東南七里有佛塔,高七十丈,周三百步,卽所謂'雀離佛圖'也"。又,《慈恩傳》卷二載:"其側又有窣堵波,是迦膩色迦王所造,高四百尺,基周一里半,高一百五十尺,其上起金剛相輪二十五層,中有如來舍利一斛。"雀離,一說乃 sula(三叉戟)之音譯。[61]一說"雀離"與《大唐西域記》卷一所見"昭怙釐"爲同名異譯,係Čäküri(窣堵波尖)之音譯。[62]

[144]一般認爲"宋雲行紀"和《洛陽伽藍記》其餘部分一樣,乃夾敘夾注文體,但究竟何者爲正文,何者爲注文,歷來並無一致看法。本注按自己的理解將注文部分用黑魚尾(【 】)標出。[63]或論《洛陽伽藍記》卷五"宋雲行紀"注體淵源,以爲出於魏晉佛徒合本子注。[64]今案:《洛陽伽藍記》卷五"宋雲行紀"雖合《道榮傳》和《宋雲家紀》兩者而成,與魏晉佛徒合本子注畢竟不同,至多可稱爲"廣義的合本子注"。

[145]涅槃(Nirvāṇa),意爲寂滅、無爲、安樂、解脫等,爲佛教最高境界。佛涅槃之年代有諸多異說,此不一一列出。

[146]迦尼色迦(Kaniṣka),貴霜帝國著名君主,據傳曾舉行第四次佛典結集。因其弘揚佛教,佛教徒屢稱述之。其在位年代衆說紛紜。大致在公元二世紀中葉。

[147] 偈，亦作"伽陀"，佛經中的唱頌詞，通常四句爲一偈。見《翻譯名義集》卷四。[65]

[148] 塔之高度等，宋雲、道榮諸人所述不盡相同，或皆記者目測之誤差，不必深究。

[149]《法顯傳》："從犍陀衛國（Gandhāra）南行四日，到弗樓沙國（Puruṣapura）。佛昔將諸弟子遊行此國，語阿難云：吾般泥洹（Nirvāṇa）後，當有國王名罽膩伽（Kaniṣka）於此處起塔。後膩伽王出世，出行遊觀，時天帝釋（Indra）欲開發其意，化作牧牛小兒，當道起塔。王問言：汝作何等？答曰：作佛塔。王言：大善。於是王卽於小兒塔上起塔，高四十餘丈，衆寶校飾。凡所經見塔廟，壯麗威嚴都無此比。傳云：閻浮提（Jambudvīpa）塔，唯此爲上。王作塔成已，小塔卽自傍出大塔南，高三尺許。"可以與此參看。又，《法苑珠林》卷三八曾引用此則，而略去《道榮傳》文字。

雀離浮圖自作以來，三經天火所燒，國王修之，還復如故。父老云：此浮圖天火七燒，佛法當滅。[150]

[150]《大唐西域記》卷二："此窣堵波者，如來懸記，七燒七立，佛法方盡。先賢記曰：成壞已三。初至此國，適遭大火，當見營構，尚未成功。"

【《道榮傳》云：王修浮圖，木工既訖，猶有鐵柱，無有能上者。王於四角起大高樓，多置金銀及諸寶物，王與夫人及諸王子悉在樓上燒香散花，至心請神，然後轆轤絞索，一舉便到。故胡人皆云四天王[151]助之，若其不爾，實非人力所能舉。】

[151]《法苑珠林》卷二："依《長阿含經》云"，東方天王名提多羅咤（Dhṛtarāṣtra），南方天王名毗瑠璃（Virūḍhaka），西方天王名毗留博叉（Virūpākṣa），北方天王名毗沙門（Vaiśravaṇa）。

塔內佛事，悉是金玉，千變萬化，難得而稱，旭日始開，則金盤晃朗，微風漸發，則寶鐸和鳴。西域浮圖，最爲第一。

此塔初成，用真珠爲羅網覆於其上。於後數年，王乃思量，此珠網價直萬金，我崩之後，恐人侵奪；復慮大塔破壞，無人修補。卽解珠網，以銅鑊盛之，在塔西北一百步掘地埋之。上種樹，樹名菩提[152]，枝條四布，密葉蔽天。樹下四面坐像[153]，各高丈五，恆有四龍典掌此珠，若興心欲取，則有禍變。刻石爲銘，囑語將來，若此塔壞，勞煩後賢，出珠修治。

[152] 菩提（Ficus religiosa），卽卑鉢羅樹（pippala）。據《大唐西域記》卷二，"卑鉢羅樹南有窣堵波。迦膩色迦王之所建也。迦膩色迦王以如來涅槃之後第四百年，君臨膺運，統贍部洲。……因發正信，深敬佛法。周小窣堵波，更建石窣堵波。……營建纔訖，見小窣堵波在大基東南隅下傍出其半，王心不平，便卽擲棄，遂住窣堵波第二級下石基中半現，復於本處更出小窣堵波。……其二窣堵波今猶現在"。

[153]《大唐西域記》卷二："城外東南八九里有卑鉢羅樹，高百餘尺，枝葉扶疎，蔭影蒙密。過去四佛已坐其下，今猶現有四佛坐像。""樹下四面坐像"，應卽"過去四佛"。

雀離浮圖南五十步，有一石塔[154]，其形正圓，高二丈，甚有神變，能與世人表吉凶。以指觸之，若吉者，金鈴鳴應；若凶者，假令人搖撼，亦不肯鳴。惠生既在遠國，恐不吉反，遂禮神塔，乞求一驗。於是以指觸之，鈴即鳴應。得此驗，用慰私心，後果得吉反。

[154] 石塔，應即前引《法顯傳》所謂"小塔"、前引《大唐西域記》卷二所見"小窣堵波"。據後者記載："其二窣堵波今猶現在。有嬰疾病欲祈康愈者，塗香散花，至誠歸命，多蒙瘳差。"

惠生初發京師之日，皇太后勅付五色百尺幡千口，錦香袋五百枚，王公卿士幡二千口。惠生從于闐至乾陀羅，所有佛事處，悉皆流布，至此頓盡。惟留太后百尺幡一口，擬奉尸毗王塔。[155]

[155]《續高僧傳・玄奘傳》（卷四）在涉及健馱邏國（Gandhāra）雀離浮圖時說："元魏靈太后胡氏，奉信情深，遣沙門道生等，齎大幡七百餘尺，往彼掛之，脚纔及地，即斯塔也。""道生"即"惠生"之譌。

宋雲以奴婢二人奉雀離浮圖，永充灑掃。惠生遂減割行資，妙簡良匠，以銅[156]摹寫雀離浮圖儀一軀，及釋迦[157]四塔[158]變。

[156] 銅，一本作"鍮"，亦通。鍮，一般認爲指黃銅。"鍮"，爲波斯語 tūtiya 第一音節之對譯[66]。印度常以鍮作佛像。

[157] 釋迦，"釋迦牟尼"（Śākyamuni）之略。

[158] 四塔變，據《法顯傳》，北印度四大塔，一爲割肉貿鴿處，在今 Buner 地區。二爲以眼施人處，在今白沙瓦（Peshāwar）東北之 Shahbaz Garhi。三爲以頭施人處，在今 Taxila 北。[67] 四爲投身餧餓虎處，今地不詳。法顯記自以頭施人處"復東行二日"，即至投身餧餓虎處。

於是西北行七日，渡一大水 [159]，至如來爲尸毗王 [160] 救鴿之處，亦起塔寺。[161] 昔尸毗王倉庫爲火所燒，其中粳米燋然，至今猶在，若服一粒，永無瘧患。彼國人民須禁日取之。

[159] 大水，可能指 Kābul 河。

[160]《法顯傳》載："坐訖，南下，到宿呵多國。其國佛法亦盛。昔天帝釋試菩薩，化作鷹、鴿、割肉貿鴿處。佛卽成道，與諸弟子遊行，語云：此本是吾割肉貿鴿處。國人由是得知，於此處起塔，金銀校飾。"此本生故事見《菩薩本生鬘論》卷一[68] 等。尸毗（Śivi 或 Śibi）王，《大唐西域記》卷三作"尸毗迦（Śivika 或 Śibika）王"。

[161] 據《法顯傳》，釋迦牟尼"割肉貿鴿處"在宿呵多國（Swāt）；而據《大唐西域記》卷三，"摩愉伽藍西六七十里，至窣堵波，無憂王（Aśoka）之所建也。是如來昔修菩薩行，號尸毗迦（Śibika）王，爲求佛果，於此割身，從鷹代鴿。"按大致比例，摩訶伐那伽藍、摩愉伽藍和如來"割肉貿鴿處"均在法顯所歷宿呵多國，故宿呵多國可能尚在今 Swāt 地區之南，卽今 Buner 地區。[69]

【《道榮傳》云：至那迦羅阿國[162]，有佛頂骨[163]，方圓四寸，黃白色，下有孔，受人手指，悶然似仰蜂窠。至耆賀濫寺[164]，有佛袈裟十三條，以尺量之，或短或長。復有佛錫杖[165]，長丈七，以木筒盛之，金箔貼其上。此杖輕重不定，值有重時，百人不舉，值有輕時，一人勝之。那竭城[166]中有佛牙[167]佛髮[168]，並作寶函盛之，朝夕供養。至瞿波羅窟，見佛影。[169]入山窟，去十五步，西面向戶遙望，則衆相炳然；近看，則瞑然不見。以手摩之，唯有石壁。漸漸却行，始見其相。容顏挺特，世所希有。窟前有方石，石上有佛跡。[170]窟西南百步，有佛浣衣處。[171]窟北一里，有目連窟[172]。窟北有山，山下有六佛[173]手作浮圖，高十丈。云此浮圖陷入地，佛法當滅。并爲七塔，七塔南石銘，云如來手書，胡字分明，於今可識焉。】[174]

[162] 那迦羅阿國，卽 Nagarahāra，位於今阿富汗東部 Jalalabad 附近。迦羅阿國，《法顯傳》作"那竭國"，《大唐西域記》卷二作"那揭羅曷國"。

[163] 據《法顯傳》，佛頂骨在那竭國界醯羅（hiḍḍa 或 heḍḍa）城，稱"中有佛頂骨精舍，盡以金薄、七寶校飾"。《大唐西域記》卷二云："城東南三十餘里，至醯羅城，周四五里，豎峻險固。花林池沼，光鮮澄鏡。城中居人，淳質正信。復有重閣，畫棟丹楹。第二閣中有七寶小窣堵波，置如來頂骨。骨周一尺二寸，髮孔分明，其色黃白，盛以寶函，置窣堵波中。欲知善惡相者，香末和埿以印頂骨，隨其福感，其文煥然。"

[164] 耆賀濫（Khakkhara），錫杖之意。

[165]《法顯傳》："[那竭] 城東北一由延，到一谷口。有佛錫杖，亦起

精舍供養，杖以牛頭栴檀作，長丈六七許，以木筒盛之，正復百千人，舉不能移。入谷口四日西行，有佛僧伽梨（Saṃghāṭi）精舍供養。彼國土亢旱時，國人相率出衣，禮拜供養，天卽大雨。"《大唐西域記》卷二："如來僧伽胝（Saṃghāṭi）袈裟，細氎所作，其色黃赤，置寶函中，歲月旣遠，微有損壞。如來錫杖，白鐵作鐶，栴檀爲笴，寶筒盛之。"

[166] 那竭城，當指那迦羅阿國都城。

[167]《法顯傳》載："[那竭國都]城中亦有佛齒塔，供養如頂骨法。"《大唐西域記》卷二："[那揭羅曷國都]城內有大窣堵波故基。聞諸先志曰：昔有佛齒，高廣嚴麗。今旣無齒，唯餘故基。"

[168]《法顯傳》："[佛]影西百步許，佛在時剃髮剪爪。"

[169]《法顯傳》："那竭城南半由延，有石室，搏山西南向，佛留影此中。去十餘步觀之，如佛真形，金色相好，光明炳著，轉近轉微，仿佛如有。諸方國王遣工畫師模寫，莫能及。彼國人傳云，千佛盡當於此留影。"《大唐西域記》卷二："[那揭羅曷]城西南二十餘里，至小石嶺，有伽藍……伽藍西南，深澗阧絕，瀑布飛流，懸崖壁立。東岸石壁有大洞穴，瞿波羅（Gopāla）龍之所居也。門徑狹小，窟穴冥闇，崖石津滴，磎徑餘流。昔有佛影，煥若真容，相好具足，儼然如在。"

[170]《大唐西域記》卷二："影窟門外有二方石，其一石上有如來足蹈之迹。"

[171]《大唐西域記》卷二："影窟西有大盤石，如來嘗於其上濯浣袈裟，文影微現。"

[172] 目連，卽《大唐西域記》卷四所見"沒特伽羅子"（Maudgalaputra）之略。釋迦牟尼弟子之一，原屬婆羅門種姓。事蹟見《增壹阿含經》卷三 T2,

No. 125, p. 557 等。

[173] 六佛，一説當作"七佛"。[70] 釋迦前有六佛，釋迦繼六佛而成道，合稱七佛。

[174] 以上所引《道榮傳》內容似與宋雲、惠生行程無關，衒之採之"以廣異聞"。[71]

惠生在烏場國二年。[175] 西胡風俗，大同小異，不能具錄，至正光二年二月[176]始還天闕。[177]

[175] 據《魏書·釋老志》，"熙平元年，詔遣沙門惠生使西域，採諸經律。正光三年冬，還京師。所得經論一百七十部，行於世。"惠生爲訪求佛經，自乾陀羅返回烏場後，停留彼處二年，歸國時間爲正光三年（522年）冬。

[176] 正光二年（521年）二月應是宋雲還京師的時間。蓋宋雲謁見乾陀羅王、宣讀詔書後，使命業已完成，故先惠生"還天闕"。《資治通鑒·梁紀五》於宋雲、惠生兩者歸國年代未加區分，均繫於（武帝普通三年即正光三年）。

[177] 此段分敘惠生、宋雲，照應前文有關雀離浮圖的記述。

衒之按：《惠生行紀》[178]事多不盡錄，今依《道榮傳》、《宋雲家紀》[179]，故並載之，以備缺文。[180]

[178]《惠生行紀》，應即《隋書·經籍二》所著錄"《慧生行傳》一卷"。

[179]《宋雲家紀》，或即《舊唐書·經籍上》、《新唐書·藝文二》所見宋

云"《魏國已西十一國事》一卷"。

[180]"今依"云云,足以說明《洛陽伽藍記》卷五"宋雲行紀"的記述僅僅包括《道榮傳》和《宋雲家紀》。衒之不依《惠生行紀》,主要因爲它於經歷諸事大多沒有詳盡的記錄,有關內容已包含在《宋雲家紀》之中。故"並載之"者,似乎不包括《惠生行紀》在內。換言之,《洛陽伽藍記》卷五有關惠生之記述均宋雲記錄中原有者,非引自惠生本人著述。衒之凡引《道榮傳》皆注明出處,若引《惠生行紀》,不應例外。[72]

■ 注釋

1 本文主要參考了沙畹"宋雲行紀箋注",馮承鈞譯,《西域南海史地考證譯叢六編》,中華書局,1956年,pp. 1-68;范祥雍《洛陽伽藍記校注》,上海古籍出版社,1978年,pp. 251-349;周祖謨《洛陽伽藍記校釋》,中華書局,1987年,pp. 182-227;入矢義高譯注《洛陽伽藍記》,《中國古典文學大系》21,平凡社,1985年,pp. 212-250。其餘如 W. J. F. Jenner, tr., *Memories of Loyang, Yang Hsüan-chih and the Lost Capital (493-534)*. Oxford: 1981, pp. 255-271; Wang Yi-t'ung, tr., *A Record of Buddhist Monasteries in Lo-yang by Yang Hsüan-chih*. Princeton, N. J.: Princeton University Press, 1984, pp. 215-246;以及徐高阮《重刊洛陽伽藍記》(《"中央研究院"歷史語言研究所專刊》42),台聯國風出版社,1975年,pp. 88-105,153-161。張星烺《中西交通史資料匯編》第6冊,中華書局,1979年,pp. 228-246;楊勇《洛陽伽藍記校箋》,正文書局,1982年,pp. 207-276 等;均曾參閱。爲避免繁瑣,凡採錄以上著述

之觀點，除非必要，不一一注明。至於引用其他有關論述，則隨處出注。

2《洛陽伽藍記》卷五有關這次西使的文字主要採自宋雲的記錄，說見本書上卷第三篇。

3 說見內田吟風"後魏宋雲釋惠生西域求經記考證序說"，《塚本博士頌壽記念佛教史學論集》，京都，塚本博士頌壽記念會，1961 年，pp. 113-124。"王伏子統"《北史·西域傳》作"騰伏子統"，亦"主衣子統"之譌。注 1 所引范祥雍書，pp. 256-257，指宋雲爲僧官，未安。

4 船木勝馬"北魏の西域交通に關する諸問題（その一）——宋雲惠生の西方求法の年代を中心として——"，《西日本史學》4（1950 年），pp. 46-67。

5 參看注 1 所引沙畹文，以及湯用彤《漢魏兩晉南北朝佛教史》，中華書局，1983 年，pp. 266-269。

6 參看注 1 所引范祥雍書，p. 261。

7 黃盛璋"吐谷渾故都伏俟城與中西交通史上的青海道若干問題探考"，《中外交通與交流史研究》，安徽教育出版社，2002 年，pp. 135-162。

8 周偉洲《吐谷渾史》，寧夏人民出版社，1985 年，p. 128。

9 吐谷渾風俗政治，詳見注 8 所引周偉洲書，pp. 107-132。

10 見注 8 所引周偉洲書，p. 40。

11《洛陽伽藍記》卷五"宋雲行紀"所載西域里數鮮有人認真討論，或如藤田豐八"西域研究·扜彌と Dandān-Uiliq"，《東西交涉史の研究·西域篇》，東京：荻原星文館，1943 年，pp. 263-273, esp. 265，斥爲難以信從。

12 參看余太山《兩漢魏晉南北朝與西域關係史研究》，中國社會科學出版社，1995 年，pp. 131-141。

13 同注 6。

14 余太山《兩漢魏晉南北朝正史西域傳研究》，中華書局，2003 年，pp. 477-485。

15 注 1 所引沙畹文。

16 注 14 所引余太山書，p. 169。

17 同注 6。

18 松田壽男"イラン南道論"，《東西文化交流史》，東京：雄山閣，1975 年，pp. 217-251。

19 長澤和俊"いわゆる'宋雲行紀'について"，《シルク・ロード史研究》，東京，國書刊行會，1979 年，pp. 459-480，以爲可能是 Wacha 河畔的 Wacha 或 Torbashi。深田久彌《中央アジア探險史》，東京：白水社，2003 年，p. 83，則比定爲 Tangu。

20 注 19 所引長澤和俊文以爲可能是 Muztagh-Ata 山脈。注 19 所引深田久彌書，p. 83，則比定爲 Kandahar Pass。

21 注 1 所引范祥雍書，p. 286。

22 說見白鳥庫吉"西域史上の新研究・大月氏考"，《白鳥庫吉全集・西域史研究（上）》（第 6 卷），東京：岩波，1970 年，pp. 97-227，esp. 132-134。又，注 19 所引長澤和俊文以爲可能是 Wacha 河。

23 關於嚈噠之名稱，見余太山"嚈噠史若干問題的再研究"，《中國社會科學院歷史研究所學刊》第 1 集，北京：社會科學文獻出版社，2001 年，pp. 180-210。

24 注 19 所引長澤和俊文；桑山正進"バーミヤーン大佛成立にかかわるふたつの道"，《東洋學報》57（1987 年），pp. 109-209，esp. 144-158，以爲在 Faizābād 西南 Talaqān 及其以西地區。

25 參看余太山《嚈噠史研究》，齊魯社，1986 年，pp. 121-122。

26 參看注 25 所引余太山書，pp. 76-84。

27 參看注 25 所引余太山書，pp. 155-156。

28 嚈噠的征服戰爭詳見注 25 所引余太山書，pp. 44-102。

29 《大正新脩大藏經》T54, No. 2131, pp. 1105-1106。

30 關於嚈噠國王治位置的討論，見注 23 所引余太山文。

31 J. Marquart, *Ērānšahr nach der Geographie des Ps. Moses Xorenaci*. Berlin, 1901, p. 245，以爲介乎 Zēbāk 與 Čitral 之間的山地。另請參看注 1 所引沙畹文；A. Stein, *Ancient Khotan*. Oxford, 1907, p. 14；桑山正進《カーピシー＝ガンダーラ史研究》，京都大學人文科學研究所，1990 年，pp. 101-103。長澤和俊"'宋雲行紀'の再檢討"，《史觀》130（1994 年），pp. 32-46，以爲波知應位於 Darkot。今案：長澤氏此論，旨在證成其宋雲、惠生於鉢和分道揚鑣說。

32 注 19 所引長澤和俊文以爲賒彌應位於 Yasin。今案：這是指波知爲 Darkot 的結果，未安。

33 參看本書上卷第三篇。

34 參看季羨林等《大唐西域記校注》，中華書局，1985 年，p. 205。關於印度的神判法，見《摩奴法論》，蔣忠新譯，中國社會科學出版社，1986 年，pp. 147-148（No. 109-116）。

35 《大正新脩大藏經》T54, No. 2131, p. 1098。

36 《大正新脩大藏經》T54, No. 2131, p. 1171。

37 《大正新脩大藏經》T54, No. 2131, p. 1170。

38 A. Stein, *On Alexander's Track to the Indus*. London, 1929, pp. 86-87. 水谷真成譯注《大唐西域記》，《中國古典文學大系》22，東京：平凡社，1975 年，p. 103。

39 S. Konow, *Kharoṣṭhī Inscriptions, with the Exception of Those of Asoka*. Calcutta, 1929, p.8, pl. 1.5.

40 注 1 所引沙畹文；王邦維《南海寄歸內法傳校注》，中華書局，1995 年，pp. 44-48。

41 注 1 所引范祥雍書，p. 312。

42 注 1 所引入矢義高書，p. 242。

43 注 31 所引桑山正進書，pp. 113-114。

44 注 1 所引沙畹文。

45 《大正新脩大藏經》T4, No. 202, p. 351。

46 注 1 所引范祥雍書，p. 316。

47 注 1 所引入矢義高書，p. 243。

48 注 1 所引入矢義高書，p. 244。

49 《大正新脩大藏經》T54, No. 2131, p. 1078。

50 《大正新脩大藏經》T51, No. 2088, p. 969。

51 注 3 所引內田吟風文以爲"道榮"乃"道藥"之譌。

52 注 31 所引桑山正進書，pp. 131-140，以爲在今 Jhelum。

53 參見注 23 所引余太山文。

54 同注 53。

55 同注 53。

56 《大正新脩大藏經》T4, No. 202, pp. 388-389。

57 《大正新脩大藏經》T3, No. 155, pp. 119-120。

58 《大正新脩大藏經》T12, No. 349, p. 188。

59 注 34 所引季羨林等書，p. 251。

60 《大正新脩大藏經》T50, No. 2041, p. 93。

61 注 1 所引張星烺書，p. 245。

62 伯希和"吐火羅語與庫車語"，馮承鈞譯，伯希和、烈維著《吐火羅語考》，中華書局，1957 年，pp. 64-135。

63 參見注 12 所引余太山文。

64 陳寅恪"讀《洛陽伽藍記》書後"，《金明館叢書二編》，上海古籍出版社，1980 年，pp. 156-160。陳氏此說又見"徐高阮重刊《洛陽伽藍記》序"，《寒柳堂集》，上海古籍出版社，1980，p. 143。徐高阮"重刊《洛陽伽藍記》序"，注 1 所引書，pp. 1-4，亦以爲"卷五惠生求法一節最肖佛徒合本"。

65 《大正新脩大藏經》T54, No. 2131, p. 1111。

66 說見勞費爾《中國伊朗編》，林筠因譯，商務印書館，1964 年，pp. 340-344。

67 參看本書上卷第二篇。

68 《大正新脩大藏經》T3, No. 160, p. 333。

69 注 31 所引桑山正進書，pp. 113-114。

70 注 1 所引沙畹文。

71 注 1 所引范祥雍書，p. 344。

72 同注 33。

徵引文獻

漢語文獻（1）

《北史》，（唐）李延壽撰，中華書局，1983 年。

《春秋地理考實》，（清）江永撰，文淵閣四庫全書經部（第 1042 冊）。

《爾雅義疏》，（清）郝懿行撰，北京：中國書店，1982 年。

《漢紀》，（東漢）荀悅撰，張烈點校本，中華書局，2002 年。

《漢書》，（東漢）班固撰，（唐）顏師古注，中華書局，1975 年。

《漢書西域傳補注》，（清）徐松撰，《二十五史三編》（第三分冊），嶽麓書社，1994 年。

《後漢書》，（劉宋）范曄撰，（唐）李賢等注，中華書局，1973 年。

《淮南子集釋》，何寧撰，中華書局，1998 年。

《晉書》，（唐）房玄齡等撰，中華書局，1982 年。

《舊唐書》，（後晉）劉昫等撰，中華書局，1975 年。

《禮記集解》，（清）孫希旦撰，沈嘯寰、王星賢點校，中華書局，1995 年。

《梁書》，（唐）姚思廉撰，中華書局，1973 年。

《洛陽伽藍記校箋》，楊勇校箋，正文書局，1982年。
《洛陽伽藍記校釋》，周祖謨校釋，中華書局，1987年。
《洛陽伽藍記校注》，范祥雍校注，上海古籍出版社，1978年。
《呂氏春秋校釋》，陳奇猷校釋，學林出版社，1984年。
《穆天子傳匯校集釋》，王貽樑、陳建敏選，華東師範大學出版社，1994年。
《穆天子傳今考》，衛挺生撰，臺北中華學術院，1970年。
《穆天子傳通解》，鄭傑文著，山東文藝出版社，1992年。
《穆天子傳西征講疏》，顧實撰，中國書店，1990年。
《三國志》，（晉）陳壽撰，（劉宋）裴松之注，中華書局，1975年。
《三國志集解》，盧弼撰，中華書局影印，1982年。
《山海經箋疏》，（清）郝懿行著，巴蜀書社，1985年。
《尚書今古文註疏》，（清）孫星衍撰，陳抗、盛冬鈴點校，中華書局，1998年。
《少室山房筆叢》，（明）胡應麟撰，上海書店，2001年。
《詩毛氏傳疏》，（清）陳奐撰，皇清續經解本，南菁書院。
《史記》，（漢）司馬遷撰，中華書局，1975年。
《史記會注考證附校補》，[日]瀧川資言考證、水澤利忠校補，上海古籍出版社，1986年。
《水經注校釋》，（北魏）酈道元撰，陳橋驛校釋，杭州大學出版社，1999年。
《水經註疏》，（北魏）酈道元注，楊守敬、熊會貞註疏，段熙仲點校、陳橋驛復校本，江蘇古籍出版社，1989年。
《宋書》，（梁）沈約撰，中華書局，1983年。
《隋書》，（唐）魏徵、令狐德棻撰，中華書局，1982年。
《太平寰宇記》，（宋）樂史撰，王文楚等點校本，中華書局，2007年。

《太平寰宇記》，(宋) 樂史撰，文淵閣四庫全書史部 (第 469—470 冊)。

《太平御覽》，(宋) 李昉等撰，中華書局影印，1985 年。

《通典》，(唐) 杜佑撰，中華書局，1984 年。

《魏書》，(北齊) 魏收撰，中華書局，1984 年。

《新唐書》，(宋) 歐陽修、宋祁撰，中華書局，1975 年。

《荀子集解》，(清) 王先謙撰，沈嘯寰、王星賢點校，中華書局，1992 年。

《逸周書彙校集注》，黃懷信、張懋鎔、田旭東撰，李學勤審定，上海古籍出版社，1995 年。

《藝文類聚》，(唐) 歐陽詢撰，汪紹楹校，上海古籍出版社，1985 年。

《酉陽雜俎》，(唐) 段成式撰，方南生點校，中華書局，1981 年。

《元和郡縣圖志》，(唐) 李吉甫撰，賀次君點校，中華書局，1983 年。

《重刊洛陽伽藍記》，《"中央研究院"歷史語言研究所專刊》42，徐高阮重刊，台聯國風出版社，1975 年。

《周書》，(唐) 令狐德棻等撰，中華書局，1983 年。

《竹書紀年統箋》，(清) 徐文靖撰，文淵閣四庫全書史部 (第 303 冊)。

《莊子集釋》，(清) 郭慶藩撰，王孝魚點校，中華書局，1985 年。

《資治通鑒》，(宋) 司馬光編著，(元) 胡三省音註，中華書局，1976 年。

漢語文獻（2）

《阿毘曇毘婆沙論》，迦旃延子造、五百羅漢釋，(北涼) 天竺沙門浮陀跋摩共道泰等譯，《大正新脩大藏經》T28, No. 1546。

《長阿含經》,(後秦)佛陀耶舍共竺佛念譯,《大正新脩大藏經》T1, No. 1。

《出三藏記集》,(梁)釋僧佑撰,蘇晉仁、蕭錬子點校,中華書局,1995 年。

《大慈恩寺三藏法師傳》,(唐)慧立、彥悰著,孫毓棠、謝方點校,中華書局,1983 年。

《大樓炭經》,(西晉)法立共法炬譯,《大正新脩大藏經》T1, No. 23。

《大唐西域記校注》,(唐)玄奘、辯機著,季羨林等校注,中華書局,1985 年。

《法顯傳校注》,(東晉)法顯撰,章巽校注,上海古籍出版社,1985 年。

《法苑珠林》,(唐)釋道世撰,周叔迦、蘇晉仁校注,中華書局,2003 年。

《翻譯名義集》,(宋)法雲編,《大正新脩大藏經》T54, No. 2131。

《佛說興起行經》,(後漢)康孟詳譯,《大正新脩大藏經》T4, No. 197。

《佛祖統紀》,(宋)志磐撰,《大正新脩大藏經》T49, No. 2035。

《高僧傳》,(梁)慧皎撰,湯用彤校注,中華書局,1992 年。

《俱舍論記》,(唐)普光述,《大正新脩大藏經》T41, No. 1821。

《歷代三寶記》,(隋)費長房撰,《大正新脩大藏經》T49, No. 2034。

《六度集經》,(吳)康僧會譯,《大正新脩大藏經》T3, No. 152。

《南海寄歸內法傳》,(唐)義淨著,王邦維校注,中華書局,1995 年。(《大正新脩大藏經》T54, No. 2125。)

《菩薩本行經》,失譯,《大正新脩大藏經》T3, No. 155。

《菩薩本生鬘論》,聖勇菩薩等造,(宋)紹德、慧詢等譯,《大正新脩大藏經》T3, No. 160。

《菩薩本緣經》,(吳)支謙譯,《大正新脩大藏經》T3, No. 153。

《起世經》,(隋)闍那崛多等譯,《大正新脩大藏經》T1, No. 24。

《睒子經》,(西秦)聖堅譯,《大正新脩大藏經》T3, No. 175。

《釋迦方誌》，(唐) 道宣著，范祥雍點校，中華書局，1983 年。

《釋迦氏譜》，(唐) 道宣撰，《大正大藏經》T50, No. 2041。

《太子須大拏經》，(西秦) 聖堅譯，《大正新脩大藏經》T3, No. 171。

《賢愚經》，(北魏) 慧覺等譯，《大正新脩大藏經》T4, No. 202。

《續高僧傳》，(唐) 道宣撰，《大正新脩大藏經》T50, No. 2060。

《一切經音義》，(唐) 慧琳撰，《大正新脩大藏經》T54, No. 2128。

《增壹阿含經》，(東晉) 瞿曇僧伽提婆譯，《大正新脩大藏經》T2, No. 125。

漢語文獻（3）

曹道衡 "關於楊衒之和《洛陽伽藍記》的幾個問題"，《文學遺產》2001 年第 3 期，pp. 30-39。

岑仲勉《漢書西域傳地里校釋》，中華書局，1981 年。

岑仲勉 "托烈美所述'絲路'考略"，《漢書西域傳地里考釋》，中華書局，1981 年，pp. 557-563。

岑仲勉 "《穆天子傳》西征地理概測"，《中外史地考證》，中華書局，2004 年，pp. 1-41。

陳戈 "焉耆尉犁危須都城考"，《西北史地》1985 年第 2 期，pp. 22-31。

陳夢家《漢簡綴述》，中華書局，1980 年。

陳恒 "亞歷山大史料的五種傳統"，《史學理論研究》2007 年第 2 期，pp. 64-75。

陳槃 "春秋大事表列國爵姓及存滅表譔異"，《"中央研究院"歷史語言研究所專刊》52，臺北，1988 年（第三版）。

陳寅恪"讀《洛陽伽藍記》書後",《金明館叢書二編》,上海古籍出版社,1980年,pp. 156-160。

陳寅恪"徐高阮重刊《洛陽伽藍記》序",《寒柳堂集》,上海古籍出版社,1980年,p. 143。

段連勤《丁零、高車與鐵勒》,上海人民出版社,1988年。

馮錫時"法顯西行路線考辨",馬大正等主編《西域考察與研究》,新疆人民出版社,1994年,pp. 291-298。

賀昌群《古代西域交通與法顯印度巡禮》,湖北人民出版社,1956年。

侯燦"樓蘭遺蹟考察簡報",《歷史地理》創刊號,上海人民出版社,1981年,pp. 195-202。

黃盛璋"吐谷渾故都伏俟城與中西交通史上的青海道若干問題探考",《中外交通與交流史研究》,安徽教育出版社,2002年,pp. 135-162。

黃烈"'守白力'、'守海'文書與通西域道路的變遷",《中國古代民族史研究》,人民出版社,1987年,pp. 431-458。

黃時鑒"希羅多德筆下的歐亞草原居民與草原之路的開闢",南京大學元史研究室編《內陸亞洲歷史文化研究——韓儒林先生紀念文集》,南京大學出版社,1996年,pp. 444-456。

黃文弼"談古代塔里木河及其變遷",《黃文弼歷史考古論集》,文物出版社,1989年,pp. 43-51。

黃文弼"略述龜茲都城問題",《黃文弼歷史考古論集》,文物出版社,1989年,pp. 205-209。

黃文弼"古代于闐國都之研究",《黃文弼歷史考古論集》,文物出版社,1989年,pp. 210-215。

黃文弼 "焉耆博思騰湖周圍三個古國考",《黃文弼歷史考古論集》,文物出版社,1989 年,pp. 216-221。

黃文弼 "焉耆考古調查簡記",《黃文弼歷史考古論集》,文物出版社,1989 年,pp. 222-230。

黃文弼 "輪臺考古調查簡記",《黃文弼歷史考古論集》,文物出版社,1989 年,pp. 231-236。

黃文弼 "庫車考古調查簡記",《黃文弼歷史考古論集》,文物出版社,1989 年,pp. 237-267。

黃文弼 "羅布淖爾水道之變遷及歷史上的河源問題",《黃文弼歷史考古論集》,文物出版社,1989 年,pp. 299-315。

黃文弼 "羅布淖爾考古簡記",《黃文弼歷史考古論集》,文物出版社,1989 年,pp. 357-374。

靳生禾,"《穆天子傳》若干地理問題考辨——兼評岑仲勉《〈穆天子傳〉西征地理概測》",《北京師範大學學報》1985 年第 4 期,pp. 69-77, 86。

李長傅《禹貢釋地》,中州書畫社,1983 年。

林梅村 "公元 100 年羅馬商團的中國之行",《西域文明——考古、民族、語言和宗教新論》,東方出版社,1995 年,pp. 11-32。

劉光華《漢代西北屯田研究》,蘭州大學出版社,1988 年。

劉迎勝《西北民族史與察合台汗國史研究》,南京大學出版社,1994 年。

劉治立 "《洛陽伽藍記》自注的再認識",《史學史研究》2001 年第 3 期,pp. 45-52。

馬雍、王炳華 "公元前七至二世紀的中國新疆地區",《中亞學刊》第 3 輯,中華書局,1990 年,pp. 1-16。

馬雍 "新疆所出佉盧文書的斷代問題——兼論樓蘭遺址和魏晉時期的鄯善郡"，《西域史地文物叢考》，文物出版社，1990 年，pp. 89-111。

馬雍 "巴基斯坦北部所見'大魏'使者的巖刻題記"，《西域史地文物叢考》，文物出版社，1990 年，pp. 129-137。

孟凡人《樓蘭新史》，光明日報出版社，1990 年。

孟凡人 "論鄯善國都的方位"，《亞洲文明》第 2 集，安徽教育出版社，1992 年，pp. 94-115。

芮傳明 "《西域圖記》中的北道考"，《蘇州鐵道師範學院學報》1986 年第 3 期，pp. 48-55。

蘇北海 "唐代中亞條支、條支海考"，《西域歷史地理》，新疆大學出版社，1988 年，pp. 209-220。

孫培良 "斯基泰貿易之路和古代中亞的傳說"，《中外關係史論叢》第 1 輯，世界知識出版社，1985 年，pp. 3-25。

湯用彤《漢魏兩晉南北朝佛教史》，中華書局，1983 年。

王克林 "一目國鬼方新探"，《文博》1998 年第 1 期，pp. 30-38, 66。

王守春 "《水經注》塔里木盆地'南河'考辨"，《地理研究》第 6 卷第 4 期（1987 年），pp. 36-44。

王守春 "《穆天子傳》地域範圍試析"，《中國歷史地理論叢》2000 年第 1 輯，pp. 215-228。

夏鼐 "青海西寧出土的波斯薩珊朝銀幣"，《考古學報》1958 年第 1 期，pp. 105-110。

夏鼐 "中巴友誼歷史"，《考古》1965 年第 7 期，pp. 357-364。

向達 "漢唐間西域及海南諸國古地理書敍錄"，《唐代長安與西域文明》，生活・讀書・新知三聯書店，1987 年，pp. 565-578。

楊廷福《玄奘年譜》，中華書局，1988 年。

余太山《嚈噠史研究》，齊魯書社，1986 年。

余太山《塞種史研究》，中國社會科學出版社，1992 年。

余太山"《漢書・西域傳》所見塞種——兼說有關車師的若干問題"，《塞種史研究》，中國社會科學出版社，1992 年，pp. 210-227。

余太山《兩漢魏晉南北朝與西域關係史研究》，中國社會科學出版社，1995 年。

余太山《古族新考》，中華書局，2000 年。

余太山"嚈噠史若干問題的再研究"，《中國社會科學院歷史研究所學刊》第 1 集，社會科學文獻出版社，2001 年，pp. 180-210。

余太山《兩漢魏晉南北朝正史西域傳研究》，中華書局，2003 年。

余太山"樓蘭、鄯善、精絕等的名義——兼說玄奘自于闐東歸路線"，《兩漢魏晉南北朝正史西域傳研究》，中華書局，2003 年，pp. 477-485。

余太山"隋與西域諸國關係述考"，《文史》第 69 輯（2004 年），pp. 49-57。

章巽"《水經注》和《法顯傳》"，《章巽文集》，海洋出版社，1986 年，pp. 162-172。

章巽"論河水重源說的產生"，《章巽文集》，海洋出版社，1986 年，pp. 177-186。

章巽"《水經注》中的扜泥城和伊循城"，《中亞學刊》第 3 輯，中華書局，1990 年，pp. 71-76。

張星烺《中西交通史資料匯編》第 6 冊，中華書局，1979 年。

中國科學院《中國自然地理》編輯委員會《中國自然地理（歷史自然地理）》，科學出版社，1982 年。

周建奇"鬼方、丁零、敕勒(鐵勒)考釋",《内蒙古大學學報》1992年第1期,pp. 31-41。

周偉洲"蘇毗與女國",《大陸雜誌》第92卷第4期(1996年),pp. 1-11。

周偉洲《吐谷渾史》,寧夏人民出版社,1985年。

漢語文獻(4)

A

《歷史》,[古希臘]希羅多德著,王以鑄漢譯,商務印書館,1985年。

《摩奴法論》,蔣忠新譯,中國社會科學出版社,1986年。

《亞歷山大遠征記》,[古希臘]阿里安著,李活譯,商務印書館,1985年。

《西突厥史料》,[法]沙畹著,馮承鈞譯,中華書局,1958年。

《中國伊朗編》,[美]勞費爾著,林筠因譯,商務印書館,1964年。

《亞歷山大大帝傳》,[古希臘]普魯塔克著,吳奚真譯,團結出版社,2005年。

《希臘羅馬名人傳》,[古希臘]普魯塔克著,席代岳譯,吉林出版集團,2009年,pp. 1195-1268。

B

[蘇]魯金科(S. Y. Rudenko)"論中國與阿爾泰部落的古代關係",潘孟陶譯,《考古學報》1957年第2期,pp. 37-48。

[法]沙畹"宋雲行紀箋注",馮承鈞譯,《西域南海史地考證譯叢六編》,中華書局,1956年,pp. 1-68。

[法]伯希和"吐火羅語與庫車語",馮承鈞譯,[法]伯希和、烈維著《吐火

羅語考》，中華書局，1957 年，pp. 64-135。

日語文獻

榎一雄 "難兜國に就いての考"，《加藤博士還曆記念東洋史集說》，東京：富山房，1941 年，pp. 179-199。

榎一雄 "鄯善の都城の位置とその移動（1-2）"，《オリエント》8～1（1965 年），pp. 1-14；8～2（1966 年），pp. 43-80。

榎一雄 "法顯の通過した鄯善國について"，《東方學》34（1967 年），pp. 12-31。

榎一雄 "プトレマイオスに見えるイセドーネスについて"，《山本博士還曆記念東洋史論叢》，東京：山川出版社，1972 年，pp. 69-80。

藤田豐八《慧超往五天竺國傳殘卷箋證》，北京，1910 年。

藤田豐八 "大宛の貴山城と月氏の王庭"，《東西交涉史の研究・西域篇》，東京：荻原星文館，1943 年，pp. 1-43。

藤田豐八 "扜泥城と伊循城"，《東西交涉史の研究・西域篇》，東京：荻原星文館，1943 年，pp. 253-263。

藤田豐八 "西域研究・扜彌と Dandān-Uiliq"，《東西交涉史の研究・西域篇》，東京：荻原星文館，1943 年，pp. 263-273。

深田久彌《中央アジア探險史》，東京：白水社，2003 年。

船木勝馬 "北魏の西域交通に關する諸問題（その一）——宋雲惠生の西方求法の年代を中心として——"，《西日本史學》4（1950 年），pp. 46-67。

林俊雄《グリフィン——聖獸からみた文化交流——》，東京：雄山閣，2006 年。

入矢義高（譯注）《洛陽伽藍記》,《中國古典文學大系》21, 平凡社, 1985年。

桑山正進《大乘佛典・大唐西域記》, 東京都：中央公論社, 1987年。

桑山正進"バーミヤーン大佛成立にかかわるふたつの道",《東洋學報》57（1987年）, pp. 109-209。

桑山正進《カーピシー＝ガンダーラ史研究》, 京都大學人文科學研究所, 1990年。

桑山正進"トハーリスターンのエフタル・テュルクとその城邑",《カーピシー＝ガンダーラ史研究》京都大學人文科學研究所, 1990年, pp. 399-411。

松田壽男"釋氏《西域記》集注", 東京：岩井博士古稀記念事業會編《岩井博士古稀記念論文集》, 東京, 1963年, pp. 635-644。

松田壽男《古代天山の歷史地理學的研究》（增補版）, 東京：早稻田大學出版部, 1970年。

松田壽男"イラン南道論",《東西文化交流史》, 東京：雄山閣, 1975年, pp. 217-251。

水谷真成譯注《大唐西域記》,《中國古典文學大系》22, 東京：平凡社, 1975年。

森雅子"西王母の原像——中國古代神話における地母神の研究——",《史學》56～3（1986年）, pp. 61-93。

護雅夫"いわゆる'北丁零'、'西丁零'について",《瀧川博士還曆記念論文集・東洋史篇》, 東京：長野中澤印刷, 1957年, pp. 57-71。

森鹿三"《水經注》に引用せる《法顯傳》",《東方學報》1（1931年）, pp. 183-212。

森鹿三、日比野丈夫等譯注《水經注》,《中國古典文學大系》21, 東京：平凡社，1985年。

長澤和俊 "《漢書》西域傳の里數記載について"，《早稻田大學大學院文學研究科紀要》25（1979年），pp. 111-128。

長澤和俊 "法顯の入竺求法行"，《シルク・ロード史研究》，東京：國書刊行會，1979年，pp. 415-439。

長澤和俊 "いわゆる'宋雲行紀'について"，《シルク・ロード史研究》，東京：國書刊行會，1979年，pp. 459-480。

長澤和俊 "宮內廳書陵部圖書寮本《法顯傳》校注"，《シルク・ロード史研究》，東京：國書刊行會，1979年，pp. 632-676。

長澤和俊 "《水經注》卷二の西域地理"，《史觀》119（1988年），pp. 2-15。

長澤和俊 "鄯善王國の歷史地理（上）"，《早稻田大學院文學研究科紀要》37（1992年），pp. 129-143。

長澤和俊 "'宋雲行紀'の再檢討"，《史觀》130（1994年），pp. 32-46。

內藤みどり《西突厥史の研究》，東京：早稻田大學出版部，1988年。

小川琢治 "周穆王の西征"，《支那歷史地理研究續集》，東京：弘文堂，1929年，pp. 165-408。

嶋崎昌 "西域交通史上の新道と伊吾道"，《隋唐時代の東トウルキスタン研究——高昌國史研究を中心として——》，東京大學出版社，1977年，pp. 467-493。

白須淨真 "高車王・彌俄突に下した北魏・宣武帝の詔——その脫字補充に至る牛步の考と師の示教——"，"季刊東西交涉" 3～4（1984年），冬の號，pp. 47-49。

白鳥庫吉 "支那本土周圍諸民族"，《白鳥庫吉全集・塞外民族史研究（上）》

（第 4 卷），東京：岩波，1970 年，pp. 549-739。

白鳥庫吉 "亞細亞北族の辮髮"，《白鳥庫吉全集・塞外民族史研究（下）》（第 5 卷），東京：岩波，1970 年，pp. 231-301。

白鳥庫吉 "塞民族考"，《白鳥庫吉全集・西域史研究（上）》（第 6 卷），東京：岩波，1970 年，pp. 361-480。

白鳥庫吉 "西域史上の新研究・大月氏考"，《白鳥庫吉全集・西域史研究（上）》（第 6 卷），東京：岩波，1970 年，pp. 97-227。

白鳥庫吉 "プトレマイオスに見えたる葱嶺通過路に就いて"，《白鳥庫吉全集・西域史研究（下）》（第 7 卷），東京：岩波，1971 年，pp. 1-41。

白鳥庫吉 "拂菻問題の新解釋"，《白鳥庫吉全集・西域史研究（下）》（第 7 卷），東京：岩波，1971 年，pp. 403-595。

內田吟風 "蠕蠕の寄多羅月氏領バルク地方侵入について"，《東洋史研究》18～2（1959 年），pp. 23-34。

內田吟風 "後魏宋雲釋惠生西域求經記考證序說"，《塚本博士頌壽記念佛教史學論集》，京都，塚本博士頌壽記念會，1961 年，pp. 113-124。

內田吟風 "隋裴矩撰《西域圖記》遺文纂考"，《藤原弘道先生古稀記念史學佛教學論集》，內外印刷株式會社，1973 年，pp. 115-128。

內田吟風《北アジア史研究・鮮卑柔然突厥篇》，同朋舍，1988 年。

山下寅次 "セレス（Seres）及びセリカ（Serica）に就きての考"，《史學雜誌》17～4(1906 年)，pp. 1-24；17～5(1906 年)，pp. 21-45；17～6(1906 年)，pp. 50-69；17～8（1906 年），pp. 28-51；17～10（1906 年），pp. 1-22；17～11（1906 年），pp. 55-79；18～1（1907 年），pp. 26-47；18～3（1907 年），pp. 22-31；18～4（1907 年），pp. 38-49。

山本弘道"《イシドロスのパルテイア道里記》譯注",《東西文化交流史》,雄山閣,1975年,pp. 312-330。

山本弘道"古代西アジアのシルクロード——アレクサンダの道と《パルテイア道里記》,《月刊シルクロード》3～9(1977年),pp. 42-46。

山本弘道"甘英の西使と'イラン南道'",《オリエント》23～2(1981年),pp. 265-266。

山本弘道"《パルテイア道里記》の史的考察",《史滴》4(1983年),pp. 1-21。

西方文獻

Bailey, H. W. Ttaugara. *Bulletin of the School of Oriental Studies* 8 (1937): pp. 883-921.

Bailey, H. W. *Indo-Scythian Studies, being Khotanes Text*, vol. 7. Combridge, 1985.

Blockley, R. C. *The History of Menander the Guardsman, Introductory Essay, Text, Translation, and Historiographical Notes*. Published by Francis Cairns Ltd., Printed in Great Britain by Redwood Burn Lid. Trowbridge, Wiltshire, 1985.

Bostock, J. & H. T. Riley, ed. & tr., Pliny the Elder, *The Natural History*. London, 1855.

Burrow, T. *A Translation of the Kharoṣṭhī Documents from Chinese Turkestan*. London, 1940.

Grene, D. tr., Herodotus, *The History*. Chicago & London: The University of Chicago Press, 1987.

Henning, W. B. "The First Indo-Europeans in History." G. Ulmen, ed., *Society and History Essays in Honor of Karl August Wittfogel*. The Hague, Paris, New York, 1978, 215-230.

Herrmann, A. *Das Land der Seide und Tibet im Lichte der Antike*. Leipzig, 1938.

Hirth, F. *China and the Roman Orient*. Shanghai and Hongkong, 1885.

How, W. W. & Wells, J. *A Commentary on Herodotus*. vol. 1-2. With Introduction and Appendixes, Oxford, 1912.

Hudson, G. F. *Europe and China*. Boston, 1931.

Jackson, A. V. W. *Persia Past and Present*. MacMillan & Co., New York, 1906.

Jenner, W. J. F. tr., *Memories of Loyang, Yang Hsüan-chih and the Lost Capital (493-534)*. Oxford, 1981, pp. 255-271.

Jones, H. L. tr., *The Geography of Strabo, with an English translation*. 8 vols. London, 1916-1936.

Konow, S. *Kharoṣṭhī Inscriptions, with the Exception of Those of Asoka*. Calcutta, 1929.

Lerner, J. D. "Ptolemy and the Silk Road: from Baktra Basileion to Sera Metropolis". *East and West* 48 (1998): pp. 9-25.

Marquart, J. *Ērānšahr nach der Geographie des Ps. Moses Xorenaci*. Berlin, 1901.

McCrindle, J. *Ancient India, as described by Ptolemy*. Calcutta, 1927.

Melyukova, A. I. "The Scythians and Sarmatians." In D. Sinor, ed., *The Cambridge History of Early Inner Asia*, Combridge, 1990, pp. 97-117.

Melyukova, A. I. "Scythians of Southeastern Europe." In Davis-Kimball Jeannine, Vladimir A. Bashilov, Leonid T. Yablonsky, ed., *Nomads of the Eurasian*

Steeps in the Early Iron Age, Zinat Press Berkeley, CA, 1995, pp. 27-58.

Minns, E. H. *Scythians and Greeks*. Cambridge, 1913.

Oldfather, C. H. Diodorus of Sicily, *Bibliotheca Historica*. London, William Heinemann Ltd, New York, G. P. Putnam's Sons, 1933.

Petech, L. *Northern India According to the Shui-Ching-Chu*. Roma, 1950.

Pulleyblank, E. G. "The Consonantal System of Old Chinese." *Asia Major* 9 (1962): pp. 58-144, 206-265.

Rackham, H. tr., Pliny, *Natural History, with an English translation*. London, 1949.

Reichelt, H. *Die Soghdischen Handschriftenreste des Britischen Museums*, II. Heidelberg, 1931.

Robson, E. I. tr., Arrian, *Anabasis Alexandri*. London and New York, 1929.

Rolfe, J. C. tr., *Quintus Curtius*, with an English translation. London, 1956.

Samolin, W. "Historical Ethnography of the Tarim Basin before the Turks." *Palaeologia* 4 (1955): 33-40.

Schoff, W. H., ed. and tr., Isidore of Charax, *Parthian Stations*. Philadelphia, 1914.

Schoinas, I. & D. G. Koutroumpas, ed., *Archaioi hellēnes geōgraphoi* [*ekdotēs Iōannēs Schoinas; eisagōgē, metaphrasis Dēmētrios G. Koutroumpas*]. Athēnai: Nea Thesis, 1999.

Shramko, B. K. *Bel'skoe gorodische skifskoi epokhi* (*gorod Gelon*) (*Belsk Fortifield Settlement of the Scythian Epoch* [*Gelon Town*]). Kiev, 1987.

Shuckburgh, E. S. tr., Polybius, *Histories*. London, 1889.

Stein, A. *Ancient Khotan, Detailed Report of Archaeological Explorations in Chinese Turkestan*, vol. 1. Oxford, 1907.

Stein, A. *On Alexander's Track to the Indus*. London, 1929.

Stein, M. A. *Ancient Khotan: Detailed Report of Archaeological Explorations in Chinese Turkestan*, 2nd ed. New York, 1975.

Stevenson, E. L. tr. & ed., *Geography of Claudius Ptolemy*. New York, 1932.

Sulimirski, T. "The Scyths." *The Cambridge History of Iran*, vol. 2. CUP, 1985.

Tarn, W. W. *The Greek in Bactria and India*. London: Cambridge, 1951.

Tomaschek, W. "*Kritik der ältesten Nachrichten über den skythischen Norden.*" *Sitzungsberichte der Österreichischen Akademie der Wissenschaften* 166 (1888), pp.715-780.

Wang Yi-t'ung, tr., *A Record of Buddhist Monasterios in Lo-yang* by Yang Hsüan-chih. Princeton, N. J.: Princeton University Press, 1984.

Warmington, E. H. *The Commerce between the Roman Empire and India*. London, 1974.

Yule, H. *Cathay and the Way thither*, vol. 1. London, 1942.

索引

【説明】本索引收入本書出現的主要專名，按漢語拼音順序排列，數字爲本書頁碼。

A

阿鈎羌 136
阿蠻 125, 137, 221, 243
阿耨達大水 258, 263, 268, 269, 274-276, 279-282, 286
阿耨達山 256, 263, 274, 276, 279, 281, 282
安谷 137, 221
安國 108, 110, 126, 133
安息 29, 108, 123-125, 134, 137, 221, 222, 243, 244, 256, 257, 259, 260, 274, 280, 281, 315
巴連弗邑 47, 49, 50, 54, 57, 58
跋那 43, 53, 57
跋提 328, 329

白龍堆 34, 51, 263
白玉山 15
薄佉羅 89, 92, 93, 114
北道 7, 51, 55, 58, 61, 93, 94, 105, 108, 109, 111, 115-117, 124, 127, 128, 132, 134, 135, 137, 237, 245, 246, 251, 265, 316
北海 104, 133, 277, 278, 295
北河 31, 263-265, 269, 270, 272, 273, 275, 283-285, 287-300
北流河水 105, 107, 132
北婆羅門 93, 111, 114, 116, 133
北天竺 38-40, 57, 88, 114, 115, 322
賁崙城 129
波多叉拏 89, 92, 114

波路 39, 52, 71, 135, 136, 318
波淪 52, 54, 56, 58
波羅㮕城 49, 50
波斯 16, 75, 86, 108, 110, 111, 113, 123, 133, 150, 169, 170, 175, 183, 191-195, 200, 202, 203, 211, 217, 219, 240, 244, 314-316, 329, 335
波知 71, 73-75, 81, 83, 84, 87, 94, 97, 131, 132, 316-318, 343
鉢和 70, 73-75, 80, 81, 83-85, 87, 94, 97, 112, 131, 132, 313, 316-318, 343
鉢盧勒 39, 52, 71, 81, 82, 87, 94, 260, 292, 318
鉢孟（鉢盂）38, 70, 73, 85, 311, 312
鉢吐羅越 257, 260, 297
不可依山 38, 70, 311, 312
采石之山 23
蒼梧 15
曹國 108, 110, 133
曹奴之人 9, 10, 13, 14, 20
漕國 93, 111, 113-115, 133
禪善 234, 239, 240, 253
瀍水 25
長沙之山 23
長松之隥 24
長淡 23
車師 13, 111, 116, 117, 130, 134-136, 232, 233, 237, 263, 264, 266, 273
陳湯 128, 129

赤谷 128, 129, 264, 289, 300
赤嶺 63, 67, 73, 85, 95, 305
赤沙山 265, 270, 271, 275, 289
赤水 15, 20, 29, 31
赤土 256
赤烏之人 8, 10, 12, 16, 17, 20, 25
敕勒 81, 168, 315
春山 6, 20, 25, 26
仇摩置 262
醜塗之水 15
葱嶺（蔥嶺、葱領）33, 37, 38, 40, 52, 55, 56, 58, 70, 71, 80, 81, 85, 86, 91, 93, 103, 108, 109, 111, 112, 115, 125, 128, 129, 133-136, 222, 244, 255, 257-259, 261, 262, 264, 267, 268, 274, 276, 277, 280, 282, 290, 296-299, 311-313, 318, 319
葱嶺河（蔥嶺河）257, 258, 261, 262, 267, 274, 276, 278, 279, 283-285, 287, 298, 302
達嘅 50
達摩悉鬢多 92, 94, 114
大安國 110
大林 50, 89, 323
大秦 14, 29, 108, 125, 136-138, 221, 222
大頭痛山 256, 252
大宛 35, 103, 109, 111, 122-125, 127-129, 134, 135, 256, 257, 264
大夏 12, 13, 15, 16, 28, 29, 112, 113, 122-

124, 134, 136, 244, 256, 258
大雪山 80, 85, 89, 91-93, 114, 278, 313
大杆 15
大月氏（大月支）29, 84, 121-125, 134, 136, 217, 222, 244, 245, 256, 258, 264, 297
旦蘭 137
當水 18
牒羅 75, 86, 314
丁零（丁令）10, 13, 153
東離 135
東女國 115, 119
東天竺 44
董琬 125, 135
都護井 136, 273
都賴水 128
都維 45, 53, 57
杜行滿 126
敦薨之浦 266, 275, 276, 290, 302
敦薨之山 265, 271, 289
敦薨之水 265, 266, 271, 272, 275, 288-290, 294, 302
敦薨之藪 266, 271, 275, 276, 290, 302
敦薨之渚 266, 275, 276, 290, 302
敦煌（燉煌）34, 35, 51, 55, 63, 74, 85, 93, 101, 102, 104, 105, 109, 112, 115, 116, 127, 130-132, 134, 136, 238, 242, 245, 246, 255, 263, 286, 303, 304
多摩梨帝 50, 51

二邊 25
貳負之尸 7, 159
帆延 93, 111, 113, 114, 133
氾天之水 15
焚罨之山 24, 26
豐隆之葬 8
馮夷 10
佛沙伏 41, 72, 73, 86, 330
弗樓沙 42, 43, 53, 56, 57, 256, 257, 259, 260, 274, 281, 333
拂菻 105, 108, 120, 132
枹罕 55, 58
富留沙富羅 89
富樓沙 42, 73, 331
伽倍 70, 83, 112, 135, 136, 313
伽尸 49
伽耶 49
高昌 36, 54, 55, 58, 60, 61, 64, 65, 90, 93, 102, 106, 108, 109, 116-118, 129, 130, 131, 133, 134, 136, 264, 270, 304
高車 64, 65, 304, 315
高附 136
高明 125, 135
鬲昆 11, 13
狗國 9
姑墨 37, 61, 246, 249, 265, 270, 275, 279, 288, 311
姑墨水 270, 275, 279, 289
姑師 122, 124, 232, 233

骨餀 12, 15-17, 23
瓜繡之山 22
瓜州 90, 93, 102, 118
媯水 256, 259, 280, 297
鬼國 7, 159
貴霜 29, 221, 244, 314, 332
海西 54, 55, 125, 221
捍麼 52, 68, 69, 73, 83, 85, 308, 309
漢盤陀 38, 70, 73, 94, 132, 311-313, 316
呵梨 45, 53, 57
何國 108, 110, 133
和檳 125, 137, 243
河步羅龍淵 257, 260
河南國 54, 55
河首 19, 20, 25, 27
河宗之邦 19, 25
嚈噠 65, 66, 70-75, 79, 83, 93, 94, 132, 307, 313-316, 327-329
黑水 15, 20, 23
恒河（恒水）18, 44, 45, 47, 49, 50, 57, 58, 226, 278, 281
橫坑 116, 136
呼犍 37, 236, 245, 250, 311
虖沱 17, 18
狐胡 134
護密 93, 111-114, 133
華氏城 49, 54, 58
黃帝之宮 8
黃鼠之山 19

黃之山 19
渾庾 13
剖闐 10, 11, 13, 14, 21
積梨 235
積石 19, 137, 267, 273, 278, 322
積羽 7
鷄足 49
罽賓（罽賓）36, 37, 52-54, 56, 58, 65, 72, 73, 81, 86, 126, 136, 222, 255, 256, 258, 274, 280, 281, 316, 327-329
罽饒夷 44, 45, 53, 57
迦臂施 89-91, 93, 94, 114
迦舍羅（迦舍羅逝）257, 261, 262, 274, 272
迦惟羅衛（迦維羅衛）46, 53, 54, 57
鶖鳥之山 20
堅沙 12
監氏 256, 258
姜賴之虛 266, 273
交河城 111, 117, 264, 270
劫國 134
竭叉 36-38, 52, 53, 56, 58
金城 33, 34, 59, 124
金滿 116, 134
金蒲 235, 264
精絕 12, 68, 69, 135, 136, 233, 240, 249, 262, 263, 266, 268, 274, 285, 298, 299
紀尸羅 256
酒泉 238, 263, 272

拘彌 135
拘薩羅 45, 53, 57
拘睒彌 50
拘夷那竭 46, 47, 54, 57
居盧倉 136, 273
居繇 12, 15
巨蒐氏 13, 16, 17, 24
捐毒 255, 258, 259, 274, 276, 280, 281, 297
蠲山 17
郘韓氏（郘韓之人）9, 11, 13, 14, 21
康國 108, 110, 126, 133
康居 111, 122-124, 128, 129, 134, 135, 230, 264
渴羅槃陀（渴囉槃陀）89, 90, 92-94
渴槃陁（喝槃陀、盤陀）38, 70, 73, 80, 82-85, 91, 111, 112, 131, 133, 231, 282, 282
苦山 21
曠原 14, 22, 26, 161
昆侖（昆侖之丘、崑崙、崐崙）6, 8, 13, 15, 16, 20, 25, 31, 38, 56, 58, 91, 92, 94, 103, 112, 122, 128, 229, 230, 234, 236, 238, 241, 245, 257, 261, 266, 277, 279, 282
藍莫 46, 54, 57
藍市 122, 244
牢蘭海 263, 264, 269, 274, 276, 279, 283, 285, 302

雷首山 24
雷翥海 107, 257, 260, 274, 280, 281, 296, 297
梨車 46, 47
黎軒（黎軒）46, 47, 257, 261
利剎寺 262, 268
涼州 51, 54
泑水 20
流沙 7, 15, 29, 51, 54, 55, 67, 104, 129-131, 135, 273, 305, 306
嵧骨之邦 20
柳中 118, 130, 264, 270
龍城 266, 273
龍堆 116, 136, 273
樓蘭 35, 59, 111, 112, 122, 124, 136, 236, 263, 266, 269, 272, 273, 275, 286, 288, 289
盧城 257
輪臺（侖頭）127, 265, 271, 272, 275, 301, 302
羅囉 89
羅逝西山 257, 274
羅夷 43, 53, 57
驢分 137, 222
呂光 34, 85, 129-131, 139, 307
孟津 70, 313
摩竭提 47, 57, 58
摩頭羅 44, 53, 57
摩休 293

末城 67-69, 73, 85, 245, 263, 268, 276, 307-309
墨山 263, 266, 272, 275, 286, 288, 293
木鹿 125, 221, 243
穆國 108, 110, 133
那迦羅阿 87, 337, 338
那迦邏 86
那竭 40, 42, 43, 46, 47, 53, 54, 56-58, 62, 337, 338
那羅聚落 48
那毗伽 45, 53
南城 265, 270
南道 36, 52, 55, 61, 68, 93, 108, 111, 112, 114-117, 128, 133-137, 222, 244, 245, 251, 267, 268, 285, 308, 315, 316, 327
南河 19, 36, 52, 55, 68, 93, 108, 111, 112, 114-117, 128, 133-137, 222, 244, 245, 267, 268, 285, 308, 315, 316, 327
南婆羅門 115
南山 113, 122, 124, 133, 134, 229, 230, 244, 256, 257, 262, 263, 267, 276, 278, 285, 298
南天竺 57
南賢豆 89
難兜 39, 233, 255, 258, 274, 280, 297
泥海 88
蜺羅跂禘水 256, 259-261, 274, 276, 280-282
耨檀 34

盤石 17, 338
鄜人 10, 17, 18, 24
皮山 37, 38, 136, 245, 257, 262, 274, 285, 298, 299
毗舍離 47, 54, 56, 57
毗荼 43, 53, 57
鏺汗 108, 109, 133
婆妍寺 326
破洛那 125, 126
蒲昌海 112, 262, 266, 273, 275, 278, 279, 285, 288, 298, 302
蒲類 105, 106, 132, 135, 233
蒲類海 105, 106, 117, 132
蒲犁 36-39, 56, 112, 233, 244-246, 250, 257, 264, 274, 285, 298
漆澤 18
岐沙谷 257, 270, 274, 275, 288
奇沙 52, 54, 56
耆闍崛山 48
乾歸 33, 34, 55, 59
乾陀羅（乾陀、乾陀衛、揵陀囉、揵陀越、揵陀衛、犍陀衛）41-43, 53, 57, 58, 63, 65, 72, 73, 77-84, 86, 87, 89, 97, 131, 132, 256, 257, 259, 260, 274, 281, 327, 328, 329, 331, 335, 339
且末 67-69, 73, 82, 85, 98, 104, 111, 135, 233, 245, 263, 267-269, 275, 276, 279, 285-287, 298, 299, 302, 307, 308, 309
且末河 258, 263, 269, 274, 276, 279, 280,

283, 285, 286, 299
且志 136
窮髮 7
龜茲 51, 52, 54, 55, 58, 61, 62, 90, 93,
　　107-109, 116, 124, 125, 128-131, 133,
　　136, 246, 249, 263, 265, 270, 271, 275,
　　279, 288, 289, 300, 301, 307, 316, 351
龜茲東川 271, 275, 289
龜茲水 275, 279, 289
龜茲西川 270, 271, 275, 289
屈茨 57, 265, 270, 283
屈射 13
渠勒 68, 96, 136, 230, 308
渠犁 265, 266, 272, 275, 294
渠莎 136, 229, 236, 262
渠搜 13, 118, 262
犬方 9
犬封 9
犬戎 9, 18, 24
雀離大清淨寺 265
雀離浮圖 63, 72, 77, 80, 86, 331-333,
　　335, 339
群玉之山 15, 20, 21, 25
戎盧 68, 96, 136
容□氏 10, 20
蠕蠕 64, 65, 94, 95, 166, 304, 359
潺水 22
阮隃 12, 13
芮芮 55, 61, 88, 91, 94, 316

弱水 14, 29, 257
婼羌 111, 134, 136
薩罕 281
塞王 65, 256, 258
塞種 16, 29, 118, 138, 167, 223, 229, 230,
　　233, 234, 240, 248, 255, 267, 291, 354
三道之隘 25
三隴沙 116, 136, 273
僧伽施 44, 45, 53, 57, 76, 327
沙河 18, 34, 131
沙勒 54-56, 58, 70, 90, 93, 313
沙祇 45, 53, 57
沙山 265, 266, 275, 290
沙西井 136, 273
沙衍 8, 22
沙州 105, 112, 130
莎車 10, 16, 37, 133-135, 229, 236, 241,
　　244, 245, 257, 262, 264, 265, 270, 275,
　　285, 300
善持山（善特山）57, 72, 73, 319, 324
鄯善（鄯鄯）12, 28, 34-36, 51, 52, 54,
　　55, 59, 61, 67, 73, 82, 85, 98, 111, 112,
　　116, 117, 119, 125, 126, 129, 130, 133-
　　136, 139, 241, 244, 245, 248, 263, 264,
　　266, 267, 269, 270, 272, 276, 283, 285,
　　291, 293, 298, 300, 302, 306, 307, 353,
　　354, 356, 358
鄯州 89
賖彌 52, 71, 73-75, 81-84, 86, 87, 94, 97,

131, 132, 316-318, 343
舍衛 57, 58
身毒 123, 124, 319
身熱 256
滲澤 18, 24
師子 56, 57, 88, 91, 126, 260, 277, 278, 292, 295, 325
史國 126
收骨寺 323
余之人（□之人）10, 11, 12, 19, 22
疏勒 23, 55, 56, 70, 93, 107-109, 111, 125, 129, 133-135, 246, 257, 264, 270, 271, 275, 287, 288, 296, 300, 313, 316, 327
屬繇 12
豎沙 12, 15
私訶條 257, 260
思陶 137
斯賓 125, 137, 221
斯羅 221
氾復 137
蘇對沙那 108-110, 118, 133
蘇谷 23
粟弋 135
太行 18, 25, 313
太子石室 324, 325
檀特山 56-58, 81, 324, 325
滔水 23
天竺 38-40, 44, 54, 56-58, 79, 81, 86, 88,

114-116, 118, 120, 136, 257, 260, 319, 322
闐池 128, 129
條枝（條支）14, 29, 108, 123-125, 222, 224, 257, 261, 281, 284, 296-298, 301
鐵關谷 266, 272, 275, 290
鐵勒 105-107, 117, 132, 167, 168, 296
鐵門 93, 114, 129, 290
鐵山 21, 264
突厥 88, 91, 103, 105-108, 113, 132, 296, 306
突厥可汗庭 105, 107, 108, 132
吐谷渾（吐渾）55, 61, 64, 65, 67, 73, 85, 89, 93, 94, 96, 103, 104, 111, 238, 304-307, 341
吐火羅 71, 93, 111, 113, 114, 125, 133, 314, 315, 317
陀歷 39, 40, 43, 52, 53, 56, 58, 94
陀羅寺 322
王舍城 48, 126
王舍新城 48
危須 266, 271, 276, 302
韋節 126
尉犁 129, 232, 266, 271, 272, 275, 302
尉頭 134, 232, 246
溫谷樂都 19
溫山 22
溫宿 128, 129, 229, 233, 240, 241, 246, 249, 264, 270, 275, 287, 288, 300

文山 23, 24, 26
烏場（烏萇、烏塲）39, 40, 43, 52-54, 56-58, 65, 66, 71-73, 75, 77, 79-81, 83, 84, 86-88, 90, 91, 94, 131, 132, 312, 317-322, 324, 325, 327, 328, 339
烏帝 262, 267
烏揭 11, 13, 14
烏壘 229, 246, 263, 265, 266, 271, 272, 275
烏耆 90, 93
烏孫 107, 122-126, 128, 129, 134, 155, 158, 229, 230, 264, 265, 289, 296, 300
烏貪訾離 134, 248
烏夷 264, 267, 268, 270, 283
烏弋山離 37, 222, 261
無達 15
無雷 233, 245, 257, 258, 262, 274, 292
無夷 10, 17, 18
五船 116, 136
五河合口 47, 57
五山 48
戉□之山 22
西域 34, 245, 262, 267
西海 29, 55, 58, 85, 93, 101, 104-106, 108, 110, 111, 115, 132, 133, 256, 257, 261, 266, 271, 274, 277, 280, 281, 297, 298
西海郡 55, 58
西王母 11, 14, 15, 21, 22, 23, 25, 28, 29, 161, 257
西王母之邦 21, 25
西王母之山 14, 22
西夏 12, 13, 15-17, 19, 25
西夜 245, 257, 311
醯羅 42, 43, 53, 57, 323, 337
孅犁 10
賢督 137
獫狁 9
縣度 39, 94, 136, 258, 318
獻水 22
襄山 20, 25
小安國 108, 110, 133
小孤石山 47, 48
小頭痛山 262
小宛 136, 230
小雪山 43
小月氏 83, 256, 332
辛頭大河（辛頭河）52, 53, 56, 72, 278, 329
新頭河 39, 43, 277, 281
新頭那提 56
薪犁 10, 13
鈃山 17, 18, 25
匈奴 9-11, 13, 105, 116, 117, 121-124, 128, 153, 159, 230, 256, 258, 264, 265
休密 112, 139, 244, 245
休循 255, 258, 274, 280, 297
宿呵多 41, 43, 53, 73, 259, 336

玄池 21

雪山 52, 53, 55, 56, 88, 89, 91, 92, 114, 277, 313

循鮮 256

焉居 9, 16, 17, 18

焉耆 36, 52, 55, 59-61, 106-109, 129-131, 133-135, 139, 229, 233, 240, 241, 246, 263, 265, 266, 268, 270, 271, 275, 276, 290, 296, 302, 307, 316

焉夷 36

崦嵫 14, 22

延城 265, 271

鹽水 127

鹽澤 102, 124, 267, 273, 278, 279, 302

奄蔡 111, 123, 124, 134, 135

弇山 14, 22

厭怛（厭達）83, 84, 89, 92-94, 326

燕然之山 18, 19, 24

燕支山 104

洋水 9, 15, 20

陽關 35, 39, 51, 54, 111, 116, 133, 134, 242, 262, 263, 265, 267, 273

陽紆之山 18, 25, 26

楊宣 129

養樓山 34

遙捕那河 44

遙奴水 281

業波 81, 82, 86, 327, 328

嚈噠 61, 64, 65, 70, 71, 75, 80-87, 91, 98, 99, 119, 132, 138, 304,314, 316-318, 342, 343, 354

一目 7, 159, 167, 168

伊吾 23, 25, 55, 90, 93, 104-106, 116-118, 130-132, 134, 135, 139, 358

伊循 35, 111, 119, 234, 238, 241, 245, 263, 293, 354

依耐 232, 257, 262, 274, 285, 298

挹怛（挹闐）126

挹怛 93, 111, 113, 114, 126, 133

豨子之澤 22

泑澤 266, 267, 271-275, 279, 288

扜泥 35, 36, 126, 245, 263, 269

於麾 37, 38, 53

于羅 125, 137, 221

于闐（于寘、于寅）28, 36-38, 51-55, 57, 61, 69, 73, 75, 77, 80, 82, 85, 86, 89, 93, 94, 98, 103, 111, 112, 115, 116, 122-124, 129, 133, 136, 236, 245, 248, 249, 256, 257, 259, 262, 263, 265, 267-269, 274, 276, 278, 280, 281, 283-286, 292, 298, 299, 308-311, 314-316, 328, 335, 351, 354

于闐河 257, 258, 261, 262, 267, 268, 274, 276, 278, 279, 283-287, 297-299, 302

扜彌（扜冞、扜彌）52, 122-124, 128, 136, 245

禺知 9, 12, 15-18

隃之關隥 18

羽陵 21
玉門 111, 116, 130, 133-135, 265, 267, 273
玉門關 104, 116, 136, 273
郁成 127, 128
閼胡氏 11, 13, 22
員渠 229, 240, 241, 246, 266, 271
月氏 9, 27, 29, 56-58, 61, 62, 95, 122, 139, 256, 258, 264, 274, 280
贊摩寺 268, 310, 311
澡澤 24
澤散 137
吒迦 89
翟道 25
瞻波大國 50
張騫 39, 52, 121-126, 128, 257, 261, 267, 277
張掖 19, 25, 34, 101, 133, 272
漳水 17
遮拘迦 93, 94
遮留谷 129
者舌 125, 126, 136
智氏之夫 22
智之□ 18
中道 108, 110, 111, 115, 116, 133, 136
中天竺 40, 44, 57, 58
重趧氏 12, 13, 16, 17, 23
朱駒波（朱俱波、朱居）69, 73, 80-82, 84, 85, 91, 111, 112, 131-133, 311, 316, 328
珠余氏 11, 19, 20, 25
珠澤 20, 25
竹園寺 88
竺刹尸羅 42, 43, 57, 72, 259, 329
注濱河 263, 269, 272, 276, 279, 286, 289, 300
濁繇氏 12, 15, 23
髭之隥 24
子合 36-39, 53, 112, 119, 236, 245, 250, 257, 298, 311
宗周 25, 26
左末 67-69, 73, 82, 307, 308
豰𪏲之谷 24
𦜘多之汭 24
㮺溲 13, 24
欋瑞 24

B
阿波羅尼阿提斯（Apolloniatis）208
阿柏拉（Arbela）175
阿部剌斯（Aburas）204, 205
阿德剌帕那（Adrapana）210
阿德雷斯太（Adraistae）180
阿耳忒彌斯（Artemis）203, 204, 210
阿爾吉派歐伊（Argippaei）152, 153, 155, 158, 163
阿爾蘭（Allan）204
阿爾諾斯（Aornos）177, 179, 194, 196

阿爾塔考安（Artacauan）215, 216
阿卡安（Achaean）170, 187
阿拉比亞斯河（Arabius）182, 198
阿拉達斯（Aradus）173, 190
阿拉格瑪（Alagma）201
阿拉克賽斯（Araxes）155, 158
阿拉科提亞人（Arachotians）176, 182
阿剌科圖斯（Arachotus）218, 220
阿剌科西亞（Arachosia）218, 221
阿拉佐涅斯（Alazones）143-145
阿萊安（Aleian）172, 190
阿里瑪斯波伊（Arimaspians）7, 157, 159, 160, 162
阿里亞（Aria）215, 216, 220-222
阿里伊（Arii）215, 216
阿利斯鐵阿斯（Aristeas）157-159, 167
阿蒙（Ammon）174, 191
阿那特（Anatho）206
阿瑙翁（Anauon）216, 220
阿帕米亞（Apamia）199, 200, 212
阿泡阿爾克提刻那（Apauarcticena）214
阿珀巴塔那（Apobatane）210, 211, 220
阿瑞阿斯皮亞人（Ariaspians）176, 194
阿瑞伽亞斯（Arigaeus）178, 196
阿瑞斯比（Arisbe）170, 187
阿瑞亞（Areia）176, 193, 194
阿薩阿克（Asaac）213, 220
阿薩西尼亞（Assacenians）178, 179, 196

阿塞西尼斯河（Acesines）180-182, 197
阿斯伽尼亞（Ascania）171, 189
阿斯帕西亞（Aspasians）178, 195
阿斯潘達斯（Aspendus[Aspendos]）171, 188
阿斯陶厄那（Astauena）213
阿塔耳伽提斯（Atargatis）207
阿塔考那（Artacoana）177, 194
阿圖瑞亞（Aturia）175, 191
阿西克（Asich）205
阿伊波利斯（Aipolis）207
埃博利馬（Embolima）179, 196
埃菲薩斯（Ephesus）170, 188
埃克巴塔那（Ecbatana）175, 184, 192
埃克撒姆派歐斯（Exampaeus）144, 145
埃拉亞斯河（Eulaeus）183, 184, 198
埃雷昂（Elaeon）170, 187
埃烏波亞（Euboea）162
安達卡（Andaca）178, 195
安多羅斯（Andoros）162
安洽拉斯（Anchialus）172, 189
安塞拉（Ancyra）172, 189
安忒穆西阿斯（Anthemusias）200, 201
安提俄喀亞（Antiochia）215, 220, 221
安提黎巴嫩（Antilibanus）173, 191
安條克（Antioch）200, 204, 222
昂多羅帕哥伊（Androphagi）146-148
奧克蘇斯河（Oxus）177, 178, 194

巴比侖（Babylon）174, 175, 184, 191, 204, 211

巴比倫［尼亞］（Babylonia）199, 207

巴爾達（Barda）217

巴濟拉（Bazira）179, 196

巴克特拉（Bactra）177, 194

巴克特里亞（Bactria）29, 176-178, 193, 194, 217

巴利卡（Balicha）202

巴普塔那（Baptana）209, 210, 220

巴塔那（Batana）175, 184, 192, 200, 201, 210, 211, 220

巴最格匝班（Bazigraban）210

柏俄那恩（Beonan）204

柏勒西・比布拉達（Belesi Biblada）206

柏路西亞（Pelusium）174, 191

柏薩斯（Bessus）176, 177

柏塞卡那（Besechana）207

保拉（Pura）183, 198

包律斯鐵涅司（Borysthenites）143-147, 163

比布拉斯（Byblus）173, 191

比勒卡（Bilecha）201

比斯（Bis）216

比宇特（Biyt）218

波拉科帕斯河（Pallacopas）184

波斯波利斯城（Persepolis）175, 192

波斯關口（Persian Gates）175, 192

布迪諾伊（Budinoi）149, 150, 163, 165, 168

布西發拉（Bucephalas）180, 197

達馬伽薩斯（Magarsus）172

德拉普薩卡（Drapsaca）177, 194

德蘭癸亞那人（Drangians）176

德墨特里亞斯（Demetrias）218

狄羅斯（Delians）162

狄爾塔（Dyrta）179, 196

底格里斯（Tigris）137, 174, 175, 184, 192, 198-200, 204, 207, 219

杜拉斯（Tyras）144-146, 156,

杜剌・尼卡諾里斯（Dura Nicanoris）205

杜撒該塔伊（Tyssagetae）150, 151, 163

多鐸那（Dodona）162

法耳薩那（Pharsana）218

法剌（Phra）216, 220

法利伽（Phaliga）204

發西利斯來（Phaselis）171

腓尼基（Phoenicia）11, 173, 174, 190

福瑞吉亞（Phrygia）171, 172, 188, 189

伽德羅西亞（Gadrosians）183, 194

伽德羅西亞人（Gadrosians）176

伽拉巴塔（Galabatha）202

伽拉提亞（Galatia）172, 189

伽里（Gari）216

伽塔爾（Gathar）214

高地亞（Gordium）172, 189, 191

高地亞（Gordyaean）175
高伽米拉（Gaugamela）175, 191
高加索山（Caucasus）177, 178, 194
蓋羅司（Gerrhus）147, 148
蓋洛諾斯（Gelonus）150, 163, 165, 168
格拉尼卡斯（Granicus）170, 187
格勞塞（Glausae / Glauganicae）180, 197
格里芬（griffins）11, 28, 157, 159-161, 168
古拉亞（Guraeans）178, 179, 195
古拉亞斯河（Guraeus）179, 196
癸丹（Giddan）206
哈利卡納薩斯（Halicarnassus）170, 188, 189
哈利斯（Halys）172
海帕納（Hyparna）171, 188
赫爾卡尼亞（Hyrcania）213, 221
赫卡尼亞（Hyrcania）176, 193
赫勒斯滂（Hellespont）169, 186, 187
赫利歐坡利斯（Heliopolis）174, 191
赫馬斯（Hermus）170, 187
赫摩托斯（Hermotos）170
黑海（Black Sea）6, 143, 148, 151, 157, 158, 163, 164, 187, 189, 193, 298
加沙（Gaza）173, 174, 191
卡拉（Chala）208, 209, 219
卡拉薩爾（Chalasar）208
卡剌克斯（Charax）199, 211, 220

卡剌克斯・西帕西努（Charax-Spasinu）200, 219
卡里那（Carina）209
卡里披達伊（Callippidae）143, 144
卡羅涅提斯（Chalonitis）208
卡律司托斯（Carystus）162
卡曼尼亞（Carmania）182, 183, 198
卡謨巴德涅（Cambadene）209, 220
卡帕多西亞（Cappadocia）172, 189
卡瑞亞（Caria）170, 188
卡薩亞人（Cathaeans）180, 197
卡斯比亞（Caspius）211, 212
卡斯比亞諸門（Caspian Gates）211, 212, 220
卡烏斯特洛比歐斯（Caÿstrobius）157
坎達克（Candac）215, 216
坎諾巴斯（Canobus）174, 191
科阿瑞那（Choarena）212
科芬河（Cophen）178, 179, 195
科剌厄亞（Coraea）200, 201
科洛科亞（Chorochoa）218
科洛克（Coroc）217
科羅內（Colonae）170, 187
科彌塞那（Comisena）212, 213
科謨彌西謨柏拉（Commisimbela）201
科瑞尼斯山（Chorienes）178, 195
科薩亞人（Cossaeans）184, 198
科斯河（Choes）178, 195
克伽扎（Gaza）177

克列姆諾伊（Cremnoi）147, 148
孔科巴耳（Concobar）210, 220
枯謨巴那（Chumbana）202
拉伽（Rhagae）175, 192
剌伽（Rhaga）211, 220
剌高（Ragau）214
剌癸阿那·米底亞（Rhagiana Media）201, 211
拉木巴西亞（Rambacia）183
萊卡斯（Lycus）175, 192
蘭普薩卡斯（Lampsacus）170, 187
裏海關口（Caspian gates）175, 193
利比亞（Libya）174, 184, 191
利夏（Lycia）171, 188
呂科斯（Lycus）150
馬地亞（Mardians）176, 193
馬爾癸亞那（Margiana）215, 220, 221
馬拉坎達（Maracanda）177, 178, 194
馬拉薩斯（Marathus）173, 190
馬拉斯（Mallus）172, 173, 190
瑪里阿科斯灣（Melian Gulf = Maliakos Gulf）162
馬利亞人（Mallians）181, 182, 197
馬瑞提斯（Mareotis）174, 191
馬瑞亞姆（Mariamne）173, 190
瑪薩革泰（Massagetae）155, 158
馬薩伽（Massaga）179, 196
麥奧塔伊（Maeetian）147-151
曼努俄耳哈·奧宇瑞特（Mannuorrha Auyreth）201
美地亞（Medes）157
美蘭克拉伊諾伊族（Melanchlaini）148
美索不達米亞（Mesopotamia）174, 191, 199-201, 203, 205, 207, 210, 220, 221
孟菲斯（Memphis）174, 191
米底亞（Media）201, 209-211, 220, 221
米地亞（Media）175, 192
米萊塔斯（Miletus）170, 188
米里安德拉斯（Myriandrus）173, 190
米利亞（Milyan）171, 188
明（Min）217
明達斯城（Myndus）170
墨得斯（Medes）208
墨耳哈（Merrha）205
穆西卡那斯人（Musicanus）182
那巴伽特（Nabagath）204, 205
那耳馬伊坎（Narmaichan）207
奈薩（Nysa）179, 184, 196
尼卡亞（Nicanor）179, 195
尼刻福里烏謨（Nicephorium）202
尼薩厄亞（Nisaea）214
尼亞（Nia）216
涅阿波利斯（Neapolis）207
涅烏里司（Neuri）144-146
諾塔卡（Nautaca）178, 195
歐阿洛司（Oarus）150, 151
歐爾比亞（Olbiopolis）146

歐克西德拉卡人（Oxydracae）181, 182, 197
歐克西卡那斯（Oxycanus）182, 198
歐拉（Ora）179, 196
歐洛浦斯（Europus）205
歐皮斯城（Opis）184, 198
歐瑞坦（Oreitans）部族 182, 183, 198
帕爾堤厄那（Parthyena）214
帕爾陶尼薩（Parthaunisa）214, 220
帕夫拉高尼亞人（Paphlagonians）172
帕拉肯提（Palacenti）217
帕拉帕米薩德（Paropamisadae）178
帕拉托尼亞（Paraetonium）174, 191
帕剌厄塔刻那（Paraetacena）217, 218
帕任（Parin）217
帕瑞塔卡（Paraetacae）175, 178, 192, 195
帕薩伽代城（Pasargadae）183, 198
帕塔拉（Patara）171, 182, 188, 198
帕西底格里斯河（Pasitigris）175, 192
帕西亞（Parthyaeans）175, 176, 178, 192, 195
潘菲利亞（Pamphylia）171, 188
龐提卡佩司（Panticapes）146—148
皮拉馬斯（Pyramus）172, 190
品那拉斯（Pinarus）173, 190
品納拉（Pinara）171
品普拉馬（Pimprama）180, 197
坡伽（Perga）171, 188

坡考特（Porcote）170, 187
坡利提米塔斯河（Polytimetus）195
普拉克提亞斯（Practius）170, 187
普洛孔涅索斯（Proconnesus）157
普瑞帕斯（Priapus）170, 187
樸西勞提斯（Peucelaotis）178, 179, 195, 196
奇姆美利亞（Cimmerians）155-158
撒烏羅瑪泰伊（Sauromatians）149, 150, 163, 168
薩地斯（Sardis）170, 171, 187
薩佛里（Saphri）214
薩伽拉薩斯（Sagalassus）171, 189
薩普薩卡斯（Thapsacus）174, 191
塞德（Side[Sidē]）171, 189
塞貢（Sigon）173, 190
塞卡斯坦（Sacastana）217
塞拉那（Celaenae）172, 189
塞利亞（Syllium）171, 189
塞琉西亞（Seleucia）204, 207, 208, 219, 220
塞彌剌彌斯（Semiramis）203, 209, 210, 220
塞斯塔斯（Sestus）169, 186, 187
塞斯坦（Sakāstān）220-222
散巴斯（Sambus）182
桑加拉（Sangala）180, 197
斯基泰（Scythains）6, 7, 143-153, 155-165, 167, 168, 177, 178, 206, 217, 226,

228, 231, 235, 240
蘇薩（Susa）175, 183, 192
蘇西亞（Susia）176, 183, 194
索格底亞那（Sogdiana）122, 177, 178, 194, 195, 197, 227, 235, 314
索利（Soli）172, 189
索培西斯（Sopeithes）181, 197
索契（Sochi）173, 190
塔納伊司（Tanaïs）147-151
塔內河（Tanais）177, 195
塔普瑞亞（Tapurian）176, 193
塔薩斯城（Tarsus）172, 189
太克西拉（Taxila）179
泰米薩斯 171
陶利卡（Tauric）147, 148
提爾（Tyre）173, 174, 191, 202
提爾拉達·彌耳哈達（Thillada Mirrhada）202
提拉部斯島（Thilabus）206, 207
鐵諾斯（Tenos）162
西德那斯（Cydnus）172, 189
西頓（Sidon）173, 191
西爾吉司（Syrgis）150
西伽爾（Sigal）217
西拉（Silla）208, 219
西拉塔（Cilluta）182
西里西亞關口（Cilician Gates）172
西羅波利斯（Cyropolis）177, 195
西洛克（Siroc）214
西諾佩（Sinope）156

希達斯皮斯河（Hydaspes）179-181, 196, 197
希德拉歐提斯河（Hydraotes）180-182, 197
希發西斯河（Hyphasis）180, 197
下利夏（Lower Lycia）171
下敘利亞（Lowland Syria）173
辛地馬那（Sindimana）182, 198
敘爾吉司（Hyrgis）149, 151
敘萊亞（Hylae）146-148
敘帕尼司（Hypanis）144-146
敘佩爾波列亞（Hyperboreans）157, 161
亞得里亞海（Adriatic）162, 163
雅克薩提斯（Jaxartes）177
亞歷山大港（Alexanderia）174
亞歷山大［里亞］（Alexandria）137, 215-218, 220
亞歷山大洛波利斯（Alexandropolis）217, 218, 220, 221
亞美尼亞（Armenian）173, 174, 210, 211
亞美尼亞關口（Amanian Gates）173
亞述（Assyrian）173, 191
伊阿拉（Daeara）199, 200
伊克那厄（Ichnae）201, 202
伊利亞城（Ilium）170, 187
伊薩斯（Issus）173, 190
伊賽多涅斯（Issedones）7, 154, 155, 157-161

伊贊（Ἴζαν-νησουολις）207
攸阿斯普拉（Euaspla）178, 195
幼發拉底（Euphrates）137, 174, 184, 191, 199, 200, 202-207, 219, 222, 225, 242
攸克西亞人（Uxians）175, 192
玉爾卡依（Iyrcae）151, 163
匝格儒斯（Zagrus）208, 209, 219
匝然癸亞那（Zarangiana）217, 220
贊薩斯（Xanthus）171, 188
澤雷亞（Zeleia）170, 187
扎德拉卡塔（Zadracarta）176, 193
扎蘭伽亞（Zarangaeans）176, 182, 194
扎瑞亞斯帕（Zariaspa）178, 195
宙格瑪（Zeugma）199, 200, 207, 219-222

C
Abdera 186
Abii 235
Abragana 237, 239, 241, 245, 251
Achassa 235, 236, 241, 245
Annibi 227, 229, 232, 233, 237
Anthropophagi 232
Antioch Margiana 243
Antioch 204, 221, 243
Argippaei 11, 152, 153
Aria 215, 243
Ascatancas 227
Asii 9, 13, 16, 17, 155, 229, 233, 235, 240

Asmiraea 232, 233, 237, 241
Asmiraei 227, 230, 231, 233, 237
Aspacarea 237-239, 241, 245, 246
Assyria 173, 191, 242
Auzacia 240, 241, 246
Auzaciis 228-231, 235, 240
Auzacios 232, 233, 237
Auzacis 227-229, 233, 235
Auzacitis 235, 240, 246
Bactria 176, 243, 244, 250
Batae 232, 234, 239
Bautisus 230, 231, 234
Casii 228, 229, 231, 235
Casius 227-232, 234-236, 238, 239
Caspian Gates 175, 211, 220, 242, 243
Chaurana 235, 236, 240, 241, 249, 251
Chersonese 186
Comedon 243, 244, 250
Damna 237, 241, 246
Damnae 232, 233, 237
Daxata 237, 239, 242, 245, 249
Drosache 237, 238, 241, 245
Ecbatana 125, 137, 175, 210, 211, 221, 242, 243
Emodi 227-230, 232, 234, 239
Emodus 228-231, 235, 236, 241
Garamantes 242
Garinaei 232, 233
Gasiani 9, 12, 16, 17, 58, 229, 236, 262
Hebrus 186

Hechatompilum 242, 243
Hemodi 229
Hemodus 229
Hieropolis 242
Hyrcania 176, 194, 213, 243
Imaus 225-228, 231, 235, 236, 239, 241
Issedon Scythia 240, 241, 246, 249
Issedon Serica 237, 238, 241, 245
Issedones 7, 154, 155, 167, 232, 234, 238, 240
Jaxartes 177, 195, 227
Maroneia 186
Media 175, 209, 211, 242
Melas 186
Mesopotamia 174, 199, 207, 242
Oechardae 231-233
Oechardes 230-233, 237
Orosana 237, 239, 241, 251
Ottorocora 237, 239, 241
Ottorocorae 230, 232, 234,235, 239, 248
Ottorocoras 227, 230, 231, 239
Palliana 237-239, 241, 245
Pangaeum 186
Parthia 242, 244
Philippi 186
Pialae 232-234, 237
Piale 237, 241, 246
Rhabbanae 232, 233
Sacae 217, 218, 226, 227, 240

Sacara 227
Sacaraucae 12
Sacarauli 10, 16, 17, 229
Sakā Rawaka 12, 16
Sakā 9, 10, 12, 13, 16, 240, 241
Scythia 225-228, 235, 236, 240, 241
Scythian Abii 235
Scythian Chauranaei 235, 236, 241
Scythian Hippophagi 235
Sera metropolis 237, 239, 242, 251
Serica 225-239, 241, 242, 244, 245, 247, 249
Serici 227, 229, 232, 234, 239
Sestos 186
Sinis 226
Sizyges 232, 233, 237
Solana 237, 239, 241, 251
Sotta 240, 241
Stone Tower 243
Sugda 12
Thaguri 230, 232, 234, 239
Thagurus 227, 230, 239
Thogara 237, 239, 241, 245, 251
Throana 237-239, 242, 245, 246
Throani 232, 234, 238, 239
Thule 225
Tigris 174, 199, 242
Tochari 12, 16, 17, 29, 230, 234
Zadracarta 176, 243

後記

本書和已出版的《兩漢魏晉南北朝正史西域傳要注》（中華書局，2005年），均屬於中國社會科學院外事局主持的科研項目《古代中國和地中海》，得到科學院資助，此誌。

寫作過程中，曾先後得到陳高華、陳凌、藍琪、李錦繡、萬翔、張緒山、周偉洲諸位先生的指點和幫助，特此鳴謝。

余太山
2007年10月

再版後記

這次重印校對了引文，糾正了一些錯誤。

本書初版於 2009 年，茲蒙原出版單位上海人民出版社許可重印，特此鳴謝。

余太山

2011 年 11 月 30 日

余太山主要出版物目錄

一 專著

1 《嚈噠史研究》，齊魯書社，1986年。

2 《塞種史研究》，中國社會科學出版社，1992年。

3 《兩漢魏晉南北朝與西域關係史研究》，中國社會科學出版社，1995年。

4 《古族新考》，中華書局，2000年。

5 《兩漢魏晉南北朝正史西域傳研究》，中華書局，2003年。

6 《兩漢魏晉南北朝正史西域傳要注》，中華書局，2005年。

7 《早期絲綢之路文獻研究》，上海人民出版社，2009年。

二 論文

1 《魏書·嚈噠傳》考釋，《文史》第20輯（1983年），pp. 258-263。

2 《魏書·粟特國傳》辨考，《文史》第21輯（1983年），pp. 57-70。

3 嚈噠史研究中的若干問題,《中亞學刊》第 1 輯（1983 年）, 中華書局, pp. 91-115。

4 《魏書・小月氏、大月氏傳史實辨考》,《學習與思考（中國社會科學研究生院學報）》1984 年第 3 期, pp. 64-69。

5 關於頭羅曼和摩醯邏矩羅,《南亞研究》1984 年第 3 期, pp. 9-15。

6 嚈噠史二題,《中華文史論叢》1985 年第 2 期, pp. 189-204。

7 關於嚈噠的覆亡,《西北史地》1985 年第 4 期, pp. 38-43。

8 柔然與西域關係述考,《新疆社會科學》1985 年第 4 期, pp. 67-77, 80-81。

9 柔然、阿瓦爾同族論質疑——兼說阿瓦爾即悅般,《文史》第 24 輯（1985 年）, pp. 97-113。

10 條支、黎軒、大秦和有關的西域地理,《中國史研究》1985 年第 2 期, pp. 57-74。

11 關於董琬、高明西使的若干問題,《文史》第 27 輯（1986 年）, pp. 31-46。

12 馬雍《西域史地文物叢考》編後,《新疆社會科學》1986 年第 4 期, pp. 124-126。

13 嚈噠的族名、族源和族屬,《文史》第 28 輯（1987 年）, pp. 109-125。

14 《太伯里史》所載嚈噠史料箋證（宋峴漢譯）,《中亞學刊》第 2 輯（1987 年）, 中華書局, pp. 51-64。

15 烏孫考,《西北史地》1988 年第 1 期, pp. 30-37。

16 奄蔡、阿蘭考,《西北民族研究》1988 年第 1 期, pp. 102-110, 114。

17 《漢書・西域傳》所見塞種,《新疆社會科學》1989 年第 1 期, pp. 67-78。

18 匈奴、鮮卑與西域關係述考,《西北民族研究》1989 年第 1 期, pp. 153-171。

19 大夏和大月氏綜考,《中亞學刊》第 3 輯（1990 年）, 中華書局, pp. 17-46。

20 匈奴、Huns 同族論質疑,《文史》第 33 輯（1990 年）, pp. 57-73。
21 Who were Toramana and Mihirakula? Asia-Pacific Studies 1990, pp. 95-108.
22 塞種考,《西域研究》1991 年第 1 期, pp. 19-33。
23 大宛和康居綜考,《西北民族研究》1991 年第 1 期, pp. 17-45。
24 關於鄯善都城的位置,《西北史地》1991 年第 2 期, pp. 9-16。
25 安息與烏弋山離考,《敦煌學輯刊》1991 年第 2 期, pp. 82-90。
26 罽賓考,《西域研究》1992 年第 1 期, pp. 46-61。
27 關於 Huns 族源的臆測,《文史》第 34 期（1992 年）, pp. 286-288。
28 張騫西使新考,《西域研究》1993 年第 1 期, pp. 40-46。
29 東漢與西域關係述考,《西北民族研究》1993 年第 2 期, pp. 19-39。
30 西漢與西域關係述考,《西北民族研究》1994 年第 1 期, pp. 9-24；第 2 期, pp. 125-150。
31 兩漢西域戊己校尉考,《史林》1994 年第 1 期, pp. 8-11, 7。
32 貴霜的族名、族源和族屬,《文史》第 38 輯（1994 年）, pp. 18-28。
33 漢魏通西域路線及其變遷,《西域研究》1994 年第 1 期, pp. 14-20。
34 前秦、後涼與西域關係述考,《中國邊疆史地研究》1994 年第 4 期, pp. 68-73。
35 西涼、北涼與西域關係述考,《西北史地》1994 年第 3 期, pp. 1-5。
36 第一貴霜考,《中亞學刊》第 4 輯（1995 年）, 北京大學出版社, pp. 73-96。
37 新疆出土文書劄記：I. 吐魯番出土文書所見"緣禾"、"建平"年號, II. 關於"李柏文書",《西域研究》1995 年第 1 期, pp. 77-81。
38 前涼與西域關係述考,《中國史研究》1995 年第 2 期, pp. 139-144。
39 兩漢西域都護考,《學術集林》卷五, 上海遠東出版社, 1995 年, pp. 214-242。
40 兩漢魏晉南北朝時期西域的綠洲大國稱霸現象,《西北史地》1995 年第 4

期，pp. 1-7。

41 《榎一雄著作集》第 1—3 卷《中亞史》（書評），《敦煌吐魯番研究》第一卷（1995 年），北京大學出版社，1996 年，pp. 381-389。

42 南北朝與西域關係述考，《西北民族研究》1996 年第 1 期，pp. 1-32。

43 《後漢書·西域傳》與《魏略·西戎傳》的關係，《西域研究》1996 年第 3 期，pp. 47-51。

44 說大夏的遷徙——兼考允姓之戎，《夏文化研究論集》，中華書局，1996 年，pp. 176-196。

45 《魏書·西域傳》原文考，《學術集林》卷八，上海遠東出版社，1996 年，pp. 210-236。

46 允姓之戎考——兼說大夏的西徙，《中國國際漢學研討會論文集》，中國社會科學出版社，1996 年，pp. 673-711。

47 關於兩漢魏晉南北朝正史"西域傳"的體例，《西北師大學報》1997 年第 1 期，pp. 17-22，92。

48 兩漢魏晉南北朝時期西域南北道綠洲諸國的"兩屬"現象——兼說貴霜史的一個問題，《中國邊疆史地研究》1997 年第 2 期，pp. 1-5。

49 《史記·大宛列傳》與《漢書·張騫李廣利傳、西域傳》的關係，《學術集林》卷一一，上海遠東出版社，1997 年，pp. 162-179。

50 曹魏、西晉與西域關係述考，《文史》第 43 輯（1997 年），pp. 61-71。

51 有虞氏的遷徙——兼說陶唐氏的若干問題，《炎黃文化研究（炎黃春秋增刊）》第 4 期（1997 年），炎黃春秋雜誌社，pp. 52-59，67；第 5 期（1998 年），pp. 62-66，75。

52 兩漢魏晉南北朝正史"西域傳"所見西域族名、國名、王治名，《慶祝楊向奎先生教研六十年論文集》，河北教育出版社，1998 年，pp. 238-251。

53 《梁書·西北諸戎傳》與《梁職貢圖》，《燕京學報》新 5 期，北京大學出版社，1998 年，pp. 93-123。

54 昆吾考，《中華文史論叢》第 58 輯（1999 年），上海古籍出版社，pp. 245-257。

55 評斯坦因《西域考古圖記》漢譯本，中華人民共和國新聞出版署主辦《中國出版》1999 年第 4 期，中心插頁（廣西師範大學出版社隆重推出《西域考古圖記》5 卷，原著：[英] 奧雷爾·斯坦因，翻譯：中國社會科學院考古研究所主持）。

56 兩漢魏晉南北朝正史西域傳的里數，《文史》第 47 輯（1999 年第 2 期），pp. 31-48；第 48 輯（1999 年第 3 期），pp. 129-141。

57 讀蔡鴻生《唐代九姓胡與突厥文化》，《書品》1999 年第 4 期，pp. 29-34。

58 關於甘英西使，《國際漢學》第 3 輯，大象出版社，1999 年，pp. 257-263。

59 犬方、鬼方、舌方與獫狁、匈奴同源說，《歐亞學刊》第 1 輯，中華書局，1999 年，pp. 7-28。

60 中國史籍關於希瓦和布哈拉的早期記載，《九州》第 2 輯，商務印書館，1999 年，pp. 157-160。

61 荀悅《漢紀》所見西域資料輯錄與考釋，《中亞學刊》第 5 輯，新疆人民出版社，2000 年，pp. 216-238。

62 馬雍遺作目錄，《中國史研究動態》2000 年第 3 期，pp. 26-29。

63 樓蘭、鄯善、精絕等的名義——兼說玄奘自于闐東歸路線，《西域研究》2000 年第 2 期，pp. 32-37。

64 義渠考，《文史》第 50 輯（2000 年第 1 期），pp. 153-158。

65 漢晉正史"西域傳"所見西域諸國的地望，《歐亞學刊》第 2 輯，中華書局，

2000 年，pp. 37-72。

66 嚈噠史若干問題的再研究，《中國社會科學院歷史研究所學刊》第 1 集，社會科學文獻出版社，2001 年，pp. 180-210。

67 讀華濤《西域歷史研究（八至十世紀）》，《書品》2001 年第 4 期，pp. 35-39。

68 兩漢魏晉南北朝正史"西域傳"所見西域山水，《史林》2001 年第 3 期，pp. 50-56。

69 兩漢魏晉南北朝正史"西域傳"所見西域諸國的宗教、神話傳說和東西文化交流，《西北民族研究》2001 年第 3 期，pp. 115-127。

70 兩漢魏晉南北朝正史"西域傳"所見西域農業、手工業和商業，《吐魯番學研究》2001 年第 1 期，pp. 116-123；第 2 期，pp. 104-111。

71 兩漢魏晉南北朝正史"西域傳"所見西域諸國的制度和習慣法，《西北民族研究》2001 年第 4 期，pp. 5-14。

72 兩漢魏晉南北朝正史"西域傳"所見西域人口，《中華文史論叢》第 67 輯（2001 年第 3 期），上海古籍出版社，pp. 62-76。

73 兩漢魏晉南北朝正史"西域傳"所見西域諸國的人種和語言、文字，《中國史研究》2002 年第 1 期，pp. 51-57。

74 兩漢魏晉南北朝正史"西域傳"所見西域諸國的社會生活，《西域研究》2002 年第 1 期，pp. 56-65。

75 兩漢魏晉南北朝正史"西域傳"所見西域諸國物產，《揖芬集——張政烺先生九十周年華辰紀念文集》，社會科學文獻出版社，2002 年，pp. 437-453。

76 南北朝正史西域傳所見西域諸國的地望，《歐亞學刊》第 3 輯，中華書局，2002 年，pp. 163-183。

77 魚國淵源臆說，《史林》2002 年第 3 期，pp. 16-20。又載山西省北朝文化研究中心主編《4—6世紀的北中國與歐亞大陸》，科學出版社，2006年，pp. 140-147。

78 有關嚈噠史的笈多印度銘文——譯注與考釋（劉欣如譯注），《西北民族論叢》第1輯，中國社會科學出版社，2002年12月，pp. 44-66。

79 新發現的臘跋闥柯銘文和《後漢書·西域傳》有關閻膏珍的記載,《新疆文物》2003年第3—4輯，pp. 43-47。

80 兩漢魏晉南北朝正史"西域傳"的認知和闡述系統,《西北民族論叢》第2輯，中國社會科學出版社，2003年，pp. 43-47。

81《史記·大宛列傳》要注,《暨南史學》第2輯，2003年，pp. 56-79。

82《水經注》卷二（河水）所見西域水道考釋,《中國社會科學院歷史研究所學刊》第2集，2004年，pp. 193-219。

83《梁書·西北諸戎傳》要注,《西北民族研究》2004年第2期，pp. 93-104。

84《後漢書·西域傳》和《魏略·西戎傳》有關大秦國桑蠶絲記載淺析,《西域研究》2004年第2期，pp. 14-16。

85《周書·異域傳下》要注,《吐魯番學研究》2003年第2期，pp. 54-72。

86《後漢書·西域傳》要注,《歐亞學刊》第4輯，中華書局，2004年，pp. 261-312。

87《隋書·西域傳》的若干問題,《新疆師範大學學報》2004年第3期，pp. 50-54。

88 渠搜考，中國社會科學院歷史研究所編《古史文存·先秦卷》，社會科學文獻出版社，2004年，pp. 331-344。

89 隋與西域諸國關係述考,《文史》第69輯（2004年第4期），pp. 49-57。

90《漢書·西域傳上》要注,《中國社會科學院歷史研究所學刊》第3集，商務印書館，2004 年，pp. 125-178。

91《隋書·西域傳》要注，《暨南史學》第 3 輯，2004 年，pp. 92-123。

92 漢文史籍有關羅馬帝國的記載，《文史》第 71 輯（2005 年第 2 期），pp. 31-96。

93 匈奴的崛起，《歐亞學刊》第 5 輯，中華書局，2005 年，pp. 1-7。

94 裴矩《西域圖記》所見敦煌至西海的"三道"，《西域研究》2005 年第 4 期，pp. 16-24。

95 兩漢魏晉南北朝正史西域傳有關早期 SOGDIANA 的記載，《粟特人在中國——歷史、考古、語言的新探索》（《法國漢學》第 10 輯），中華書局，2005 年，pp. 276-302。

96《通典·邊防七·西戎三》要注，《文史》第 74 輯（2006 年第 1 期），pp. 139-160；第 75 輯（2006 年第 2 期），pp.161-181。（與李錦繡合作）

97《魏略·西戎傳》要注，《中國邊疆史地研究》2006 年第 2 期，pp. 43-61。

98《魏書·西域傳》（原文）要注，《西北民族論叢》第 4 輯，中國社會科學出版社，2004 年，pp. 24-75。

99 宋雲行紀要注，《蒙元史暨民族史論集——紀念翁獨健先生誕辰一百周年》，社會科學文獻出版社，2006 年，pp. 565-591。

100 兩漢魏晉南北朝正史關於東西陸上交通路線的記載，《中國古代史論叢——黎虎教授古稀紀念》，世界知識出版社，2006 年，pp. 242-251。

101 關於法顯的入竺求法路線——兼說智猛和曇無竭的入竺行，《歐亞學刊》第 6 輯（古代內陸歐亞與中國文化國際學術研討會論文集卷上），中華書局，2007 年，pp. 138-154。

102 劉文鎖著《沙海古卷釋稿》序，中華書局，2007 年，pp. 1-3。

103《漢書·西域傳下》要注,《中國社會科學院歷史研究所學刊》第 4 集,商務印書館, 2007 年, pp. 187-233。

104 伊西多爾《帕提亞驛程志》譯介與研究,《西域研究》2007 年第 4 期, pp. 5-16。

105《穆天子傳》所見東西交通路線,《傳統中國研究集刊》第 3 輯,上海人民出版社, 2007 年, pp. 192-206。

106 希羅多德《歷史》關於草原之路的記載,《傳統中國研究集刊》第 4 輯, 上海人民出版社, 2008 年, pp. 11-23。

107 宋雲、惠生西使的若干問題——兼說那連提黎耶舍、闍那崛多和達摩笈多的來華路線,《中國社會科學院歷史研究所學刊》第 5 集,商務印書館, 2008 年, pp. 25-45。

108 馬小鶴著《摩尼教與古代西域史研究》序,中國人民大學出版社, 2008 年, pp. 1-2。

109 托勒密《地理志》所見絲綢之路的記載,《歐亞學刊》第 8 輯,中華書局, 2008 年, pp. 85-98。

110《那先比丘經》所見"大秦"及其他,《歐亞學刊》第 9 輯,中華書局, 2009 年, pp. 109-114。

111 "History of the Yeda Tribe (Hephthalites): Further Issues." *Eurasian Studies* I. The Commercial Press, 2011, pp. 66-119.

112 Αλοχον 錢幣和嚈噠的族屬,《中國史研究》2011 年第 1 輯, pp. 5-16。

113《絲瓷之路——古代中外關係史研究》發刊詞,《絲瓷之路——古代中外關係史研究》創刊號,商務印書館, 2011 年, pp. i-iii。

114 關於驪靬問題的劄記,《絲瓷之路——古代中外關係史研究》創刊號,商务印书馆，2011 年，pp. 235-244。

115 吐火羅問題，《歐亞學刊》（國際版）第 1 期（總第 11 期），商务印书馆，2011 年，pp. 259-285。

116 貴霜的淵源，《中國社會科學院歷史研究所學刊》第 7 集，商务印书馆，2011 年，pp. 237-247。